認知や行動に性差はあるのか

科学的研究を批判的に読み解く

Thinking Critically about Research on Sex and Gender

Paula J. Caplan & Jeremy B. Caplan

ポーラ・J・カプラン＋ジェレミー・B・カプラン 著

森永康子 訳

北大路書房

Authorized translation from the English language edition, entitled
THINKING CRITICALLY ABOUT RESEARCH ON SEX AND GENDER, 3rd Edition,
ISBN:0205579884 by Caplan, Paula J.; Caplan, Jeremy B.,
published by Pearson Education, Inc., publishing as Allyn & Bacon,

Japanese translation rights arranged with Pearson Education, Inc.,
publishing as Allyn & Bacon through The English Agency (Japan) Ltd.

エミリーに感謝し捧げる

目次

【凡例】
［ ］内数字は、引用文献の番号を表す。
原著中のイタリックは太字で示した。
原著者注は★で、訳者注は☆で示した。

……科学とは、科学者の心と（科学者が）注意を向けた事象の交わりから生まれた創造的な産物である……

ヘンリー・A・マレー　「マーの事例」より

(in *A History of Psychology in Autobiography*, vol. 5, New York: Appleton-Century-Crofts, 1967, pp. 285–310)

第1版まえがき

7歳の子どもたちでいっぱいの教室に足を踏み入れ、男女の違いについてどのようなことを知っているか、そして、それが本当のことかどうかを確かめるにはどうすればよいのかを問う。そして、その研究計画の長所と短所について批判的に考えさせる。——私たちがこれを実行したとき、子どもたちはとても熱心に応じてくれた。その反応からわかったのは、批判的に考えるやりかたを子どもたちに教える必要はないということであった。子どもたちに必要なのは、批判的に考えてみようという励ましや批判してもいいんだよという許可だけなのだ。

人は、もともと、批判的に考える力をもっている。まるで見苦しい大人であるかのように、「すごい好奇心。子どもみたい」と言われたりすると胸が痛む。興味深いことに、教育制度や社会が教わったことを受け入れよというプレッシャーを与え、人々の鋭い探究心を押さえつけるものになっている。「正解」という言葉のもつ力は強い。すべてに正しい答えがあることを信じ、いったん答えが正しいということになれば、それを疑ってはいけないと信じ込むようになってしまう。しかし、本当のところ、我々は、「常識」と思われているものが時代とともに変わることや、真実とみなされている仮定が永遠に正しいわけではないという事実を知っている。こうした常識や仮定が真実かどうかを常に問い、その主張のもつ優れた点と悪影響をもたらす点の両者を常に見定めることによってのみ、我々は前進できる。

7歳の子どもたちに試みたプログラムは、ずいぶん前、ジェレミーがまだ小学2年生だったときに、ポーラの心理学研究の話を聞き、どうしてそういう科学を学校で習わないのかと尋ねたことがきっかけだった。ジェレミーは、ポーラに学校に来て、その研究のことを話してほしいと頼んだのである。ポーラは、性別とジェンダーに関する研究を批判的に考えるための基礎を、1980年から大学生に、後には大学院生にも教えていた。しかし、ポーラがジェレミーの担任教師にこの話をしたとき、教師は無邪気に答えたのである。「えーと、やってみてもいいですが、でも、このくらいの年齢の子どもたちは抽象的に考えることができないですよ」と。

ポーラが子どもたちに男女の違いについて聞いたことがあるかと尋ねたときに、得られた回答の1つが、「男の子は女の子より行儀が悪い」だった。ポーラは、「今日は、科学者がやっているようなことをしましょう。男の子が女の子より行儀が悪いというのが、本当かどうかを確かめてみましょう」と語り、行儀の悪さにおける性差というテーマを研究するにはどうすればよいのかを尋ねたのである。その結果、「男の子と女の子のきょうだいがいる家に行こう。晩ご飯を食べているとき、男の子の行儀が悪かったらそのたびに印をつけて、女の子の行儀が悪かったらそのたびに印をつけてみよう」ということになった。そこで、ポーラは「じゃあ、それをやったとしましょう。もし、男の子が8回、女の子が5回、行儀の悪いことをしたとするね。男の子のほうが女の子より行儀が悪いと証明したことになるかな」と問いかけた。

子どもたちの多くが、最初は「証明したことになる」と言ったのだが、やがて口を閉じ、首をかしげ、「違うかも」と口にしはじめた。ポーラがしなければいけなかったのは、「どうして？」「他にはどう？」

と何度も繰り返すことだった。子どもたちは自分たちの研究計画について，きわめて高度な批判を思いついた。男の子が女の子より行儀が悪いのは，観察した家庭だけかもしれない，晩ご飯のときだけかもしれない。そして，観察している人がいるところでは，2人のどちらか，もしかしたら2人ともが行動を変えるかもしれないという指摘さえもしたのだ。さらに，8が5より「そんなに」大きい数なのかどうかまで話し合いはじめ，やがて統計的な疑問にも踏み込んでいったのである。

生徒たちの熱意やその実績を受けて，ポーラはマーガレット・セコードと一緒に，小学生用のカリキュラムの1つとして，このプログラムの説明書をつくることになり（Caplan, P.J., Secord-Gilbert, M., & Staton, P.（1990）. *Teaching Children to Think Critically About Sexism and Other Forms of Bias.* Toronto: Green Dragon Press.），その後，多くの生徒や教師と一緒にこのプログラムの効果を確かめた。セコード（Secord, M.J.（1987）. *Teaching Children Critical Thinking.* Unpublished master's thesis, Ontario Institute for Studies in Education, University of Toronto.）が小学校の教師に頼んで，1つのクラスでこのプログラムを実施したところ，プログラムに参加した子どもたちは他の子どもたちに比べ，いろいろな集団間の違いについての主張（年齢差別や人種差別など）を批判的に考えるようになっていた。

私たち著者2人は，研究や理論について批判的に考えているときには，いつも興奮したり発見したりという感覚をもつ。こうした考え方をするよう励ましてくれた人たちが，計り知れないほど豊かな生活をもたらしてくれた。ポーラにとっては両親のタク＆ジェリー・カプラン，おじのビル・カーチマー，師であるジャック・ブッシュ，ドナルド・スタントン，ブルース・ベイカー。ジェレミーにとっては，大おじのビル・カーチマー、クリス・キャンベル、その他多くの人たち。本書がみなさんにも豊かな生活をもたらすものになることを祈っている。

謝辞

原稿の一部を手伝ってくれたジェニファー・チャンバーズ、原稿すべてに目を通しコメントや提案をしてくれたエミリー・ジュリア・カプランとジューン・ラーキン、概念や引用文献について手助けしてくれたジナ・フィールドバーグ、編集者キャサリン・ウッズに感謝したい。また、コメントをくれた人たち、ブラッドレイ大学のクレア・エタフ、オハイオ州立大学マンスフィールド校のテリー・D・フィッシャー博士、トレントン州立大学のカレン・G・ホーイ、ウィスコンシン大学のロイス・ムーア、セント・サン・アントン大学のローズ・プレシアド、オクラホマ市コミュニティカレッジのセシリア・K・ヨーダーにも感謝する。

ポーラ・J・カプラン
ジェレミー・B・カプラン

第2版まえがき

テーマによっては、1994年の本書の第1版発行以降に発表された研究がそれより前のものよりもよいとは限らない。したがって、新しい文献も引用しているが、考察の部分をほんのわずか追加したくらいである。複雑なことを単純にして紹介するのではなく、問題や未解決の問いに対して読者の目を開き、難解で未解決のテーマを学生たちにぶつける。こうした当初の目的を損なわないようにしたい。この精神をもって、近年議論されるようになった新しい刺激的なテーマをいくつか取り上げるべく改訂を行った。その例は第1章で焦点をあてよう。

第2版の引用文献の多くは、初版のものと同様、1970年代と1980年代に発表された論文や書籍である。というのも、その時代に、男女の公平な取り扱いや性差研究に対する人々の関心が急激に高まり、それが出発点となった研究の多くは、時代が転換したことを示し、歴史的にも意味あるものになっているからである。

編集者のエリー・スタノと彼のアシスタントであるティム・ロバーツの支援に感謝したい。

ポーラ・J・カプラン
ジェレミー・B・カプラン

第3版まえがき

心理学的な性差について、21世紀になった今でもなお、たくさんのことを語らねばならない――そして、疑わなくてはいけないのが現状だ！　第3版では新しい章を2つ入れた。1つは神経画像という新しく登場した分野についての章、もう1つはセクシュアリティという急速に変容している研究領域についての章である。また、他の章についても、近年の研究や文献をもとに改訂を行った。

第2版以降の出来事。ハーバード大学のラリー・サマーズ学長が2005年に、科学や工学の分野で高い地位にいる女性が少ないのは、生まれつきの性差のせいであると発言し、性差別の影響を軽んじてしまった。サマーズは、自分は現状を説明できる考えを話したにすぎないと思っていたようだが、ある実証的な研究を、その研究の限界について批判的に考えることもなく言及したことで、大騒ぎになった（彼の名誉のために言っておくが、彼は公の場で何度も謝罪し、2つの委員会を設置して、ハーバード大学の女性教員や理系分野にいる女性を取り巻く状況を改善するために必要な提案を行うようにした）。

第2版以降の大きな変化は、困惑するような2つの展開にある。その1つめは、「性別にふさわしい」服装や外見や行動に関する許容範囲が広がったということだ。少なくともある集団や地域において容認される服装や行動に合わない人に対して、その生物学的性別ゆえの非難が少なくなった。2つめの展開は、ファッション界のことだが、『ニューヨーク・タイムズ』の2008年2月のファッションページに見られるように、フリルやピンヒールという昔ながらの意味で、そしてまた、女性であることは病的であるという意味で――がりがりに痩せた女性モデルや「狂気シック」つまり著しい情緒的な障害をもったように見えるモデルさえも掲載して――、極端な女性性を強調するというものだ。そして、こうした女性をスタイリッシュとするような傾向への批判も、同時に生じている。この2つの展開――とその相互関係――が、どのような研究が行われるのか、そしてその結果がどのように解釈されるのか、ということに与える影響を、今後見ていかねばならない。

これとは別の新しい傾向が『ニューヨーク・タイムズ・マガジン』の2008年3月号からうかがえる。男女別学の教室やさらには別学の学校が合衆国の中で増えているという記事だ。これは、とりわけ聴覚や脳に性差が見られたという研究をあさり、都合のよいように解釈した人たちによって積極的に推し進められた。それに費やされたエネルギーから明らかになったのは、たくさんの人が、心理学的な性差や教育に関する性差は大きなものだと信じたがっており、そのせいで、研究が実際に明らかにしたことが理解できなくなっているという可能性だ。

チェーニーら[68]の研究は、リサーチ・クエスチョン[☆1]をよく練ることの重要性を示している。チェーニーらは、性別ステレオタイプに沿った子どもたちの遊びが成長とともにどのようになるのかという疑問をもった。5歳から13歳の子どもたちを観察したところ、女の子たちが成長とともにステレオタイプ的でなくなり、性別に関係ない中立的なおもちゃやスポーツやコンピュータ・ゲームを選ぶようになったのだが、男の子にはこうしたことが見られなかったのである。また、チェーニーらは、子どもたちの遊びは観察されることで影響を受けるのだろうかという重要な疑問もいだいた。そして、実際に、幼い子どもたちは部屋にひとりでいて、自分が何をしているのかだれにも——特に父親に——わからないと確信すると、半分くらいの男の子が、「女らしい」おもちゃと「男らしい」おもちゃを同じくらい選ぶということを見いだしたのである。この研究はまた、（あるテーマにおける）性差研究の焦点が、特定の文化や研究対象者（サンプル）による影響を受けるような社会的要因を考慮する方向に、（ある程度）移ってきていることを示すものである。第3版の改訂は、こうした最近の研究態度を考慮に入れようとしたものので、そのため、バイアスに対する懸念は以前とまったく同じだが、いくぶんか方向性が異なるものになった。社会的要因に関して行われている近年の研究に重点をおいて批判的にアプローチし、同時に、生物学的な差異を明らかにするために今も行われている研究の割合をいくぶんか減じた。

社会的要因を重視するようになった研究動向が、より良い方向への変化だと言っているわけではない。その変化は、それぞれのリサーチ・クエスチョン、研究、結果の解釈のもつ特質に依存しているからである。ここでは変化がいくぶんあったということを指摘するだけにとどめておこう。この点については、第3章の研究者の動機づけに関する箇所で、もっとくわしく論じる。その部分は、研究者がなぜ男女の差異や類似性に関する研究を行おうとするのかという理由を幅広く理解するために加筆したところである。そして、研究者のもっている願望や目標がどのようなものであろうと、同じように批判的なアプローチをとらねばならないことを記しておこう。

最近の研究動向の変化は、批判的思考がもはや重要ではないということを意味するのだろうか。いや、まったく違う。つい最近、合衆国やカナダの大学生を教えたのだが、その経験から、学生が自分たちの使っている教材について、批判的に考える意欲をかき立てられていないということがはっきりと伝わってきた。本書で示した批判的なアプローチは、あらゆる学問のあらゆるレベルの教育で応用可能である。

第3版の謝辞

セクシュアリティの章について、ジョン・クリストファー・フォードから受けた援助は何にも変えがたい。また、第3版を準備する際に受けた第2版へのコメントは大きな助けとなった。コメントをしてくれた人たちに感謝したい。マーシー大学のスパイク・バベイアン、ペンシルバニア・ウエスト・チェスター大学のエレノア・ブラウン、サザン・イリノイ大学のマイク・ダッドレイ、ノーザン・アイオワ大学のメアリー・ロッシュ。

さらに、アリン＆ベーコン社の編集者であるマイケル・リモゲス、マイケルの助手であるクリスティナ・マンフロニ、アリン＆ベーコン社の制作主任者であるパティ・ベーギン、そして、GGS図書サービスＰＭＧ社の制作編集者であるコニー・ストラウス。この人たちの丁寧で効率よい手助けに感謝したい。

２００８年７月

ポーラ・Ｊ・カプラン
ジェレミー・Ｂ・カプラン

第1章 序論

循環するバイアス

女の子と男の子、男性と女性は異なる——身体面だけでなく、行動や態度、能力といった重要な側面においても——と信じることなく成長するというのは、ほとんどあり得ない。認識していない人もいるだろうが、こうした思い込みの多くは、性別やジェンダーに関する科学的研究から、直接的あるいは間接的にもたらされたものである。科学者は**真理**を発見して、それを記すものだと信じられているために、我々は自分の考えていることが科学的真理だと信じきっている。我々は、科学者が性別やジェンダーの差異に関して行った研究結果や説明をそのまま鵜呑みにし、そして、科学的発見についてのジャーナリストの報道を受け入れているため、公私にわたり生活のあらゆる面で、その影響を被っている。我々は他人とやりとりするときにはいつでも、意識しようと無意識のうちであろうと、相手の性別に応じて、何が真実で自然の姿なのかを想定している。数えきれないほどの人々が、自分のしていること、感じていること、信じていることが、自分と同じ性別の人間がする「はず」、感じる「はず」、信じる「はず」のものなのか、自然の姿なのか、遺伝子やホルモンによって定められているものなのかを心配して、多大なエネルギーを費やしている。これらの性別による差異のパターンが広く浸透しており、避けられないものであることが、研究者によって証明されていると信じている場合、自分や自分が一緒に生活している人や働いている人々が、このパターンに合わないことがわかると、びっくりするはずだ。

しかしながら、科学者は単に**真理**を発見し記しているだけではない。性別とジェンダーを研究している科学者も、他の人々と同じように、女性や男性がどのようなものである「はず」だということを学びながら大きくなったのだ。科学者も、たとえば、男の子は（銃を持った人形でない限り）人形で遊びたがらない、女の子はホッケーができないというようなことを耳にしてきたはずだ。人はどのようなものだ、あるいはどのようなものであるはずだという信念は、科学者がいかに研究をするか、世界をいかに見たり記述したりするか、ということに影響を及ぼしている。女の子と男の子は、まったく同じことをしているのかもしれないが、1人が女の子で、もう1人が男の子であるために、その行為は違うものとして記されるかもしれないのだ。たとえば、火で遊ぶ女の子は料理や子育てをしたいという生まれながらの願望を示している、火で遊ぶ男の子は生まれついての消防士だとか生まれつき勇敢だとか言われるかもしれない。科学者は、こうしたバイアスをもたず、「客観的」で、自分たちの考えや感情に影響されることなく世界を見ることができると誤解されていることが多い。さらに、多くの心理学者は、他人の発言をさえぎるような男性の行動を、好意的な意味で、主張性と名づけたりする。他の人からは無作法と呼ばれるかもしれないのに[353]。このような場合に、どちらのラベルを選ぶかは、その人の経験や視点が反映される。だれもバイアスから逃れることはできない。それが現実だ。しかし、科学者は時に、自分の研究の解釈が、絶対に客観的な真実であるかのように発表する。人々は研究者が行った性差についての主張を聞き、それが真実であると思い込み、それに従って子どもたちを育てる。その子どもたちの中から性差を研究する科学者が生まれる。こうしてバイアスの循環が続くのである。

本書は、科学者が女性と男性を、どのように検討してきたのかということについて書いたものである。科学的研究は世界を理解しようとするものであり、問いをもち、その答えを見つけようとするものである。科学者の思考や感情は、何を問い、いかに答えるかに影響を及ぼしている。たとえば、リサーチ・クエスチョンが「女性の認知能力は、月経前に低下するのだろうか」という場合には、女性の悪い面を見せるような答えを導きやすくなるだろう。対照的に、「女性の認知能力および男性の認知能力は、周期的なパターンを描くのか」という問いは、いくぶん異なった結論を導くような情報を引き出すだろう。どのような答えを得るかは常に、いかに問うかによって、ある程度決まるのである。

現代の情報化時代に、生活に関わりの深いすべての研究結果、そして、その研究の長所と短所の情報をいつも入手するというようなことは、どのような人であっても不可能である。それゆえ、多くの場合、我々は科学者の主張を事実として受け入れてしまう。時に、そのアプローチが偏狭でバイアスがかかっていたり、あるいは、限界を抱えていたりすることに気づかずに。つまり、現実を見る我々の目はゆがんでいるのだ。本書の目的は、視野を広めたいと思っている人たちに力を貸すことであり、ほとんどの人が聞いたことのある男性と女性に関する「事実」のいくつかに疑問を投げかけることで、その手助けをしようとするものである。さらに、性別やジェンダーに関するテーマに対して疑問をもち、じっくりと考えるというアプローチを実践し、この領域によくある落とし穴のいくつかを学ぶことで、人種、階級、年齢、性的指向、障害、外見に関する研究のような、バイアスに満ちた他のテーマについても注意深く考える能力を身につける手助けにもなるだろう。本書に記した批判的思考のためのスキルは、学術雑誌の研究報告に対して、何を問うべきなのかがわかるようになるという点で役立つだけでなく、大衆メディア、同僚、友人や家族が行っている主張や、我々の感情、プライベートな生活、学校や職場での経験に影響を与え得る主張について考える際にも、役立つだろう。

2つの危険な仮定

性差研究を読んだり、それについて考えたりする際に、自覚しておいてほしいのは、2つの大きな誤った仮定によって、我々の理解が妨げられているということだ。その仮定とは次のようなものである。

1．ある能力や行動において「性差」が見いだされたら、それは、すべての男性があることをして、すべての女性がまったく違うことをするという意味だと仮定すること。（たとえば、すべての男性は攻撃的で、すべての女性は受動的で平和を愛する）という意味だと仮定すること。単刀直入に尋ねたら、たいていの研究者は、心理学研究のあらゆる領域において、女性と男性のテスト得点や行動がかなり重複することを認めるだろう。「性差」が見いだされたということは、すべての女性がこれで、すべての男性はそれだということが見いだされたということではない[172]。たとえ、ある研究チームが女性よりも男性のほうが攻撃的だと報告しても、攻撃的な女性は皆無で、男性は全員が攻撃的だということを意味しているのではないし、男性は全員が同じくらいの攻撃性をもっているという意味でもない。しかし、**性差**という言葉を聞いたときに、我々が繰り返して自分に言い聞かせねばならないのは、男女の行動がどのくらい似ているのか——言い換えたら、どのくらい重複しているのか——を思い出す研究者も一般の人もほとんどいないということだ。たとえば、ある研究によって数学能力における性差が「証明された」と聞いたら、多くの場合、ほとんどすべての女性はほとんどすべての男性より、数学のテストで悪い成績をとると思うだろう。しかし、男女の得点はかなり重複している。性差とふだん呼ばれているものは、研究対象になっている女性の平均値と研究対象になっている男性の平均値の間にある差異なのだ。平均値は1人ひとりの得点をすべて加えて人数で割ったものである。ほとんどの人は平均値とまったく同じ得点（あるいは行動）をとりはしない。つまり、ある研究で性差が見いだされたとしても、性別しかわからないなら、その個人がどのように行動するのかを予測することはできないのだ。

性差が概して、実際よりも極端に大きく見え、そして印象強いのには、もう1つの理由がある。それは、研究が行われる一連の過程によるものである。研究者は、自分が集団間の類似性よりも相違を見いだすだろうと予測しがちで、差異を探そうとする傾向がある。男の子と女の子にテストを実施し、男女で成績が異なった場合、性差を見いだしたと主張しても、おそらくあまり議論にはならない。しかし、あるテストで男女の成績が異ならなかった場合、そのテストで測定すると考えられていたものには男女差がないと主張するのは難しい。これは、どのような集団であっても、2つの集団間に差異が存在しないということを、納得のいくように証明するのが難しいためだ。違いがあるにもかかわらずそれを見逃してしまったという可能性がある。人々は常に「子どもの数が少なかったので違いが出なかったのだ。たぶん性差はあるけど、小さいのだろう」「そのテストが、スキルXあるいは行動Xを測定するのにあまり適切ではなかっただけだろう」「対象になった子どもたちは、たぶん、大多数の子どもと違っていたのだろう」と言える。差異がないことを証明しようとする際に用いられる用語は、「帰無仮説を確証しようとする」というものである。

2．心理学的性差は生物学的なものに基づいており、それゆえに逃れることもできず、変えることもできないと仮定すること。 これは根拠のない仮定である。多くの性差は女の子と男の子の育て方の違いがもとになっているし、生物学的なものに基づく可能性のある差異——たとえば、身長の違い——であっても、比較的簡単に変えられることが示されてきた[164][165]。我々は何があっても遺伝子は変わらないと思いがちだが、実際のところ、遺伝子はその近くに存在する遺伝子の中で生じる化学的過程によって変化し得ることを、現代の生物学者は知っている。単純でわかりやすい問いのように見えるもの——「この性差の原因は生物学的なものによるものなのか、あるいは環境によるものなのか」——は、実際にはそれほど単純ではない。生物学者のマーガレット・トンプソンが述べているように、「遺伝子を取り巻く環境というのは、他の遺伝子なのだ」。

理解しておいてほしいのは、自然や遺伝子の関与と、社会化や経験などの環境要因の関与を区別するのは簡単ではないということだ。なぜこれが重要なのかというと、生物学的原因によるものは自然の姿であり、逃れることができないだけでなく、道徳的にも正しいものだと即座に主張する人たちがいるからである。この2つの危険な仮定をめぐって，相反する2つの力が作用している。1つはフェミニズムへのバックラッシュであり，もう1つはトランスジェンダーの分野である。まず，バックラッシュに関して。第2波フェミニズム運動が1960年代後半に始まり，多くの研究者が新しいリサーチ・クエスチョンをもつようになった。それは，女性が劣っている「証拠」につながらないような問いである。しかし，もっとバランスのとれた問い——前述したような「男女の認知能力は，周期的なパターンを描くのか」というような問い——が，女性を劣ったものとして位置づけにくくするようなデータを生み出すようになると，強力なバックラッシュが，学術的研究の世界と広く社会全般に生まれたのである[117]。バックラッシュに関与した人たちは，女の子や女性に課された制約を維持しようと，以前にも増して意欲的に研究を利用しようとした。

トランスジェンダーの領域では，ジェンダー化された職業分類や服装スタイルといった面や，女か男かと尋ねられたときに「トランスジェンダー」だというラベルを自分に貼ったり，自分の性的指向に名前をつけるのを拒絶したりといったように，さまざまなところで性別役割規定の厳格さが薄れた結果として，2つの危険な仮定はその力をいくぶん失ってきた（なお，こうした変化が一般的な地域もあるが，そうでない地域もある）。「トランスジェンダー」のラベルは興味深い。というのは，トランスジェンダーを名乗っている人たちは，自分が生物学的な性別と「反対」の性別に属していると思っていたり，両性の心理的特徴と行動的特徴をあわせもっていたりという理由で，自らをトランスジェンダーと呼ぶのだが，このラベルは具体的に行動を二分する可能性をもっているからだ。しかしながら，「トランスジェンダー」のラベルはまた，その二分化を減じる可能性ももっている。それは，そのラベルが「私は，感情や行動のどのような側面をも、男と女のどちらかに分けるのを拒絶する。いかなる分野の専門家であろうとあるいは社会一般であろうと、彼らが感情や行動の側面をどのように分類しているかには関知しない」というメッセージを伝えるために、時に利用されるからである[231]。

まったく新しい考え方

2005年に、心理学者のジャネット・シブレィ・ハイデは、「男女は心理学的に大いに異なっている」[172の581頁]とする「差異モデル」に挑戦する画期的な論文を公刊した。差異モデルは研究とメディアの両者を支配してきた。ハイデはがらりと異なる仮説を提唱した。それは、「男女は、心理学的変数のすべてではないが、そのほとんどで似ている」という仮説である。具体的には、心理学的性差のほとんどはゼロに近いか小さい、いくつかが中程度、きわめて少数のものだけが大きいか非常に大きいと、彼女は予測したのである。この仮説を検証するために、彼女は46のメタ分析を検討した。このメタ分析の1つひとつが、ある1つの同じテーマに関する多くの研究をまとめて分析したものである。ハイデによると、この46のメタ分析は、心理学的性差に関して「行われてきた主要なメタ分析」であり、能力のような認知変数、言語的コミュニケーションや非言語的コミュニケーション、社会的変数やパーソナリティ変数、幸福感、運動行動、さらに、道徳的推論を含んださまざまな変数を扱ったものである[172の582頁]。46のメタ分析を合わせると、取り上げられた研究は7000以上になる。

たとえば、数学的能力や攻撃性など、同じテーマに関する性差を検討した膨大な数の研究を分析すると、**効果量**と呼ばれるものが得られる。この効果量は性差の大きさを示すものである。小さな効果量では、100点満点のテストで平均の性差は1点ぐらいだし、大きな効果量では、おおよそ15点ぐらいの平均差である。ハイデによると、効果量の30％がゼロに近く、48％が小さかった。それ以外の15％が中程度で、6％が大きく、たった2％だけが大変大きいものであった。★1 最も大きい効果量は運動の成績に関するもので、具体的には、特に思春期以降の投球速度と距離だったが、もちろん、これは心理学的な差異ではない。なぜ研究に含まれているのかが不思議である。

第3章で述べるように、メタ分析には限界がある。しかしながら、ハイデの研究の重要性を過小評価してはいけない。なにより、公刊されている研究は、性差について触れていないものよりも、性差を報告するもののほうがきわめて多いからだ。ハイデの研究に含まれているのは、実質的にすべて公刊されている研究であり（第3章の最後「お蔵入り問題」を参照のこと）、したがって本当の性差は、彼女が見いだしたものよりも、さらに少なくかつ小さいということもあり得るだろう。本書の各章で扱う研究の数は少なく、しかも、これらの研究の多くがハイデの類似性モデルではなく、「差異モデル」のアプローチから行われている。そのことを心にとめておいてほしい。本書で紹介する研究を深く追求するのもよいが、時に、一歩身を引いて思い出してほしい。ハイデが示したように、測定された心理学的性差のほとんどすべてが、小さいか存在しないということを。

みなさんが学ぶこと

本節では、本書のおもな目標――読者のみなさんが性別とジェンダーについて批判的に考えられるよう教えるというもの――について詳しく説明しよう。後の章では、この目標を達成するためのいろいろな道を示している。章を読み進めるにつれて、学習経験が積み上げられるようになっているが、1つの章だけを読むこともできる。男性と女性に関する科学を適切に扱えるようになるためには、科学のプロセスに関わっているさまざまな要因に気づくことが大切だ。本書を通して、批判的に考えるために必要なスキルが学べるだろう。

別の本[53]にも書いたのだが、自分には批判的に考える力がないかもしれないと心配する必要はまったくない。実際のところ、みなさんはすでに批判的思考を実践している。

どうすれば批判的に考えられるのかがよくわからない、偉い人の言うことを疑うなんて、そもそもわけがわからないし、と断言しているのを聞くと、いつもがっかりしてしまいます。これは残念なことです。批判的に考える（クリティカル・シンキング）というのは、多くの場合、単純な論理や常識に関することなのですから。もし、ある日、散歩の途中で犬が「宙に浮かぶ」のを見たら、すぐに重力に逆う力とはどのようなものなのかと不思議がるでしょう。田舎に行っているときに、あなたの子どもが野生のキノコを食べようとしたら、みなさんはまず毒キノコかどうかを確かめ、さらに、動物のフンがついていないかどうかを確かめるでしょう。こうした疑問をもつ態度と、偉い人や専門家の言うことややることを批判的に考えるということには、大きな違いはないのです。

［53の90頁］

本書で、性別やジェンダーに関する科学的研究について、批判的に考えることを学ぶあなたに送る具体的な目標をあげてみよう。

①科学がどのように行われているのかを学ぶ——その現実と理想。
②科学者の仕事をだんだんと評価できるようになること（たとえば、すでにもっている期待の影響を完全に免れている科学者はいない（本書の著者も！）——それゆえ、そのような科学もない——ということを認識すること）。
③研究について批判的に考えるうえで必要とされる概念的なスキルを身につけること。
④女性と男性について人々（特に科学者）のもっている期待や視点に疑問を投げかけること。
⑤どのような個人でも、その視点には限界があることに気づくこと、そして、その気づきを用いて、さまざまな情報源——テレビ、新聞、インターネット、科学雑誌など——の視点の限界を分析すること。これは、あらゆる制作者が準拠している枠組みを突きとめ、そして、疑問を投げかけるという意味だ。
⑥あなた自身や他人のもっている男女についての期待を事実とみなすのではなく、理論として、つま

り論理や証拠を用いて確かめたり挑戦したりできるものとみなすようになること。
⑦ある科学的な問題を探究する際に、こうした仮説（あるいは作業仮説）がもつ有用性について評価できるようになること。
⑧どのような仮説であろうと、それを検証できる方法をいろいろと考察できるようになること。
⑨どのような理論であろうとも、その理論を検証するための方法の適用範囲や限界（つまり、もし異なるテストが使用されたら、結果はどのように異なるのか）に関する気づきを高めること。
⑩証拠に関して、できるだけたくさんの異なった解釈をするよう努力すること。
⑪科学者、あるいは日常生活の中で他人が、女性と男性の性質について語ったことに対して、批判的分析を実践すること。
⑫男性と女性に関する我々の認知に、言語がどのような影響を与えているのか、そして、女性と男性に関する我々の認知が、言語の使用にどのような影響を与えているのかを探究すること。
⑬女性と男性に関する我々の信念が、科学的理論や実践に与えてきた影響について調べること。
⑭性別やジェンダーに関する科学的理論が、我々の生活にどのような影響を与えてきたのか、そして、どのような影響を与え続けているのかを考察すること。

このような種類の思考力を身につけた人はだれであろうと――科学者であろうが、科学者の主張を聞く一般の人たちであろうが――バイアスの循環を止めるのに役立つ力を自分のものにしているのである。

本書における性別とジェンダーの意味

本書の中で、**性別（sex）**は、個人の生物学的性別――その人が身体的に女として生まれたのか、男として生まれたのか――に言及する際に用いる。性別は遺伝子によって決定されるものである。すべての文化というわけではないが、ほとんどの文化において、人々は2つの性別しかないと仮定している。それが男と女だ（今日でさえ、心理学的性差に関して検討している研究者のほとんどは、すべての人間を、XX染色体をもった女とXY染色体をもった男のどちらかであるかのように、研究を計画している。実際には、ほとんどの人たちが考えているよりもはるかに多い頻度で、遺伝子的に2つより多い性別型が生じているのだが）。**ジェンダー（gender）**は、女性であるがゆえ、男性であるがゆえの社会的役割について言及する際に用いる。ジェンダーとは「女らしいこと」あるいは「男らしいこと」を意味しており、社会が異なればその基準も異なる。ジェンダーは、ある社会やある下位集団が、（他方の性別にはそうではないのに、あるいは、他方の性別よりも）一方の性別にふさわしい、もしくは典型的だとラベルづけする特徴全部のリストからなっており、感情、態度、行動、関心、服装などを含んだものである。生物学的な性別と社会的なジェンダーが、どのくらいお互いに関係しているのか――我々の「男らしい」行動や「女らしい」行動が、身体的性別によって選択の余地なく決まってしまうのは、どの程度なのか――という問題は、概して、性別とジェンダーの科学において見られる論争の基礎にあるものである。

最近、多くの人が、**セックス**[☆2]という言葉を、性的な行為に言及するとき以外にはほとんど使わないようになり、生物学的・身体的要因と学習された社会的役割の要因の両者に対して、**ジェンダー**という言葉を使いはじめている。たとえば、ハーバード大学のロッカー室では、「4歳以上の子どもは、ジェンダーにふさわしいロッカー室を使うこと」というような張り紙がしてある。女性用のロッカー室を使うことになっている子どもは、次のうちのどちらだろうか。XX染色体をもっている子どもか、伝統的に女らしいとされているものに興味をもち、そうした服装を好む男児と女児か。この傾向は、明らかに生物学的な性別に言及しているときにも、**ネズミのジェンダー**という奇妙な表現を使うという事態を、学問の場に引き起こしている。**セックス**という言葉を使いたがらないということは不思議に思える。というのは、さまざまな側面でセクシュアリティが非常に露骨になってきた時代に、一方では上品ぶった面も強くなってきたことを示唆しているからだ。しかし、この矛盾らしきもの以上に科学的研究にとって重要なのは、**ジェンダー**という言葉を見境なく使用することで、何に関する研究なのか、そして、何を明らかにしている証拠なのか、といったことが大いに混乱しているということである。女の子の数学に関する能力が男の子よりも生まれつき劣っているかどうかという、公の場でよく論争されている例（数学に関する第4章を参照のこと）に見られるように、膨大な数の研究の中でさまざまな数学のテスト成績についての分析が行われ、「数学におけるジェンダー差」に関する結論が導かれている。実質上すべての研究において、研究者はテスト得点を2つの集団、つまり生理学的に男と仮定された人々の集団Aと、生理学的に女と仮定された人々の集団Bに分けている。これはセックス差についての研究である。伝統的に女らしいとされているようなことに関心をもち、そうしたしぐさや服装をしている女の子と男の子の得点と、伝統的に男らしいとされているようなことに関心をもち、そうしたしぐさや服装をしている女の子と男の子の得点を比較した人はだれもいない。もし研究者がそのような比較をしていたら、それはジェンダー差を研究していることになっただろう。しかし、今日、前者のような研究がジェンダー差研究と呼ばれることが多いのである。

認知、行動、情動の差異についての研究では、費用のかかる染色体分析や生殖器の身体検査を行って、参加者の性別を判定することはほとんどない。その代わりに、自己報告やジェンダー——おそらく名前（ファーストネーム）もしくは外見や服装だけ——を観察して、性別を**推測する**傾向がある。もちろん、西側諸国の中では、自分のふるまいや服装を、生物学的性別のカテゴリーに伝統的に期待されてきたものと一致させようとしない人たちも増えている。ある人について、ジェンダー化された特性の観察からは、その性別を正確に判断するのが難しくなりつつある時代に、**セックス**と**ジェンダー**のどちらを使ってもよいというのはなぜなのだろうか。政治的な理由をあげる人たちもいる。この人たちは、何人といえども、その感情、思考、行為を、生物学的性別に基づいた鋳型に縛られる必要はないと信じている。しかし、感情、思考、行為のほとんど、もしくはそのすべてが、その人の性別によって、いやおうなく決まっているわけではないと信じるならば、**セックス**と**ジェンダー**を1つにまとめることは、問題を混乱させることになるはずだ。簡単に言えば、人は、単にその性別だけで、**ジェンダー化された**感情、思考、行為を期待されるべきではないということである。

実際のところ、研究者が性差を見いだしたと主張するとき、実際にその差異が当然のごとくあるもので、不変で、そして普遍的であると証明されていないならば、研究者は、自分の見いだした差異が性別による差異――異なる生殖器をもつ人々は、行動が異なる――ではなく、ジェンダー化された社会化の差異による可能性もあると、最低でも言うべきだろう。

「性別」の構造そのものについても考える必要がある。ニコルソン[247]が報告しているように、18世紀まで、医学文献の執筆者は「一性モデル」をとっていた。女性の身体は男性の身体の「劣等版」だが、類似しており[247の86頁]、睾丸と卵巣に同じ名前がつけられていた。女性と男性の身体が「まったく異なる」ものとして扱われはじめたのは、その時代より後のことである[247の88頁]。同様に、「男性」ホルモンや「女性」ホルモンと考えているものは、実のところ、あらゆる人の身体に存在し、化学的にお互いに関連したものであり、ファウスト＝スターリング[119]が指摘しているように、テストステロンを男性ホルモン、プロゲステロンとエストロゲンを女性ホルモンと呼ぶという選択をしたため、女性は男性ホルモンをまったくもたず、男性は女性ホルモンをまったくもっていないという印象を誤って与えてしまったのだ。こうして、人間の身体や「性ホルモン」を2分するという考え方がつくられたのである（第8章を参照）。もちろん、その構築された考えを知ったからといって、生殖器の区別、性染色体、「性ホルモン」の割合のような、現実にある生理学的差異が消え去るというわけではない。しかし、明らかに、そうした考えを知ることで、今日の人々はかつてよりも、性別だけをもとに行動を仮定したり規定したりするのは誤っていると信じるようになった。これはよいことだ。

あらゆる人間を2つの性別のどちらかに分類したことでもたらされたものの1つに、女性であることを決めるとされるXX染色体と、男性であることを決めるとされるXY染色体のいずれももたなくても、そして、典型的な男性あるいは典型的な女性のものと同じ外性器や内性器をもたなくても、2つの伝統的な性別カテゴリーの一方にあてはまると間違えて仮定されてきた人々が1・7%いるということがあげられる。この2つの性別カテゴリーのどちらにもうまく入らない人たちは**インターセックス**と呼ばれる。こうした人たちは、最近まで、西洋文明においては見えない存在であり、そのために、多くの社会的心理的な問題を抱えることになった[119]。インターセックスの存在は、心理学的性差の分野に革命をもたらす可能性を秘めている。というのは、心理学的「性差」についての研究は、そのほとんどすべてが、典型的な女性と典型的な男性のみを研究対象にしているという誤った仮定に基づいて行われてきたからだ。こうした研究を行っている研究者は、参加者の性別を決めるために、染色体分析や身体検査をすることはけっしてない。そして、性別を「どちらかに○をしてください……男性、女性」で分類するようなとき、インターセックスの人たちの多くは、自分がインターセックスであることに気づきさえしていないので、生まれたときに「割りあてられた」性別を答えてきただろう。これはとりわけ重要だ。というのは、報告されている心理学的性差はたいてい大変小さい。もし過去に戻って、あらゆる性差研究からインターセックスの参加者を取り除けるとしたらどうなるだろう。インターセックスの人たちはかなり多様である。彼/彼女らの反応や回答は、ある領域における典型的な男女間に存在する本当の差異を覆い隠しているかもしれないし、別の領域では小さな差異を大きく誇張して見せているかもしれないし、ある領域では実際には存在しない差異を存在するかのような誤解を与えてしまっているかもしれない。しかし、インターセックスの人たちは、染色体上も、生理学的側面でも、ホルモンという面でも、非常に多様であるため、そして、つい最近までほとんどの人が男と女のどちらかに割りあてられて、それに応じて育てられたので、彼/彼女らを研究に含めたことで性差研究の分野がどのように変わったのかを知る方法はどこにもないのである。本書全体を通して、私たちが性差研究について論じるときにはいつでも、その研究者は、インターセックスの人たちを含んでいるかどうかを調べることなく、女性と男性のデータを分析しているのだということを思い出してもらうとよいだろう。本書で2つの性別について言及する際には、その研究者が参加者に貼ったラベルを用いる。インターセックスの人たちについて考えることによって、**心理学的性差**が生物学的なものに基づいていると自動的に仮定するのは誤っているということが浮き彫りにされる。というのは、心理学的性差に関する信念は、インターセックスの人たちを、その人数がわからないまま含んだ可能性のある研究をもとにつくられたものであるからだ。彼／彼女らは多様な生物学的特徴をもつにもかかわらず、2つの典型的な性別カテゴリーの1つに属するかのように、ふるまったり感じたりするよう圧力をかけられてきた。インターセックスの人たちはその1人ひとりが、幅広い多様性をもつ生物学的性別のうちの1つを有しているのだが、たった2つしかない一般的な性別のうちのどちらかと結びつけられ、ジェンダー化された特徴を身につけるよう圧力を受けてきたのだ。

性別とジェンダーに関する研究の歴史の中で、サンドラ・ベム[24][25]のつくった「ベム性役割目録(BSRI: Bem Sex Role Inventory)」は、貴重な第一歩となった。それ以前は、広く使われている「ミネソタ多面人格目録（MMPI: Minnesota Multiphasic Personality Inventory)」の「男性性 - 女性性尺度」のように、一次元の両極尺度だった。つまり、尺度の一方が男性性、他方が女性性であり、各個人はその一次元の線上のどこかに位置するような1つの値を与えられていたのだ。これがはっきりと意味するのは、男性性と女性性が対立するものであること、男性性の高い人は必ず女性性が低く、男性性が低い人は必ず女性性が高くなるということだ。さらに、こうした尺度では、男性性と結びつけられた特性は肯定的なもの（たとえば、主張性）で、女性性と結びつけられた特性は否定的なもの（たとえば、依存性）という傾向があった。ＢＳＲＩは、次のような2つの点で異なっている。ベムは、①女性性を測定する尺度と男性性を測定する尺度を分け、②それぞれの尺度に肯定的な特性を含む20項目を入れた。ＢＳＲＩでは個人ごとに2つの尺度得点が与えられ、ベムは両尺度の得点がともに高い人を心理学的両性具有性（心理学的アンドロジニー）と名づけた。原則として、そして現実にも、女性が男性よりも高い男性性をもち得るし、その逆もあり得る。ベム[25]らは、1つの尺度の得点だけが高い人たちや両尺度ともに得点の低い人たちに比べて、アンドロジニーの人たちが、いろいろな意味で心理学的に健康であり、情緒的な回復力が高いことを見いだした。しかし後に、ＢＳＲＩそのものやアンドロジニーの概念が、男性性や女性性を不変のものとする間違った考えを具体化させる役割を果たしてしまったとベムは指摘している。実際のところ、男性的、女性的と考えられる特性は文化によって、また時代によって変わる[25]。そうして、ベムは自分が存在する文化や時代から一歩離れ、「ジェンダー・スキーマ理論」[☆3]という概念をつくりだした[24]。男性性と女性性は文化や歴史によって変化する。社会は、行動、服装、感情、関心、そして生命のない物体でさえ、多かれ少なかれ、中立的というよりも、男性的か女性的かのどちらかに分類して、ジェンダー化のラインを引き、そのラインに沿うように人々の考え方を組織化している。そして、その組織化の程度が社会によって大きく異なると、ベムは述べている。

　硬直したジェンダー・スキーマをがんこに使い続けるならば、とんでもない判断やふるまいをしてしまい、人生に悲惨な結末がもたらされるかもしれない。考えてみてほしい。同性カップルからのＤＶ通報に応じた警察官が、被害者が伝統的な男性的特徴をもっており、力が強いのだから被害を受けたりはしないと思ってしまい、加害者を逮捕するのを拒んだとしたらどうだろうか[9]。また、レズビアンのカップルの暴力について通報を受けた警察官が、その暴力を真剣に受けとめず、「公平なけんか」とみなし、「女の子たちを鎮め」ようとするだけだとしたらどうだろうか[9の83頁]。こうした物語は、性別とジェンダーについてのステレオタイプ——たとえば、「男性的であるということは、被害に遭うはずがないということ」「女性的であるということは、他人を身体的に傷つけるはずがないということ」——が、著しくゆがんだ仮定であり、人生に深刻な結末をもたらすことを示している。

本書の概略

まず、重要な概念、本書の要約、そして、読者のみなさんが本書から何を学び取れるかについての説明から始めよう。

第2章では、性差の科学の歴史を紹介する。19世紀の科学を知ると、社会や政治に深刻な影響をもたらすような主張を証明するために、科学が利用される可能性があることがはっきりとわかるだろう。たとえば、19世紀の科学者が、男性の脳が女性の脳よりも大きい——それゆえ、男性は女性よりも賢い——ことを証明するために費やした多大な努力を知ると、昔に行われていた、どうしようもなくおかしな研究例だと思ってしまうかもしれない。しかし、いったんそうした研究活動を知れば、脳のある部位の大きさについて行われている現代の性差研究がもつバイアスや、そうした研究がもたらす政治的もしくは社会的な影響が、もっと簡単にわかるようになるだろう。今ではよく知られていることだが、女性より男性のほうが賢いことを「証明」するために利用された19世紀の科学は、誤った論理や原始的な研究方法に基づいたものであった。19世紀のバイアスのかかった科学を分析して、現代の科学に疑問を投げかける能力を研ぎすませよう。また、歴史を学ぶことで、今日の科学者がもっている女性と男性に対する態度の根底にあるものが明らかになるだろう。

第3章は科学的方法――科学的研究が実施される筋道――についての説明であり、性別とジェンダーに関する研究を行う際に、科学者がよくおかしてしまう誤りをいくつか紹介しよう。

残りの章では、性別とジェンダーに関する科学における、非常に重要な現代的テーマをいくつか取り上げる。性差に関する章もあれば、女性に関する章もある。男性に焦点をあてたところもあるが、本書では男性よりも女性に焦点をあてている。それは、研究というものが、概して、男性に焦点をあてて行われてきたものだからだ。伝統的な研究者は男性に主眼をおいてきた。その中で女性に焦点をあてた研究もあるが、それらはおもに女性の劣等性や病理に関するものである。

1つのテーマを取り上げて考察する章では、そのテーマについての研究を批判するさまざまな方法を読者に考えてもらえるよう、テーマによって異なるアプローチをとった。章によっては、1つの研究のみを取り上げ、詳細に検討したところもある。それらの研究を選択した理由は、影響力がきわめて強いか、その分野における研究の誤りの多くを示しているかのどちらか、あるいはその両方である。異なるアプローチをとった章もある。本書で扱っているテーマやアプローチは以下のようなものだ。

数学能力　一般に、男性は、女性より数学能力が優れていると言われている。差異は時に見いだされるが、その解釈ははっきりしない。科学者の中には、いろいろな社会的影響が差異をもたらすと言う者もいる。たとえば、女の子と男の子が数学や算数の勉強をどのくらい奨励されているか、同性の教師から数学や算数を教わっているかどうか、数学や算数ができるということが男の子と女の子にとって同程度の価値があることなのかどうか、といったことだ。また、ある種の数学的能力のテストで、女性よりも男性のほうが優れているのは、生物学的要因が大きく関わっていると考えている科学者もいる。この分野の研究は豊富にあり、その中から最も影響力の強いものを1つ選んで細かく検討する。

空間能力　地図を読んだり、迷路を抜ける道を見つけたりといったような能力は、男性が生得的に優れていると言う研究者がいる。一方、空間能力は男性に有利な形で検査されており、別のテストを使うと結果が異なると言う研究者もいる。この立場からは、空間能力に見られる性差は、女の子と男の子の経験が異なるためだと説明される。「空間能力」をどのように定義するかということは、研究を行ううえでやっかいな問題であり、存在するとされる性差がいかに小さいもので、経験や実験計画にいかに依存するものなのかを示そう。

言語能力　女性のほうが優れているとされる数少ない分野の1つが、言語能力だ。しかし、それさえも女性に不利になるように変えられてしまった。そして、この分野の研究は問題だらけである。公刊された研究のほとんどで差異が示されていないにもかかわらず、性差があるかのように結論づけられるやり方について論じよう。この章でも、定義に関する疑問や真偽の疑わしい性差の大きさに関する疑問を取り上げる。研究の対象になっている能力を測る方法の問題点に関しても、同様に検討しよう。

脳 脳に関する研究は、まさに脳を対象にしているという理由で、批判に耐えられると仮定されることが多い。しかし、脳研究は——高価なテクノロジーを用いているにもかかわらず——多くの点で、まだ初期の段階にあり、現段階では性差について確かなことはほとんど言えないのだ。こうしたことについて、多岐にわたって説明しよう。純粋に行動のみを対象にしている研究にあてはまるような、方法論的および解釈上の異議申し立てのほとんどすべてが、行動学的脳研究にもあてはまる。

ホルモン 科学者も含め多くの人は、女性は月経周期ゆえに精神的にも情緒的にも不安定だと信じている。一部の研究者は、この考えに異議を申し立て、ホルモンではなく社会的なものが影響し、症状を引き起こしていると示唆し、さらに、男性のホルモン周期が女性のホルモン周期に比べると、それほど注目されていないことに言及している。このテーマに関しては、盛んに研究が行われているが、その数多い研究を悩ませる定義や方法論上の問題をいくつか紹介しよう。ここでも、研究者が身体的問題と心理学的問題の区別をきちんとしていないことについて考察し、それに関連して、生物学的原因で生じるものと社会的原因で生じるものの混同についても考察しよう。「男性の更年期」があるのかどうかという最近の研究や、男性とホルモンに関する問題についても論じる。

セクシュアリティ　セクシュアリティや性的指向に関係するような性差研究にも、定義に関する大きな問題があり、そして、こうしたテーマにはつきものの、道徳的か正常かといった裁きの壁に幾重にも取り囲まれている。

女性とマゾヒズム　科学者やセラピストの中には、女性は苦痛を喜ぶというようなことを言う人がいる。この考え方に異議を申し立てている人たちは、女性は惨めな状態を楽しんでいるわけではなく、別のさまざまな理由のために、危険だったり憤ったりするような状況にとどまっているだけだと述べている。この章では、このテーマに関する実証的な研究が少ないことを説明し、女性はマゾヒストであることを証明したと主張する研究者が執筆した論文で鍵となる研究を詳細に検討し、その後、「マゾヒズムという精神疾患は存在するのか」という問いに関係する研究を細かく検討しよう。また、この概念が政治的な目的のために、いかに利用されているかについても指摘する。

女性の依存性　長い間、女の子と女性は依存的とみなされてきたが、最近のある研究によると、これまでの研究の多くが実際に明らかにしているのは、女の子や女性が、依存的というよりも、人間関係をつくり維持するのに長けていることだという。この分野でも、女性のほうにたくさん見られる行動が、女性が男性よりも劣っているという主張のために利用されてきたのだ。定義の問題について考え、そして、ほとんどの研究者が、どちらかの性別を対象にした研究から、両性についての結論を導き出しているという問題について考察しよう。また、ある年代の人しか研究していないのに、そこで得られた性差が生涯にわたって続き、おそらく避けることも変えることもできないという誤った結論を導き出す可能性について論じよう。

男性と攻撃性　多くの研究者が男性は女性よりも「生まれつき」攻撃的だと結論づけているのだが、研究結果は攻撃性の定義や測定方法によって変わる。この分野では、ほとんどの研究が男性しか対象にしてこなかった。実施された研究のうち公刊されているのは、ほんの少しであるにもかかわらず、そうした数少ない研究の結果をゆがめて見てしまう考え方を含め、研究の抱える幅広い問題点について論じよう。女の子や女性によく見られるとされる「関係性攻撃」に関する最近の研究は、矛盾する結果や研究計画の問題を抱えている。原因‐結果という単純な考え方の例、つまり行動がホルモンに影響するのではなく、ホルモンが行動に影響するという仮定について考察しよう。

母親非難　成人や若者の情緒的な問題に関して、多くの場合、母親非難に依拠した説明がされる。それはなぜなのだろうか。そして、他にどのような要因が関わっているのだろうか。この章では、社会的なバイアスが、リサーチ・クエスチョンの選択と研究の実施や解釈の仕方を劇的に、時に奇妙にゆがめてしまうことを検討しよう。

性差を視点に入れておく

性差研究を検討する際に、研究の細かい部分に熱を入れすぎると、もっと大きな視点を見失ってしまうことがある。その視点の1つを、心にとめておいてほしい。それは、おのおのの科学者は人生の中で限られた数のリサーチ・クエスチョンしか検討できないのだから、性別やジェンダーの差異を見いだそうという選択をしたのには、それなりの理由があるはずだということである。

集団間の差異に関する「証拠」は、概して、1つの集団がもう1つの集団よりもよいということを「証明する」ために使われており、そのことを科学者は自覚しているのだから、彼らが何に動機づけられて、こうした研究を続けているのかを問う必要がある。ごく一部の科学者は、人々が考えているほど性差はないということを証明したいと思っている。しかしながら、多くの科学者は、女性を劣ったものとして扱うことを正当化しようとしているようだ。たとえば、男性よりも知的に劣っている、「感情的すぎる」、依存的だ、というように。異なる人種間には重要な差異があることを証明しようとしている科学者は、今日ではたいてい人種差別主義者とみなされる一方、重要な性差があることを証明しようとしている科学者は、たいてい性差別主義者とは言われない。

心にとめておくべきもう1つの視点は、どのようなリサーチ・クエスチョンが膨大な量の研究の焦点になっているのかを明確に把握しておくということだ。たとえば、初期の性差研究では、さまざまな言語能力において女性は男性よりも優れている（たとえば、早く話しはじめる、語彙が豊富）、男性は女性より空間能力において優れているという報告がされたが、その後、ほとんどの研究努力が空間能力のほうに向けられてしまった。メディアの注目も同様だった。研究者は男性がいかに優位かを報告しようと努力し、なぜ男性が優位なのかを説明する理論を生み出そうと努力したのだ。もし、空間能力研究の細部にとらわれてしまったら、男性優位を仮定する罠に陥り、女性が男性よりも優れているという証拠の存在を忘れてしまうだろう。だからといって、男性優位のパターンを覆し、女性のほうが男性よりも優れている領域に焦点をあてることをめざすべきではない。そうではなく、科学者やメディア報道の注目をいっせいに浴びるような研究によって、自分たちの信念が形づくられないように気をつけるべきだろう。

覚えておいてほしいのだが、私たちは人間の行動に性差は絶対にないと主張しているのではない。非常に多くの研究に深刻な不備があるし、誕生以降に男女が等しく扱われることはないので、免れ得ない性差にはどのようなものがあるのかを知ることは、ほとんど不可能である。本書を読み進めるうちに、ほとんどの性差研究が問題だらけのように見えるようになったとしたら、あなたは正しい。研究の抱える問題は、1つには、人間の行動を研究することの難しさのせいでもある。人間の行動は、変わりやすく複雑だ。そして他にも、研究者のもっているバイアスを考慮し、本来ならば注意深く研究を計画するべきなのに、それをしていないということが理由としてあげられる。

私たちは、性差研究をしている研究者のほとんど全員が、意識的・意図的に、どちらかの性別に害を及ぼしたり貶めたりするような研究を計画してきたと主張しているのではない。自分のバイアスやだれも疑わない仮定のすべてを自覚することは、不可能ではないにしても、だれであっても難しいと私たちも感じている。そして、研究を行っている者は、好むと好まざるとにかかわらず、こうした要因を研究にもち込んでいる。そもそも我々人間は時代と文化の産物なのだから。もちろん、本書を書くにあたって、同じことが私たち（筆者）にもあてはまる。だからこそ、このあとの章を読み、批判的思考のスキルを磨いた後、本書で私たちが使っている議論や推論に対して、そのスキルを使ってみてほしい。

警告をしておこう。学生の中には、科学者や教師が常に正しいと信じきっている人もいる。そうした学生にとっては、専門家とみなされている人たちが、意図的ではなかったにしても、重大な間違いをよくおかしているということを見せられると、腹立たしくなることもあるだろう。自分が読んだり教わったりしたことに疑問をもちはじめると、確かなものが足元から崩れるような感じがするだろう。失うものの代わりに、新しい絶対的な真実をあなたに与えることは、私たちにはできない。しかし、大切なのは、絶対的真実と思っていたものが、不完全なものであり、あるいは存在さえしていないということを知ることである。実際よりもたくさんのことを知っていると思うよりも、自分の知識の限界を知っているほうがよいだろう。

また、批判的に考えるスキルを身につけると、何も残らなくなるというわけではない。そうではなく、批判的思考スキルによって、研究を積極的に把握するための貴重な能力をたくさん得るのである。そして、積極的な気持ちで研究にアプローチすると、どの研究が合理的に行われているのか、どの研究者が自分たちのバイアスを見極めて、それを正直に認めようとしているのかがわかる位置につけるだろう。

実験上の過誤を見いだしても、驚いてはいけない。結局のところ、この世界にあるものすべてについて、絶対的な確実性をもって知ることはできないのだ。当然、誤りは最小にすべきであるが、できるのはその程度なのだ。研究者にとって重要なのは、可能な限り正確であることだが、実験者のバイアスが混じって、研究方法や結果が本当に意味している以上の結論を出さないように気をつけることである。

次章では、かつての科学者が、彼らの用いた方法や結果をはるかに越えて、自分たちの研究を支持するような主張を行い、自分たちのバイアスへの対応に失敗した、その道筋を簡単に見ていこう。

第2章 性差研究の歴史を簡単に展望する★2

行動面での性差研究は長い歴史をもち、過去2世紀にわたって、科学的な関心や大衆の関心を大いに高めてきた。現代の性差研究を検討する際に、その歴史的な背景を知ることは大切だが、それにはいくつかの理由がある。まず第1に先人たちのおかした過ちから学ぶことができる。研究者が過去におかした過ちが理解できれば、自分たちが行う新しい研究において同じ過ちをおかさなくなるだろうし、もっと効率よく前進できるだろう。第2に、性差研究の歴史を知ると、現代の人々の態度を理解する際に役立つだろう。前世紀に行われた実験は、我々にとっては、奇妙で幼稚で明らかにバイアスがかかっているように見えるだろう。今日の研究者はこのような研究をするはずがないと、我々は思い込んでいるかもしれない。しかし、かつての研究での失敗を知るにつれ、そうした実験の名残を（時に非常にかすかではあるが）、現代の研究の中に簡単に見いだせるようになるだろう。遠い過去の研究――そして、その実験者を特徴づける態度や偏見――と現代の研究が、それほど異ならないことに気づく場合も多い。

本章では、かつての性差研究で、影響力の強かったものをいくつか検討する。そこに見られる共通のテーマを指摘し，研究者がしばしばおかした重要な過ちを特定し，研究を行い結果を解釈した人たちのもっているさまざまな思い込みや態度を検討する。そして，現代の研究に同じように見られるものに注意を向ける。第1章で論じたように，最近までほとんどの研究は性差を報告しようとして行われてきた。類似性を明らかにしたハイデ[172]の論文は，まったく異なった有意義なアプローチの例である。

ところで，だれの歴史なのだろうか

現代の科学は，ヨーロッパのビクトリア時代の影響を強く受けている。その当時，ヨーロッパの科学的研究において，いちばん影響力をもっていたのは，中流階級か裕福な白人男性だった。その時代の人たちは，ユダヤ・キリスト教の伝統に強く影響されており，そこには女性が男性よりも劣っていることを「証明する」物語があふれていた。たとえば，聖書のいちばんはじめには，イヴ——女性一般を象徴している——が世界に悪（罪）をもたらしたと記されている。今日ではその物語を違うように解釈する人も多いようだが，ビクトリア時代にはこの解釈が最も一般的だった[141]（実際のところ，注目すべきなのは，イヴの「罪」が知識の木になる果物を食べたいという欲求であり，それが女性の劣等性あるいは危険性の証拠とされたという点である）。

宗教は何世紀にもわたり，人間の性質を説く権威であったが，19世紀には科学的な方法が世界を発見する方法として人気を集めた。世界の性質について知りたいとき，正しい行いについて知りたいとき，人々は宗教指導者のところに指示を求めに行くのではなく，科学者に答えを求めるようになった。科学は高い尊敬を集めるようになり、ある面で、宗教に置き換わったとさえ言われるようになった[357]。

過去2世紀の間、西側諸国の科学者のほとんどは、ある種の強力な信念によって特徴づけられる文化の出身者であった。その信念の中には女性や白人以外の人間が知的に劣っているというものも含まれており、これが研究の方向性に深刻な影響を及ぼしたのである。実際、科学者のほとんどは、恵まれた立場にある階級・人種・性別の人間だったので、彼らが自分たちの集団は優れているという考え方を広めるようなリサーチ・クエスチョンを選んだのは、驚くことではない。たとえば、男性が優れた知的能力をもっているかどうかを確かめるのではなく、男性が知的に高い能力をもっているのはなぜなのかを究明しようとすることで、科学者は現状維持に関与してきたのである。

女性の劣等性の証拠を求めて

偉大なる脳を探究する

19世紀の科学者が、なぜ女性は知的に男性よりも劣っているのかという疑問に対する答えを、どのようにして探しはじめたかを見てみよう。今では、こうした初期の研究が、的はずれのものであることは明らかであろうが、次の2つの点を覚えておいてほしい。①その研究が行われた時代と場所に暮らしていたほとんどの人にとって、その研究が的はずれとは思えなかったこと、②後に欠陥のある理論だとわかるものでも、それについて検証し異議を申し立てることで、研究は進歩する可能性があるということ。時として、周知の事実とされるものもこうした見識によって覆され、かつて合理的と思えたものが今ではとんでもないものに見えるようになるのである。丸い地球というのは、まさにこのよい例だ。

19世紀にも今と同じように、当時の人たちが真実だと単純に思い込んでいた仮定——たとえば、女性は知的に劣っている——に疑問をもつことなく、それをもとにしてリサーチ・クエスチョンがつくられていた。揺るぎなき仮定に基づいて研究が行われるとき、その仮定に対して疑問がわくような研究結果がでることは、まずあり得ない。たとえば、研究者がなぜ女性はそれほど賢くないのかと問えば、彼らが計画する研究は、その仮定を支持する結果か、あるいは、その仮定の問題点を浮き彫りにすることもなく、反証もしない結果のどちらかしか生み出さないようなものになるだろう。

19世紀に人気のあった考え方に、女性は男性よりも脳が小さいので知的ではないというものがある。ジョージ・ロマーニズ[281]は、女性は頭が小さいので、脳も小さいはずだ、そのため、あまり知的ではないと語り、この考え方を証明したと断言したのだ。女性が劣っていると信じたがっていた人たちは、彼の言葉を信じた。「脳が小さい人は賢くないのか」「とても大きな頭をした女性だったら、たいがいの男性よりも賢いのか」というような疑問の声をあげる人は、ほとんどいなかった。ロマーニズの考えは、後に人間の脳の大きさは知性と関係しないと報告され、ようやく信用を失ったのである[141]。[☆4]

しかし、ロマーニズの主張からわかることがある。つまり、「データ」がすでに信じられているものを確証するように見えるとき、研究のもとにある仮定はめったに疑われないというだけでなく、人々はその仮定とデータをもとに理論をつくりあげてしまうということだ。たとえば、ロマーニズの結論をもとに、「女性の知的劣等性がヒトという種の生存にとって確かに必要だ。なぜなら女性は——知的関心をもたなくてすむので——出産と育児だけにそのエネルギーを捧げることができるからである」と述べる論者が現れるようになったのである[239]。こうして、科学者や一般の人は知能の性差を説明する生存理論に魅了されてしまい、ロマーニズの研究に立ち戻って、彼が研究をどのように実施したか、そして、劣等性を仮定することでもたらされる利点はどのようなものか、について批判的に考えなくなってしまった。批判的思考が失われていくこの一連のプロセスは第4章と第5章で紹介する数学能力と空間能力に見られるように、現代も続いている。

ロマーニズの研究が信用を失ったあとも、その研究に基づいた信念が長い間残り続けていたことに、人々が研究者の主張をどのように扱うのかというもう1つの特徴が映し出されている。それは、多くの科学者や一般の人たちが（今日では、メディアも）、あるテーマについて多大な関心をもつようになり、そのテーマについて行われた研究の断片的な報告を信じ、やがて興味を失うというものである[89]。初期に行われた研究の信用が後に失われても、人々はその研究を常に信じてきたわけだから、精神的・情緒的なエネルギーを費やしてまで、自分の信念を変えたりはしないだろう。特に、自分が信じたいと思っていたことを、初期の研究が確証してくれた場合にはなおさらだ。こうして、脳の大きさが知性を決めるという主張が信用を失ったあとも、女性の知的劣等性とその生存上の有用性と言われるものについての信念が残り続けたのである。

しかしながら、ロマーニズの研究ではなく、女性の知的劣等性という基本的な仮定に固執し、その原因――単純な脳の大きさではない何か他のもの――を探すほうが重要だとした研究者もいる。その後の数十年間、この方向に従って、現代の我々にとっては明らかに見当違いとわかる実験が行われた。大きな脳のほうがよいという考えに、ほとんどの人々が見切りをつけたあとも、科学者の中には依然として女性は知的に劣っていると仮定し、身体の大きさと比較した場合の**相対的**な脳の大きさによるのではないかと提案した者もいた。しかし、この努力は期待はずれに終わった――身体の大きさに比べると、女性の脳は男性よりも大きいということがわかったのである。

やがて、研究者は脳全体を考える理論をあきらめたのだが、探究は続いた。脳全体の大きさでないとしたら、知性の重要な座と思われる脳部位の大きさに違いがあるのではないかと、科学者は推測したのである。科学者は女性よりも男性のほうが大きいのではないかと期待しながら、脳の部位を１つずつ調べた。しかし、その期待が証明されることはなかった。タヴリス[324]によると、こうした動向が今も続いているという。「まさに19世紀の研究者が……男性の優位性はどの脳葉によるものなのかと、いろいろ考えを変え続けてきたように、20世紀の研究者も……どちらの半球が男性の優位性を説明するのかについていろいろと考えを変え続けている」[324の48頁]。

今日、こうした研究はもう行われていないと思うだろう。特に、単なる容積や重さではなく、化学的・電気的な変化が脳の有効な機能のためにきわめて重要であることが知られているからだ。さらに、知性が脳の一部位のみに依存しているわけではないことも、今ではわかっている。脳にある膨大な数のさまざまな部位が、それぞれ膨大な数の知的能力の１つ以上と関連しているのである（たとえば、[330]）。しかしながら、１９８７年に、ルース・ブライヤーが、全米科学振興協会で重要な報告を行った[31]。彼女によると、評価の高い学術雑誌『サイエンス』に掲載されたデ・ラコステ＝ウタムシンらの研究[96]の中で、人間の脳の両半球をつないでいる構造（**脳梁**）の後部にある膨大部が、男性よりも女性のほうが大きいと主張されたという。論文執筆者は、女性の空間能力が男性よりも劣っているとされるのは、この脳梁膨大部における性差によると示唆している（これに沿った研究は現在も続いており、その状況については第7章を参照のこと）。ブライヤーらは、この研究が男性9人と女性5人の脳しか検討していなかったということも含めて、研究の大きな欠陥を見つけた。発表の際、ブライヤーは、何人かの男女の脳梁膨大部の写真をそれぞれ一列に並べたスライドを見せ、聴衆である科学者に、どちらの列が男性でどちらが女性か、もしくは、明らかに大きいのはどちらの列かと尋ねた。しかし、スライドから判断するのは不可能だった。ブライヤーは、さらに多くの男女の脳梁膨大部を観察し、その部位を慎重かつ客観的に測定したのだが、性差を見いだすことはできなかったと説明した。しかし、この研究を『サイエンス』に投稿したところ、「政治的」すぎるという理由で却下されたのである。デ・ラコステ＝ウタムシンらの結果に対するブライヤーの異議は、最近になって支持されるようになったが（第7章を参照）、それは、おそらく流布しているバイアスが変化し、差異がないという結果を人々が許容するようになったからであろう。これは、男女がだんだん似てきたという世間に広まっている説と一致している。

19世紀の研究かと思うようなものでありながら、現代の「学術専門」雑誌に掲載された研究の例として、リヴェイ[206]の論文を取り上げよう。彼は、男性同性愛者19人、異性愛者と思われる男性16人と女性6人の脳を死後に検討した後、男性同性愛者と男性異性愛者の視床下部に差異が見られたと主張したのだ。しかし、異性愛者とされた男性16人は、性的指向についての裏づけがなく、人口のうえで異性愛者が圧倒的に多いので、異性愛者だとみなされただけである。いいかげんな推論だ。さらに、男性同性愛者全員と異性愛者と思われた男性のうち6人と女性の1人は後天性免疫不全症候群（ＡＩＤＳ）に関連した原因による死亡であり、これは脳組織の感染がよく見られるものである[118]。またもや驚くべきことだが、現代において、『サイエンス』のような権威ある雑誌が、研究対象になっている集団の1つに属する人たちの全員が脳が破壊されるような病気に感染しているにもかかわらず、集団間の差異に関する主張を掲載したのである。みなさんはこれから、本書全体を通じて、疑われることのなかった仮定や誤ったデータ解釈の例を見ていくことになる。

ブライヤーの例は、もう1つの重要な点を示してくれる。それは、歴史的に見て、19世紀であろうが現代であろうが、権力をもった人々の信念を支持する研究は、正統なものとして受容されやすいということ、しかし、こうした信念に対する疑念をもたらす可能性のある研究は、方法論的欠陥を詮索され、そして、「政治的な目的に動機づけられている」ものとして退けられてしまうということである。もちろん、現状を肯定するような研究も、政治的な目的に動機づけられている可能性があるのだが、それはあまり認識されないようだ。というのは、政治や科学の現場を管理している人間は、そうした研究によって、自分たちがすでに「知っている」ものが真実だということが確証されたと感じるにすぎないからである。第3章では、どのような研究が行われ、どのように実施され、何が公刊されるのかといったことに、研究の動機が大きく影響することについて、さらに深く論じよう。

19世紀には、いろいろな脳部位で、女性と男性に差異がないことが明らかになるのだが、科学者は、男性の知能の優秀さを示すと自分たちが信じているものが存在する場所を探して、さらに突き進んで研究を行った。たとえば、脊髄の長さを測定し、脊髄の長さに見られる性差がいかに知性に関連しているかについて、入り組んだ説明を組み立てたこともある。こうした活動の中で、科学者は身体の部位を測定するだけでなく、男女にさまざまなテストを実施した。女性が男性より成績がよいときには、こうした情報はたいてい男性の優越性の「証明」として解釈された[51][55]。たとえば、ロマーニズ[281]は、女性が男性よりも早く正確に文章を読むことができるのを発見したが、この結果は女性が道徳的に劣っている証拠に変えられている。その時代の著名な科学者であるロンブローゾとフェレーロが、この性差を説明し、読みの能力は嘘をつく能力と一体であり、女性は男性よりも嘘がうまいと論じたのである[11]。

おもしろいことに、20世紀には、空間能力の性差に関して、対立するような2つの理論が同時に提案されている。

①女性の空間能力が男性よりも劣っているのは、空間課題に対して脳半球を両方とも用いており、クロストーク——大脳半球間の情報伝達——が妨害となるからだ[208]。
②女性の空間能力が男性よりも劣っているのは、女性が一方の脳半球のみを使う傾向があるからだ。よい成績をあげるためには、両半球を使う必要がある[41]。

注意してほしいのは、両方の理論ともに、女性の空間能力は男性よりも劣っているという仮定に基づいた「説明」にすぎないことである。第7章で論じるように、それはけっして証明された事実でもないし、普遍的なものでもない。歴史的に見ても、脳のラテラリティ（側性化）研究には、結果の再現ができないこと、研究によって矛盾するような結果が出ること、粗末な研究方法がなされていたこと、など多くの問題がつきまとってきた。初期の研究の中には、銃創があったり脳卒中を経験したりしたような、明らかに普通ではない脳を研究したものがあり、損傷を受けていない脳についての結論を引き出すには問題があった。こうしたことが行われていたのには、たいてい現実的な理由があった。最近の脳画像技術が利用できるようになる前には、脳を切開することなく、その解剖学的構造を検査するのは不可能だったので、研究者は人々が死ぬのを待って研究を始めざるを得なかった。さらに、こうした研究で、研究者は銃創の大きさや位置を、男女で等しくしようとすることはなかったので、本当のところ、いったい何を研究していたのか、現代の我々にはほとんど考えもつかない。近年では、**脳梁**が切断された患者の研究も行われている。こうした人たちは時に分離脳患者と呼ばれる。脳梁は左半球と右半球をつなぐ神経繊維の束で、2つの半球の活動を連携させたり、お互いに抑制させたりする。しかし、こうした患者は通常、障害をもたらすような発作を頻繁に繰り返しているので、脳の認知機能の場所が、てんかんのない人たちと同じところにあるのかどうかを知るのは難しい（一般化の問題）。

研究者は、分離脳患者を対象にして、男女では側性化の度合いが異なるとする理論を追究し、ある特定の課題を行うのには、脳の片側を使うほうがよいのか、両側を同時に使うほうがよいのかを検討してきた。そのためには、①能力を定義し、②どの課題が測定に最適なのかを決め、③脳半球を1つ使ってその課題を行っているのか、それとも両半球を使っているのか――もしくは、脳部位の1つを使っているのか、それとも複数を使っているのか――は、どのようにしたら判断できるのかがわかっていなければならない。第4、5、6章では、数学能力、空間能力、言語能力の定義がいかにややこしいか、さらに、こうした能力の範囲と種類のすべてを**きちんと**検出できるような課題をつくりあげるのがいかに難しいか、そして、たった1つの課題で、能力（たとえば数学能力）のすべてを測定するのは不可能だということを見ていこう。なお、能力を分割してそれに名前をつけたのは人間だが、そのやり方が、さまざまな能力やその構成要素を脳が促進している方法と対応しているのかどうかを判断するのは、現段階の科学では不可能である。

ある課題を行うときに、半球の1つを使ったほうがよいのか両方を使ったほうがよいのかは、はっきりしないことが多い。少なくとも、きわめて空間的な課題の1つである、紙の上に二次元で描かれている三次元の立方体を別の紙に描き写すという課題には、脳半球のそれぞれが何らかの関与をしている[340]。しかし、現時点で、半球1つで解くほうがよい課題はどれで、両半球が必要な課題はどれかというのは、ほとんどわかっていない。さらに、どちらの手を使うかというのが人によって異なるように、ある種の空間課題を解く際に、どのような方略を使うか——したがっておそらく、脳半球の1つが関わるのか両方が必要なのか——も、人によって異なるだろう。

ラテラリティ研究の大きな問題は、その検討を行う前に、たとえば男女の空間能力が等しくなるように、対象者がマッチングされていないということだ。第5章で見るように、男女差を生むような社会化は文化によっても異なっており、それが空間テスト得点に影響を与える可能性がある。したがって、研究者が参加者を合衆国[☆5]——合衆国では、空間的スキルが女らしくないものとしてみなされているようだ——の中で、無作為に選んだとしたら、空間的スキルがあまり機能していない女性をたくさん含めることになるだろう。つまり、空間的スキルの高い男の子と低い女の子を比較することになるかもしれない。したがって、もし、空間課題を行っている際の脳半球の活動に性差を見いだしたとしても、それが空間課題の成績がよい人たちとわるい人たちの脳半球が違うからなのか、あるいは、スキルのレベルにかかわらず、空間課題を解いているときには、男の子と女の子の脳半球の何かが違うからなのか、というのはわからないのである。

社会進化論（社会ダーウィン主義）

19世紀に女性が知的に劣っていることを「説明する」ために使われていた理論は、社会進化論である。これは、種が進化する際、動物やヒトの中で生き残る個体はその環境に最も適するものであるという、チャールズ・ダーウィンの主張[88]を使ったものだ。適者生存という考え方であるが、社会進化論者は**適者**という言葉の意味を広げ、生き残ったものは何でも――社会構造、政治機構、個人、人間のパーソナリティ側面も含まれている――適者だと推論した。今日存在するものが、その可能性のあったものの中で最適のものであるはずだと論じたのである。

女性は男性よりも知的ではないとすでにみなされていたがゆえに、性差は種の生存にとって必要なものので、女性はそのエネルギーを出産と育児に注ぐことができるとされた。同じような理由づけが、進化によるものではなく、社会によって押しつけられてきた数えきれないほどの要因を正当化するために使われた。たとえば、女性に対して受動的にふるまうようにさせる強い社会的圧力が、女性の受動性を高める傾向を生んでいた。しかし、社会進化論者はこれが生物学的なものに基づく特性で、女性の性的受容性を促進するのに必要であり、そのおかげで、女性は妊娠し、ひいては種の生存に役立つと主張したのだ。

社会進化論に関連したものに、母性本能という考え方がある。それによると、女性には子どもの世話をしたいという生得的な欲求があるが、男性にはないという。それゆえ、と理論は続くのだが、男性は知性や忍耐力のような他の能力を身につけることができ、その一方で女性は養育と保護に集中しないではいられなくなる。もちろん、女性が母性本能のようなものをもっているとしても、それで「女性の低い知性」を説明することはほとんどできないであろう。実際、ある種の知的能力は、女性が（あるいは男性が）より良い養育者や保護者となり、そして、子どもたちが生き残り繁栄するために役立つ情報を受け渡す伝達者になるために、とてつもなく有用である[289]。

また、社会ダーウィン主義に関連するものに、**形態的幼児性**と呼ばれる考え方がある。ダーウィンによって提唱されたもので、女性は男性よりも小さく、男性よりも形態的（身体的）に乳児や子どもに近いという考えである。ビクトリア時代の理論家の中には、この考えをもとに、女性は男性よりも知的に劣っているが、子どもよりは知的だと考えた者もいる。これは、女性よりも男性のほうが毛深いのだから、ゴリラに似ているはずだと言うようなものだ。もしかしたら妥当なのかもしれないが、信じるべき理由があるだろうか。女性のいわゆる知的劣等性を「説明する」形態的幼児性という考え方が、ここでも、女性から法的、経済的、政治的な力を奪い取るのを正当化するために利用されたのだ。形態的幼児性を女性にあてはめた社会進化論者は、黒人に対する白人の権力を維持するために同じ考えを利用した。彼らが言うには、白人に比べ、黒人は身体的に類人猿に似ているので、それゆえ白人よりも知的に劣っているのだと。黒人女性は、この性差別的で人種差別的な理論によって、さらにおとしめられたのである。

形態的幼児性や他の社会進化論の考え方は、今日にも残っている。我々の時代では、フィリップ・ラシュトン[291][292]が、脳の大きさ、テストの得点、子孫の数というような特徴において、彼が**オリエンタル**と呼ぶ人たちが白人よりも進化の尺度において進んでいることを証明しており、黒人は両者よりも遅れていると主張し、その主張がメディアの大きな注目をひいた。人種は社会的に構築されたものである、人種カテゴリーどうしよりも1つの人種カテゴリー内での個人間のばらつきのほうが大きく、身体的特徴からは人種カテゴリーの正確な分類は不可能といったことを示す研究[80][350]があるにもかかわらず、ラシュトンはこのような主張を行ったのである。彼の主張において重要な2つの要素は、1人の女性が産む子どもの数、および妊娠と次の妊娠との間隔であり、それらが知性と進化上の前進という尺度におけるその女性の位置を示すという。ここでも女性の身体が、どの人間が劣っているかを論じる際の焦点になっている。研究方法が粗末な場合、人種差別や性差別のようなバイアスが生まれる余地が大きくなる。たとえば、ピータース[262]は、ラシュトンが[☆6]カリパスを使って頭蓋の大きさを測定したので、報告された差異は、研究者がカリパスをどのくらいぴったりと頭にあてたかによって、簡単に説明がつくと述べている。もし、(意識していようと無意識であろうと)バイアスをもった研究者が、頭蓋を測る際にカリパスをほんの少しきつめにあてたとしたら、1ミリくらいの違いがでるだろう。ピータースは、こうした小さな影響でも、ラシュトンが報告した差異のすべてを説明できることを示した。それにもかかわらず、ラシュトンは正しいと今でも信じている人がいるのである。

研究や理論の中にあるさまざまなバイアスどうしの関係

前述したように、研究や理論の中に存在する人種差別は、性差別と連動することが多い。重要なのは、こうしたバイアスに加え、年齢差別、階級差別、異性愛主義、身体や精神や情緒の特徴に関する偏見などのバイアス（これだけに限られるものではない）が、しばしば研究を形づくっているということを知っておくことである。自民族中心主義つまり自分の文化のみに焦点をあてた実践も、あまり望ましいものではない。というのは、数学能力や空間能力、言語能力のテスト成績のばらつきには、文化差が見いだされているからである[122]。研究者が自分のもっているバイアス、そして、それらのバイアスがある種のリサーチ・クエスチョンを生み、さらに、ずさんな用語の定義、研究計画、データ分析、結果の解釈を引き起こすことに注意を払っていれば、バイアスの影響は最小のものになり得るだろう。しかし、これは理想であり、現実とはあまりに違いすぎる。本書の中で論じている性差研究に関する問題のほとんどすべてが、他の集団間の差異（たとえば、豊かな人と貧しい人の差異や、同性愛者と両性愛者と異性愛者の間の差異など）に関する研究にもあてはまる。

読者のみなさんにぜひ考えてほしいのは、本書で論じている問題点のそれぞれが、他の集団間の差異についての研究の中にも同じように現れるということである。たとえば、異なった「人種」や異なった年齢集団の間にあると言われる知性の差異に関するテーマを扱った古い研究や最近の研究をいくつか読めば、その研究や社会通念がさまざまなバイアスによってつくられるプロセスが似ていることがわかるだろう。

社会生物学と進化心理学──現代版社会進化論

社会進化論を引き継ぐものの1つは社会生物学と呼ばれ、『ウェブスター・カレッジ辞典』では、「動物や人間の社会的行動に関する生物学的基礎、特に遺伝的および進化論的な基礎を研究するもの」と定義されている[342]。クラマラエら[199]は、「一貫して男性を基準とし、男性との関係で女性を定義し、女性を受動的で劣ったものと名づけた男性中心主義的科学」と定義している。このクラマラエらの定義は、かつてのこの分野をよく表している。もっとも、今でも理論家の中にはこの定義にあてはまる者もいるのだが[199の426頁]。最近使われているのは、**進化心理学**という用語だ。カリフォルニア大学サンタバーバラ校の進化心理学センターの定義によると、「心理学への1つのアプローチであり、進化生物学の知識や原理が人間の心の構造に関する研究に利用されている。……この見方では、心というものは、狩猟採集時代の祖先が直面した適応問題を解決するために、自然選択によって設計された情報処理機のセットである」(https://www.cep.ucsb.edu/primer.html)。ダーウィンのかつての後継者、さらには現在の後継者の中にも社会進化論者に似ている者がいる。つまり、現存する人間の行動パターンはよきものである。なぜならヒトが進化する中でそのパターンは生き残ったのだから。そして、それゆえヒトという種が確実に生存するために有用であるはずだという仮定に基づいて、自分たちの理論をつくってきたのだ。たとえば、広く読まれた『女と男のだましあい』[42]の中で、著名な心理学者デヴィッド・バスは、次のようなパターンが「進化した我々の普遍的特徴として見られ」そして「男女の関係を規定している」と論じている[42の211頁]。

①男性は女性とその場限りのセックスをしたがる。
②男性は女性の身体を自分の所有物のように扱う。
③男性は性的な嫉妬を感じると、その女性を殴ったり殺したりすることで対処する。
④女性は金銭に対して貪欲である。

バスは、ところどころで、こうした行動を正当化してはいないと述べているし、ある程度の同性内変動があると認めているのだが、彼の主張の中心は、こうしたパターンがヒトという種を存続させるのに必要だというところにある。この①、②、③のパターンは、1人の男性ができるだけたくさんの女性を妊娠させ、他の男が「オレの」女を妊娠させないようにするものであり、そのおかげで自分がどの子どもの父親なのかがわかると、バスは主張している。しかしながら、こうしなければヒトという種が滅亡してしまうという納得できるような証拠を彼は示していないし、実際、社会によっては、子どもの父親がだれかということにあまり関心が払われていない場合もある[276]。④のパターンにある、女性のいわゆる貪欲さは、自分の子どもを経済的にサポートできる男性を見つけるために重要だという。そして、こうしたパターンが、社会や政治や経済における権力の差異（たとえば、多くの男性は行きずりのセックスをしたり、女性を虐待するのが許されている、あるいはそのように奨励されている）から生じているという可能性[338][293]、あるいは、女性は男性よりも低賃金で働いていることが多いので、自分や子どもたちをサポートするために、男性に依存せざるを得ないという可能性を、バスは無視したり退けたりしているのだ。このことは、多くの進化心理学者がもつ根本的な問題を描き出している。それは、セックスに関連した行動すべてが普遍的であるという仮定であり、要するに、性別とジェンダーは切り離せないという仮定なのだ。そして、変動が見られたときには、根底にある問題や状況は普遍的なものだが、その解決方法がさまざまに編み出されたと信じ続けるのである。前述のバスの例では、パターン①、②、③に従う男性が普遍的であり、それらのパターンは、男性にどの子どもが自分の子どもなのかという確証を与えるために必要であると、バスは仮定する。しかし、子どもの父親に関心が払われていないような文化を見いだしたとき、彼は、権力の分配のようなさまざまな要因によって、多様な社会が生まれる可能性を考えず、普遍性の主張に執着し、自分のもともとの理論を用いて異なるデータを説明しようとするのである。もともとの理論で説明しようとすることは、原理として何も間違っていないが、その理論が誤っている可能性を考えないならば問題だ。加えて、進化心理学は、数百万年前に生存のために価値があったのは何かという考えに基づいており、その理論の多くは、たとえば、女の子はみんなペニス羨望をもっており、それを否定する女の子は自分自身に嘘をついているだけだというフロイトの主張[131]と同様に、証明不可能である。

進化心理学の研究の中には、バスの研究と同様のものがある。バスの研究と共通するのは、上述したように、何が正しくよきものなのかに関して疑われたことのない仮定に基づいて行われているという点だけでなく、誤った論理という点、そして、その主張が真であることを示すための「証拠」の劣悪な性質という点でもある。心にとめておいてほしいのだが、私たちがバスの研究を選んだのは、一部の進化心理学研究における典型例であったという理由による。誤った論理に関して、バスのあげた例を紹介しよう。ある女性を「誘惑」した男性に対して、20万ドルをその女性の夫に支払うよう裁判所が命じたことは、「進化が生み出した人間の心理を直観的に理解」しており、「すべての男性は妻のことを、自分が所有し、管理する財産とみなしているようだ」と彼は述べている[42の140頁]。この態度が普遍的なものだとは、まったく証明されていない（そして、多くの男性にとっては侮辱的だ）という事実に加え、この種の裁判事例の多くは、このような裁定を行っていない。この例は、進化心理学の誤った論理を明らかにするだけでなく、自分の議論を支持するデータしか使っておらず、多くの進化心理学によって示された「証拠」の性質が劣悪であることも明らかにしている。バスが報告したもう1つの例に、女性が金持ちの夫を貪欲に求めている証拠としたものがある。それは、実際のところ、彼の共同研究者がレストランで4人の女性の会話を耳にしたもので、彼女たちは「結婚指輪をはめていない男性ウェイターたちに囲まれていた」にもかかわらず、結婚相手としてふさわしい男性がいないと不満を言っていた、という話である[42の26－27頁]。読者のみなさんは、このレストランでの観察をバスが解釈する際に、どのような方法論的問題が関わっているのかについて考えてみるとよいだろう。しかしたとえ、たくさんのデータを扱った研究について言及しているときでも、彼の解釈には興味深いものがある。たとえば、妻に対する男性の欲望が時間とともに減少するので、他の女性との行きずりのセックスがうながされ、そして自分が父親である可能性が高い子どもの数が増えるという説明のように[42]。２００8年の論文で、バスら[44]は、身体的に魅力の高い女性は、それほど魅力がないと考えられる女性よりも、配偶者としての男性に高い基準を求める傾向があることを見いだしたとし、この発見を、魅力的な女性は繁殖成功に欠かせない特性を求めている証拠として解釈した。この推論は、多くの確証されていない仮定に基づいている。その仮定には次のようなものが含まれている。①狩猟採集社会の男性は、女性の魅力を判断する際に——そして、女性からの申し入れに反応する際にも——、研究対象となったアメリカ中西部の新婚男性107人と同じ基準をもっていただろう。②狩猟採集社会の男性は、身体的魅力に基づいて配偶者を選んでいただろう——したがって、女性が魅力的であるほど、女性が配偶者を選ぶ力が強くなる——。バスらは同じ論文で、身体的魅力の異なる2つの女性集団で、男性の知性を重視する程度が異ならなかったことに驚いているのだが、それは女性がどのようにパートナーを選ぶかについて単純に考えていたせいだろう。

進化心理学のもう1つの流れは、1960年代後半、第2波フェミニズム運動によって、性差別がアカデミックな場での研究や教育方針、さらに大きな社会政策や法律制定に及ぼしている影響に関する意識が高まるにつれて、発展しはじめた。この流れの中で最も興味深い論者の1人に、サラ・ブラファー・ハーディがいる。伝統的なダーウィン理論に対して大きな異議申し立てが行われている中で、ハーディは『女性の進化論』[162]（また[160]）において、ヒトや他の動物のメスが性選択の中で果たす役割は控えめなものでも受動的なものでもないと納得のいくように論じた。ハーディはまた、母親は子どもの父親の援助——それがどのようなものであっても——以外にはだれからの助けも受けず、1人で子どもを育てるという伝統的な見方に対して、疑問を投げかけるような証拠を集め、他の男性や女性から限りない援助を頻繁に受けていることを示した[163]。ダーウィンの理論は、研究のための豊かな土台を提供し続けているのは明らかだが、多くの理論と同様に、質の高い研究やデータに対する責任ある解釈の基礎としても利用可能だし、質の低い研究や不注意な解釈の基礎としても利用可能なのである。

問題あるパターンのいくつかを要約する

本章では、研究の歴史の中に存在し、今も続いている科学者の行動の問題あるパターンのいくつかを示してきた。それらは以下のようなものだ。

①バイアスのかかった仮定から出発している（たとえば、男性は女性よりも知的だ）。
②研究が依拠している仮定に疑問をもたない（たとえば、学問や政治の場で男性が高い地位を占めていることが、男性の高い知性の証拠となるのかどうかを疑わない）。
③このような仮定に基づいたリサーチ・クエスチョンをもっている（たとえば、「男性の知性が高いのは、脳が大きいからなのか」）。
④研究結果が仮定を支持しないときも、仮定に疑問をはさむのを避ける（たとえば、身体の大きさに比べて、男性の脳が女性の脳よりも大きくないことが判明しても、男性のほうが知的であるということに疑問をもたない）。
⑤仮定と矛盾するような研究を偏って解釈する（望ましい特性と考えられてきたもの――たとえば、読むのが速い――を望ましくないもの、あるいはトラブルを引き起こすもののように描写する）。
⑥理論を支持する証拠、理論のもつ論理、理論が引き起こす有害な結果に疑問をもたない。

性差研究の歴史の中で、我々の先達は研究を実施し、解釈し、理論化する際に大きな——そして、多くの場合、有害で抑圧をもたらすような——誤りをおかしてしまった。この歴史的視点を心にとめておくと、次章で研究者がよくおかしてしまう方法論的な過誤を取り上げる際にも、また、その後の章で特定のテーマの研究について検討する際にも役立つであろう。

第3章 性別とジェンダーの研究に科学的方法を用いる

科学とは、問いを立て、その答えを見つけようとするときの方法である。問いかける方法はたくさんある。第2章で述べたように、何世紀もの昔、人々は宗教に答えを求めた。説明と真理を求めて、宗教指導者のもとに行ったり、伝説を研究したりしたのだ。今日、科学者が真理を知っていると多くの人が信じ、その結果、科学的方法が大変重んじられるようになった。残念ながら、人間の行動に関して欠陥のない研究をするというのは、きわめて困難だ。それゆえ、科学者にとっても、真理の発見は難しい。本章では、科学者が研究を実施する際におかしやすい、よくある誤りをいくつか見ていこう。誤りのせいで、研究によって明らかになったことが、真の知識にどのくらい近づいているのかが判断できなくなるのである。

『新ウェブスター英語辞典』によると、**科学的方法**という用語は、問題の定義、仮説の設定とデータ収集による仮説の経験的検証に関わる研究方法、と定義されている。科学的方法は真理を見いだすための客観的な方法である——それは科学者の信念や感情あるいはバイアスによって影響されないもの——と広く信じられている。科学的方法は信頼できる結果を生み出すと言われる。ある科学的実験がうまく実施されたならば，その結果は他の研究でも再現され得る。そして，それはその結果が真理であることを示唆するものになる。もし結果が再現できなければ，どの結果が真理に近いのかを，我々はどうしたら知ることができるのだろうか。科学的方法の重要な特徴は，手続きの**1つひとつ**の段階を詳細に報告することであり，それによって**だれでも**もともとの結果を検証するために実験を再現できるのである。

しかしながら，実際のところ，科学的研究のほとんどは理想通りのものとは言えない。多くの点で誤りが生じる可能性があるので，研究されているテーマに関する見方がゆがんでしまうことがある。性別とジェンダーの領域では，研究上の過誤による歪曲がきわめて一般的だ。その結果，男女の類似性や差異に関する不正確な描写がよく見受けられる。それはまるでゆがんだ鏡を見ているようだ。第4章から第13章では，特定のテーマに関連した非常に重大な研究上の誤りをいくつか紹介しよう。

ここで，よく見られる方法論的過誤をいくつか紹介しておこう。そうすることで次章までに，こうした誤りに慣れておくことができるだろう（専門性の高い過誤や統計が関わるものについては取り上げない）。読者のみなさんが，誤りが生じる原因を知って落胆し，研究すべてを永遠に無視したくなる，ということが起こらないように願っている。誤りを生むありふれた原因について知ることで，みなさんがその過誤を考慮に入れて，研究について判断できるようになってほしいのだ。言い換えれば，完璧ではないから価値のない研究だと判断する必要は，必ずしもないということだ。研究には限界があることを知っていれば，どのように研究を解釈するか，そのデータがどのくらい信用できるか，どのくらい重要な研究なのかなどを判断する際に，役に立つはずだ。バイアスのかかった実験だからというよりも，研究者も一般の人も、実験を評価する際に誤りやバイアスを考慮しないということが問題なのである。研究の解釈は、実験の**1つひとつの**側面を――**その限界も含めて**――考慮すべきだろう。実際、研究者のほとんどは、自分の研究がもつ重大な方法論的問題や限界の多くに十分気づいている。学術雑誌の編集委員のほとんどは、論文執筆者がこうした限界について十分に考察し、論文の考察の部分でそれに触れるよう期待している。さらに深刻な問題の多くは、公刊された研究を読んだジャーナリストや他の研究者が、もともとの研究者自身ほど批判的な精神をもたずに、研究を誤って解釈してしまうところにある。

科学的方法を使う際に、どのような誤りが生じ得るのかを理解するために、ある1つの科学的研究を段階ごとに追ってみよう。ここでは、強さの性差を例として使ってみたい。

何を研究するかを選ぶ

どのような科学的研究においても、最初の一歩は、自分が何を見いだしたいのかを決めることである。科学者は研究対象をいいかげんに選んでいるわけではない。科学者も人間であり、おもしろいと思うものを研究する傾向がある。多くの場合、これは、科学者が何かが真あるいは偽だということを証明したいと強く願っているということであり、こうした欲求はリサーチ・クエスチョンをいかに問うかに影響を及ぼす可能性がある。たとえば、「人間が最大の強さを発揮するのはどういうときなのか」という問いではなく、「なぜ女性はそんなに弱いのか」という問いを研究するというように。前述したように、こうした欲求を、科学者自身は自覚しているかもしれないし、していないかもしれない。そして、ほとんどの研究者はおそらく，自分のバイアスを研究計画に意図的に組み入れたりはしないだろう。しかし，そうしたバイアスや動機が意識されていようといまいと，そして，それらがリサーチ・クエスチョンを選ぶという行為の中に組み込まれることを意図していようといまいと，バイアスの入った研究を行う科学者の姿は客観的な科学者という像とは**非常に**異なっている。研究者のほとんどは，自分の研究の結果についての信念や仮説もしくは予測をもっている。あとで見るように，研究者の信念や予測が研究結果に相当な影響を与える可能性がある。

自分が何を探しているのかを正確に決める

自分が何を探しているのかを定義しなければならない。これは，きわめて重要だ。たとえば，研究者があるもの（仮に**フルゲンランスク**と呼ぼう。もちろん想像上のものだ）における性差を検討しようとしながらも，それを定義していなかったら，その研究によって**フルゲンランスク**の性差が証明されたのかどうか，まったくわからないだろう。明確で適切な定義なしでは，自分が選択したテストが，自分が測定しようとしているものを本当に測定しているのかどうか判断できない。仮に，ライト博士という研究者が，強さにおける性差を研究することに決めたとしよう。**強さ**という単語には複数の意味がある。身体能力もあれば，精神力もあるし，（身体的あるいは精神的な）持久力や，さらに臭いや味に関するものもある。ライト博士が研究しようとしている性差は，身体能力かもしれないし，身体的な持久力かもしれないし，精神力，あるいは情緒面での回復力かもしれない。あるいは，もしかしたら，男女のどちらが運動後の体臭が強いのかを検討しようとしているのかもしれない。おそらく彼女は、体臭ではなく、身体能力や精神力などのどれか1つを研究しようとしているのだろうが、これから見ていくように、ライト博士は**強さ**という用語を正確に定義して、何を研究しようとしているのかを明記する必要がある。研究者が同じ用語を異なる目的のために使うというのはよくあることだ。もし、ライト博士が彼女の研究で意味するところを定義したら（それは「操作的定義」といわれる）、他の研究者にとっては、ライト博士の研究が自分の研究とどのように関連しているのか（あるいは関連していないのか）を理解しやすくなる。これは、たとえば「知能」のような複雑なものを研究する際には、特に重要な問題となる。**知能**とは何を意味するのかを**正確に**述べておかねばならない。というのは、知能はさまざまに定義されており、驚くほど多様な能力（情報を取り込む能力、概念を学習する能力、記憶する能力、ペンと紙を使って見たものを正確に再現する能力など）が含まれているからだ。もし、研究者が概念をどのように定義しているのかが正確にわからなかったら、その研究の結果が何を証明しているのかわかりようがない。これは、たとえば「空間能力」における性差研究にとっては重大な問題である（第5章）。

さらに、科学的な問いに答えるためには、明確で厳密な問いを立てねばならない、そうすれば明確で正確な答えを得ることができるだろう。強さの性差に関する問いとして可能なものには、たとえば、「強さに性差はあるのか」「強さの性差はどのような条件で最大となるのか」「強さの性差はどのような条件で消滅するのか」「**あらゆる**種類の強さにおいて性差があるのか」のように、さまざまなものがある。もし、ライト博士が自分の問いを正確に述べていなければ、厳密な定義をしていない場合と同じような問題が生じる。つまり、ライト博士は、自分が自分の問いをきちんと検討しているのかわからないし、自分が成功しているかどうかもわからないということだ。

研究を計画する

第3段階は、関連する情報を集めるための方法を計画することだ。ここでも多くの間違いが生じる可能性がある。

第1に、**方法は、リサーチ・クエスチョンあるいは仮説や研究が依拠している理論に関連したものでなければならない。**そうでなければ、結論が仮説と無関係なものになるだろう。極端な例をあげると、ライト博士が、女性よりも男性のほうが身体的に強いという仮説を立て、次のような方法を用いたとしよう。

①ある人たちにリンゴを食べさせる。
②その人たちにリンゴを味わって食べたかを尋ねる。

この結果がどうであろうと、ライト博士の考えた強さに関する仮説と関係ないのだから、それは意味のないものだ。たとえ、男性が女性よりリンゴを味わって食べたとしても、身体的強さについては何もわからない。もちろん、研究方法における誤りは、通常もっと微妙だが、方法が仮説と対応するように注意しなければならない。

第2に、**ある種の方法論的誤りは、結果をゆがめることがある。**どのような方法でも起こり得る過誤もあるし、**特定の**方法だけに見られるものもある。以下はその例である。

1．実験者バイアス　実験者バイアスは、研究者の信念や願望が実際の研究の中に入り込むというものだ。研究を計画する際に入り込んだ実験者バイアスは、かなりゆがんだ結果を導きかねない。たとえば、ライト博士が男性は女性より身体的に強いと信じ、そのような仮説を立てたとしよう。彼女はこの仮説を検証するために、荷物の積み込み仕事に従事している男女の人数を比べようとするかもしれない。そうなると、小さい子や食料品を運ぶ（これらもかなりの身体的強さが必要とされる）のは、たいてい女性だという事実は無視されてしまうようになる。どのような実験でも、バイアスを完全になくすことはほとんど不可能だ。したがって、そのことを認識し、可能な限り客観的になろうとすることが大切である。

2．横断的研究の解釈を誤る　時間の経過による変化を測定したいとき、実施可能なやり方が2つあるが、それぞれが問題を抱えている。1つのやり方は「横断的」研究であり、異なった年齢集団を対象に、同時にテストするというものである。ライト博士が、身体的強さが年齢とともに低下する程度が大きいのは、男性なのか女性なのかを検討しようとしているとしよう。彼女は横断的アプローチを用い、異なった年齢集団（たとえば、10〜20歳、21〜30歳など）の男女を検討し、男女それぞれについて年齢集団による差異を記録した。そして、男性の場合、年齢が高い人たちは低い人たちよりも弱いが、女性の場合には年齢によって強さが異ならなかったとしよう。しかし、ここから男性は年齢とともに弱くなるという結論を出そうとしても、異なった年齢の男性すべてが人生の同時期に同じ経験をしたということを証明できるまでは、その結論は正当なものとはみなされない。たとえば、ライト博士の研究に参加した10代の男性は、新しい教育委員会の規則により、20代の男性が10代だった頃よりも、厳しい体育の授業を履修しなければならなくなっているかもしれない。もし、この生活歴の差異によって異なる年齢集団の男性を判別できるならば、今の10代が20代になったときに、今の20代ほど弱いとは必ずしも予測できないだろう。それゆえ、すべての男性が年齢とともに弱くなるという結論は誤りということになる。

3．縦断的研究の解釈を誤る　時間による変化を測定するためのもう1つのやり方は、「縦断的」方法を用いるものであり、これは、長年にわたり同じ人々を何度か測定するというものである。たとえば、ライト博士が、横断的方法ではなく、10年の間に何度か、ある特定の人たちの強さを測定することに決めたとしよう。そして、女性参加者は男性参加者よりも、加齢とともに身体的強さを失うように見えるという結果を得たとしよう。博士は、加齢によって、女性は男性よりも早く、強さを失う傾向があると結論づけるかもしれない。しかしながら、ここでも生活歴によって問題がややこしくなる可能性がある。もし、研究を行っている間に、女性の間で、可能な限り痩せて筋肉がないという外見が流行したらどうだろう。女性の中にはあまり運動をしなくなる人もでてくるだろうし、そうなると、年齢ではなく、身体を使わなかったために、強さを失ったということになるだろう。つまりこの方法では、パターンが変わるのが、加齢のせいなのか、他の要因が関係しているせいなのかを判断するのがきわめて難しい。

4．プリテスト－ポストテスト　研究者は、ある種の処遇が人々にもたらす効果を検討したがることがよくある。よく使われている方法の1つは、プリテスト－ポストテスト法で、処遇の前と後で参加者に、1つのテストを受けさせるというものだ。もしテスト得点が変われば、それは処遇によるものだと仮定される。この方法の問題は、縦断的研究の問題と似ている。たとえ、2つのテスト得点の間に差異があっても、他の要因ではなく、**処遇**がその変化をもたらしたとするのは、ほとんどの状況できわめて困難である。たとえば、ライト博士が、運動を増やすことで強さが増すような身体能力において、性差があるのかどうかを研究しようと決めたとしよう。これを検討する1つの方法は、2か月間の集中的なウエイトトレーニングの前後で、強さがどのくらい異なるのかを測定することだろう。問題は、その2か月の間に起こった何かが、結果に影響を与えるかもしれないということだ。もし、この期間に、男性にステロイドを服用するようすすめる広告が現れたら、どうなるだろう。ステロイドは男性の能力を高め、強さが増すだろうが、女性には影響がないだろう。もし、ライト博士がその広告に気づかなければ、研究の結果を解釈する際に、その効果を考慮しないだろうし、運動は女性の強さよりも男性の強さを高めるのに効果があるという結論を誤って導いてしまうかもしれない。プリテストとポストテストの間に、研究者が生じてほしいと思っている変化以外に、何も起こらないようにするというのはほとんど不可能である。こうした外部の影響は「交絡」と呼ばれる。2つのテストの間隔が短ければ、問題は小さくなる。加えて、適切な「統制群」――処遇を受けない参加者――を用いれば、交絡の有無を見極めることが可能になるかもしれないし、もしそれができれば、交絡が研究結果にどのように影響したのかがわかるかもしれない。

5．成熟　研究対象になっている人たちの成熟も、混乱を招きかねない。プリテスト‐ポストテストの例を思い返してほしい。もし人々が単に時間とともに変化しただけならばどうだろう。たとえ余分に運動を**しなくても**、時間の経過につれて、男性は自然に女性よりも早く強くなっただけだったらどうだろう。運動量の増加による結果なのか成熟による結果なのかを判断するために、研究者は**実験**群とともに**統制**群を用いる必要がある。統制群に対しては、実験群の参加者が余分な運動をする週の始めと終わりに、テストをするだけだ。統制群と実験群に差異があれば、それは運動量の増加によるものと仮定される。

6．テスト－再テスト　プリテスト－ポストテスト法にはまだ他の問題もあるが、その問題は通常、少し複雑なテストの場合にみられる。それは、同じテストを2回受けると、1回めより2回めのほうが成績がよくなる傾向があるということだ。テストの形式に慣れるためかもしれないし、テストのやり方を理解するのに時間をかける必要がなくなるためかもしれない、あるいは、テストに慣れて不安を感じなくなるだけかもしれない。本当の理由がなんであれ、テストを2回受けると、成績がよくなる傾向があることを知っておいてほしい。実験群がプリテストよりポストテストでよい成績をとっても、それは実験上の処遇（運動量の増加やトレーニングなど）の効果ではなく、テストを2回受けたせいかもしれない。この問題を避ける方法の1つは、統制群（つまり、トレーニングを受けることなく、テストを2回受ける人たち）を用いることである。テスト－再テストの効果があれば、それは統制群で見いだされるだろう。

7．順序効果　多くの場合、研究者は複数の要因が人々にどのような効果をもたらすのかを検討している。しかし、人々がどのような順番でそうした要因にさらされるかが、研究結果に影響を及ぼすこともある。たとえば、ライト博士が、**全般的な**強さを測れるようにと、人間の身体にあるほとんどすべての筋肉が関係するような複雑な身体強度のテストを計画したとしよう。もし彼女がすべての参加者に対して最初に腕立て伏せをさせ、次に腹筋運動をさせたら、その結果は逆の順番で行ったときとは異なるものになるかもしれない。たとえば、男性は腕立て伏せ、女性は腹筋運動のほうが得意だったらどうなるだろう。その場合、女性は最初に苦手な腕立て伏せをしなければならないので疲れてしまい、もっと簡単な腹筋運動をするエネルギーが少なくなってしまうだろう。その一方で、男性は自分たちにとって難しい課題をするためのエネルギーを多く残していることになる。こうした影響は、項目の順番を変化させることで弱めることができる。

研究を実施する

以上のように、完璧な研究方法を生み出すことは、ほとんど不可能である。心理学の研究は、とりわけその傾向が強い。なぜなら、人間の行動を完全にコントロールして実験するということは、たとえば試験管の薬品に比べると、はるかに難しいからだ。したがって、ある方法が完璧なものに**見える**としたら、気をつけたほうがよい――おそらく何か隠れた問題がある。しかし、たとえ**仮に**完璧な研究を**計画**できたとしても、研究者がその研究を実施する際には多くの間違いが生じる可能性がある。こうした落とし穴のいくつかについて、これから述べていこう。誤りの多くはまぎれもなく明らかなのにもかかわらず頻繁に生じ、そして説明されることもないというのが現実だ。

1．測定道具の精度　測定道具があまり正確でないなら、結果もまたあまり正確にはならない。たとえば、もしライト博士が、秤をどのくらい強く押し下げられるかで、参加者の強さを測定することにしたら、そして、もしその秤がふだんは馬の体重を測定するためのものであるとしたら、博士が参加者の間で差異を見いだすことはほとんどないだろう。もっと精度の高い秤を使ったら，もっと正確に差異を測定できるはずである。この原則は，物理的な道具のみにあてはまるというわけではない。たとえば，数学のテストが，その種類においても難易度においても，さまざまな問いを含んでいないような場合，その結果が数学の成績の性差に関して何を明らかにしているのかについて，研究者は妥当な主張をすることができないのである。

2．「脱落」　研究者がある人数の参加者で実験を始めたのに，その中の何人かが（どのような理由にせよ）途中でやめたら，結果に深刻な影響を及ぼす可能性がある。これは，その理由の如何にかかわらず，参加者の「脱落」と呼ばれる。たとえば，ライト博士が，男女の身体的強さに対してきつめの運動がもたらす効果について，研究することに決めたとしよう。ライト博士の方法は，参加者全員のためにウエイトトレーニングのプログラムを作り，その後，強さの変化を測定するというものであった。ここで，女性の3分の1が実験を途中でやめたとしよう。もし彼女たちが，ウエイトトレーニング・プログラムがあまりにきつすぎたために，やめたとしたらどうだろう。この人たちは他の人よりも弱く，それだけ強さが増す人たちだったかもしれない。この種の問題は，交絡とも呼ばれる。ある重大な理由のために途中でやめるというのはよくあることであり，それは結果を体系的にゆがめてしまう。それゆえ，研究中に脱落が生じたときには，それがどのようなものでも，結果について再考したほうがよい。

3．自己報告による測定　研究者は時に，参加者の報告に基づいて研究を行うことがある。ライト博士が，どのくらいの重さのものを持ち上げることができるかと人々に尋ねることで，強さの性差を検討することにしたとしよう。人々に尋ねるということは，どのくらいの重さのものをその人が持ち上げられるかを判断するよい方法のように思えるかもしれないが、この結果は正確なものにはならないだろう。自分が強くないことを認めるのが嫌な人もいるだろう。女性よりも男性のほうが、弱く見えるのが恥ずかしいと思っていたら、男性は実際よりも強く見えるように答えるだろう。研究の目的によっては、自己報告による測定がいちばん正確だったり、最も関連する情報を与えてくれたりするかもしれないが、その解釈には注意が必要である。間違いをおかすのは非常に簡単だ。参加者が結果を（意図していようが、いまいが）ゆがめたり、ごまかしたりする可能性をすべて考慮しなければならない。

4．参加者があまりに知りすぎている　時に参加者は、自分たちがなぜテストされているのかに気づくことがある。その結果――わざと、あるいは意図せずに――、いつもと違うようにふるまい、それゆえ結果を変えてしまうことがある。また、研究者が何を見いだそうとしているのかを、参加者自身は知っていると**思う**のだが、しかし、それが間違っていることもある。そして、いつもと違うようにふるまい、結果をゆがめてしまう。時に研究者は、実験終了後に参加者に対して、どのくらい気づいていたかを尋ねることがあるが、通常はそうしたことをしない。ある種の「気づき」がもたらす影響が、最近報告されている。それは「ステレオタイプ脅威」と呼ばれるものだ。スティールらによると、ステレオタイプ脅威とは「個人がその人の所属する集団に対する否定的なステレオタイプどおりの行動をとってしまう危険にさらされていること」だ［317の797頁］。知的能力のテストだと伝えると、黒人の成績が白人の成績よりも低くなったと、スティールらは報告したのである。スティールらは、多くの人たちが黒人は知的に劣っていると信じている、という黒人の知識が、そのテストが実際には知的能力テストではなかったにもかかわらず、黒人の成績を低めてしまった可能性があると示唆している。彼らが記しているように、ステレオタイプが存在することで，その集団の人々は自分たちの行動がステレオタイプを裏づけるような結果をまねくのではないかと警戒するのかもしれない。ライト博士の場合には，女性は男性よりも身体的に弱いという仮定があることを女性が知っているため，その知識ゆえに望みを失い，気が引け，緊張して，強さのテストの成績が低くなったのかもしれない。残念なことに，集団間の差異を検討している研究者が，自分たちの研究にステレオタイプ脅威が影響を及ぼしているかどうかを検討することはめったにない。

5．サンプリング・エラー　研究したいと思っている集団の**全員**にテストを実施するのは，たいてい不可能だ。そこで，集団全体の中から選んだ**標本（サンプル）**だけを検討せざるを得ず，そして，その人たちが集団全体とだいたい同じくらいの成績をとると仮定することになる。たとえば，ライト博士が平均的女性と平均的男性の身体的強さの違いを見いだしたいと思っても，存在している**すべての**男性と女性をテストすることはとうていでき**ない**。ライト博士は男女各5人ずつを無作為に選んで，テストし，その人たちが集団全体を代表していると仮定することになるだろう。しかし，この人たちが集団全体を代表して**いなかったら**，どうなるだろう。**たまたま**世界最強の男性5人を選んでしまったら？　あるいは，選んだ5人の女性が育児に専念していたり，仕事がきつかったりで，運動のための時間がないような場合だったら？　このような場合，ライト博士の結果は，全女性と全男性を正確に代表するものにはならないだろう。では，100人を対象にしたらどうだろう。**この人たち**が集団全体を正しく代表している確率は高くなるだろう。したがって，結果はおそらくもっと正確なものになるだろう。100万人を対象にしたら，さらに正確な推定ができるようになるだろう。つまり，集団全体を検討しない場合，結果が絶対に正確だという確信はできないが、サンプルが大きくなるにつれて結果は正確になる傾向がある。サンプルの大きさを考慮しなかったり、サンプルと集団全体との関係がどのようなものかを考慮しなかったということは、「過度の一般化」として知られる問題であり、次節で論じる。

6. 実験者バイアス　もしライト博士がある結果を期待し、そして、自分でデータを実際に集めるのであれば、データを自分の期待に合わせるという誤りをおかしてしまうかもしれない。たとえばライト博士が、人間が持ち上げられるジャガイモの重さを測定しており、そして、女性より男性のほうがたくさんのジャガイモを持ち上げられると仮定していたら、博士がジャガイモの重さを量る際にどのようなことが起こり得るかを考えてみてほしい。女性が持ち上げたジャガイモの袋を量っているときに、目盛りが39キロか40キロのどちらかというような状態であれば、ライト博士は、自分のもっていた期待によって、39キロと記録するかもしれない——そして、同じ袋でも男性が持ち上げたときには、逆のことをするかもしれない。こうした問題を避けるには、実験計画を少し変えるだけですむときもある——たとえば、だれか他の人（持ち上げた人の性別を知らない人）に目盛りを読むのを頼むこともできるだろう。

結果を解釈する

生徒に科学的研究の解釈について教えようとしている、ある的はずれの教師がいる。その教師は生徒にふつうのカエルを見せ、「跳べ！」とカエルに命じた。カエルは跳んだ。そして、科学的観察の記録方法を紹介しながら、黒板に「4本脚のカエルは跳ぶ」と記した。次に、カエルの脚を1本切断し、「跳べ！」と命じた。カエルは跳んだ――もちろん，先ほどに比べると優雅ではないが。今回，彼は黒板に「3本脚のカルは跳ぶ」と記した。2本め，3本めの脚を切断し，そのたびに同じ命令を繰り返した。カエルは跳んだ。だんだんとぶざまな跳び方にはなったが。そうして，彼は，黒板に「2本脚のカエルは跳ぶ」「1本脚のカエルは跳ぶ」と記した。そして，4本めの脚を切断し「跳べ！」と言った。カエルが跳び損ねたとき，教師は生徒に言ったのだ。「カエルは脚がなくなると，耳が聞こえなくなる！」と。

いかなる科学的研究でも，その最終段階は結果の解釈だ。多くの点で，これが最も重要な段階である。研究の中で誤りが生まれる可能性があれば，この段階で報告されなければならない。研究者は，研究の**1つひとつの**点を考慮し，**実際に**起こったことと関連させて，解釈を生み出さなければならない。いくつかの点で，これがうまく**いかない**こともある。

1．原因と結果の問題　Aという事象はBという事象が生じたときにのみ生じるならば，BがAの原因あるいはAがBの原因だと結論づけるだろう。これは妥当な**可能性**だが，第3の可能性があることを常に念頭におかねばならない――もう1つのCという事象が，AとBの**両方**の原因かもしれないのだ。たとえば，ライト博士が健康によい食品を食べている女性は，そうでない女性よりも身体的に強いことを見いだしたとしよう。ライト博士は，どのような食品を食べているかが強さに影響する，あるいは，強いがゆえに健康によい食品を食べているという結論を出すかもしれない。しかし，第3の可能性がある――ここで取り上げていない事象（たとえば，健康全般に関する女性の態度）が，彼女たちの強さと食習慣の両方に影響を及ぼしている可能性だ。ライト博士は3つの可能性のすべてを考慮しなければならない。こうした問題は「第3の変数の問題」とも呼ばれる。

2．異なる解釈　どのような結果も、異なる解釈がたくさんあるのがふつうだ。だからといって、その**すべて**が正しいということでもないし、正しいものは**ない**ということでもない。ある結果を見いだして、それについて**1つの**解釈を考えても、それが**唯一の**合理的な解釈とは限らないというだけだ。たとえば、ライト博士がある実験で、男性と女性それぞれに非常に重い物体とスケートボードを渡し、その物体をある距離だけ移動させねばならないと伝えたとしよう。そして、ほとんどの女性はスケートボードを使って物体を運び、ほとんどの男性はスケートボードを使わなかったとしよう。ライト博士は、男性のほうが強く、女性はスケートボードなしで物体を動かせるほど強くないと結論づけるかもしれない。あるいは、女性は男性よりも怠け者だと結論づけるかもしれない。あるいは、男性はマッチョでありたいという欲求のせいで、スケートボードを使わなかったと思うかもしれない。あるいは、男性は目が悪いので、スケートボードがあることに気づかなかったと言うかもしれない。あるいは、男性はあまり賢くないので、スケートボードを使って簡単に仕事ができるということがわからなかったと判断するかもしれない。言い換えれば、この実験からどのようなことを結論づけようと、**本当に**確かなのは、女性のほうが男性よりも、スケートボードを使う人が多かったということだけなのだ。解釈をつくり出すことはできるが、その結果を生じさせた**本当の**理由は、我々がまったく思いつかない何かだったということはよくあることである。

メタ分析――研究をまとめる

だんだんと人気が高まってきた方法に**メタ分析**というものがある。これは、たとえば、言語能力や攻撃性などのある特定のテーマについて行われた、たくさんの研究の結果をまとめて分析するための統計的方法だ。この方法を有用だと主張する人たちもいる。それは、たとえば、きわめて少数の人しか含まれていないという理由だけで、その研究を無視する必要がないからだ。また、研究Aは X という方法論的問題を、研究Bは Y という方法論的問題を抱えていたとしても、多くの研究をまとめれば、それらの研究のよい部分によって、何か重要なことがわかる可能性があると言う人もいる。問題の影響を最小にするための数学的公式はあるのだが、多くの研究をまとめた場合――それぞれの研究は、すでに我々の知っているような欠陥を抱えているし、まだ認識できていないような欠陥を抱えているかもしれない――、次のようないくつかの問題が生じてしまう。

①問題どうしがお互いに相殺しているのか、あるいは、積み重なって、さらに大きな問題になっているのかは、ほとんどわかりようがない。

②統計学は非常に洗練されているので、統計にかけることによって重要な情報が引き出せると思い込んでいる人もいるかもしれない。しかし、洗練された技術であっても、単純な誤りも複雑な誤りも生じ得る。

③本章で見てきたように、研究しているものを**定義する**ことや、それを研究する**方法**を選ぶことさえ難しいときがある。もし、メタ分析の対象になった研究のそれぞれ（もしくは、研究のほとんど）で、明確な定義が行われていなかったら、あるいは、その行動を測定するために異なる方法が使われていたら、あるいは、いくぶん異なる行動形式が研究されていたら、リンゴ、オレンジ、クルミ、そして、もしかしたらアイロン台を一緒にまとめていることになるのだ！　こうした混合物を、まるでほとんど同じ要素であるかのようにみなして、分析するのは論理的ではない。

そうは言うものの、よく考えて行われたメタ分析は、たくさんの関連する研究を要約（まとめて検討）するための組織的なやり方であり、重要な機能を果たす可能性をもっている。他の研究テクニックにもあてはまるが、限界があることを知ったからといって、そのやり方を捨てたほうがよいというものではない。むしろ、テクニックの限界を知らなければ、重大な落とし穴にはまって誤解を与えるような結論に陥り得るのだが、限界を知ることでその落とし穴を避ける力がつくのだ。

さて、ここまで読んできたみなさんは、性別とジェンダーに関する研究を悩ませている、研究実施上の問題の多くに詳しくなったであろう。以降の章は、こうした問題やその他の問題が、いかに研究の中で生じ、そして、男女についての誤った印象を誘導するものになっているのかを見ていこう。覚えておいてほしいのは、本書の目的が研究の限界、つまり、科学的研究に基づく主張を鵜呑みにするのを防ぐ要因に焦点をあてるということだ。しかし、だからといって、貴重な知識を得るのに役立つような研究がないというわけではない。たとえば、縦断的研究は前述したような欠点があるが、慎重に計画すれば、そしてデータを適切に分析すれば、さらに結果を責任もって解釈すれば、有用な情報を提供してくれる（たとえば、ある食品成分と健康や病気との関連のように）。研究以外には答えの得られない問いもある。しかし、こうした問いは慎重に考慮されねばならないし、研究はその限界を厳しく認識して実施されるべきものだ。

なぜ性差／ジェンダー差を研究するのか

実際のところ、なぜなのだろう。対象が何であれ、なぜ研究をするのだろうか。これは答えの不要な修辞疑問ではない。本章の最初で述べたように、あらゆる研究プロジェクトは、研究者がいろいろなものの中から1つのテーマを選んで研究しようと決めたところから始まる。どんなにかすかであろうとも、あるいは潜在的なものであろうとも、研究者には好みがある。研究に対する好みあるいは動機を、まずありのままに並べてみれば、研究者として自分のバイアスを特定し、それに取り組むよい機会が得られるだろう。おそらく同じくらい重要なのは、たとえ自分のバイアスに打ち勝つことができなくても（だれでも盲点はある）、動機をありのままに並べて見せれば、他者——学生、研究者、そして、ジャーナリスト——にとって、研究を批判するよい機会になるし、その領域についてバイアスによるゆがみがそれほど強くならないような、全体的な見通しを得るよい機会にもなる。

特定のテーマについて論じる前に、研究者の動機に関する疑問をここでまとめてみよう。最初は、あまり関係ないように思えるかもしれない。しかし、あとの章で、特定の研究領域に関する私たちの取り組みを学んだあとで、本節に戻って、それぞれの領域に関してあなたが理解したことが、動機とどのように関連しているのかを考えてみるのもよいだろう。いったん、頭の中で研究例を描けるようになったら、研究のあらゆる段階において、研究者の動機がどのような影響を及ぼしているのかが、さらにはっきりとするだろう。

動機

研究者が研究をする動機は、さまざまである。すでに論じられているように（たとえば、[120]）、研究者がどのリサーチ・クエスチョンを選択するか——したがって、科学雑誌に公刊される可能性をもつリサーチ・クエスチョン——という単純な事柄が、公刊された研究を理解しようとする読者に多大な影響を及ぼし得る。科学論文は研究者が検討している仮説を明示するが、それと同じくらい、研究者の動機、関心、仮定をも露呈するものでもある（このテーマをもっと詳細に論じたものには、数学における性差研究を取り上げた[57]がある）。すべてを網羅したものではないが、性差研究を行う理由には以下のようなものがある（その多くは、社会心理学者が自己報告した動機とよく似ている[287]）。

①生物学的要因と行動の関係を理解するため
②社会的要因が性差を引き起こすのかを検証するため
③性差に関する常識的な概念が妥当かどうかを問うため
④なぜある人たちはある分野の仕事を避けるのか、または夢中になるのかを理解するため

⑤性差を予測する行動理論を検証するため
⑥人々の生活を必要以上に困難にさせているものを特定し、それを減じるため
⑦行動が生物学的要因によって決定されていることを証明するため
⑧行動が社会的要因によって決定されていることを証明するため
⑨性差に関する常識的な概念を確証するため
⑩性差についての常識的な概念を払拭するため
⑪雇用状況に見られる差異を正当化するため
⑫公刊できる結果を得るため
⑬性別による不平等をなくすような介入方法をつくり出すため
⑭「研究者」というアイデンティティ、あるいは、「研究者」の道を選んだことを正当化するため

この中には、それほど問題のないものもある。最初の6つの動機は、必ずしも重大なバイアスを研究にもたらさない。というのは、結果を解釈する仕方に制約をあまりもたらさないからだ。残りの動機については、実験開始以前にもっている結果に対するある種の期待、また、結果に左右される個人的な利害が、その動機の中に埋め込まれている。もちろん、①から⑥までの動機をもっている人でさえ、実際には特定の結果を期待しがちではあるが、肝心なのは、いろいろな結果になる可能性に対して、どのくらい本当に開かれているかという、その度合いなのだ。バイアスの影響をいちばんはっきりと受けやすい動機は、個人や政治的な行動計画の推進に関わるものだ。個人的あるいは政治的な行動計画をもって

いること自体は必ずしも問題ではない。それらを避けることはほとんど不可能だ。重要なのは、研究者が自分自身のバイアスと、そのバイアスが研究のあらゆる段階にいかに影響を及ぼし得るかを自覚すべく、さらに、自分の動機やバイアスを明らかにすべく、努力を重ねることだ。⑫〜⑭の動機の場合には、バイアスはもっと微妙な形になる。

練習として、次に何かの論文を読むとき、論文執筆者の動機がわかるような手がかりを探してみよう。大きな文脈の中での研究の位置づけは、たいてい要約の最後や考察の部分に述べられている。執筆者自身が考えている大きな文脈での研究の重要性が、リサーチ・クエスチョン、研究の計画、実施、解釈といったものの選択に、いかに影響を及ぼしているかについて考えてみよう。

筆者である私たちのもつバイアス

本書を通して私たちは批判的役割を担っているが、だからといって、けっして私たちがバイアスを免れているというわけではない。バイアスについて言及するには、自己分析だけでなく、創造的思考、そして他者からのフィードバックを組み込むというプロセスが常に必要になる。本書を最大限に活用しようと思ったら、私たちが自分のバイアスがどこにあると思っているのかを、みなさんに理解してもらうことが必要だろう。そうすれば、本書についてみなさん自身が批判を行い、私たちが指摘した点や言及した研究を、再吟味できるようになるだろう。私たちが現在もっているバイアスは、本章と本書全体を通して詳細に述べているような理由によって、性差はいまだにとらえどころがなく、通常は特定しにくい社会的要因の差異に大きく左右されているというものだ。そして、研究者は次のようなことを行う責任をもっていると思う。①差異が見いだされたとき，それを説明できる複数の合理的な根拠の特徴を比較検討すること。②差異が，相当数の文化で見いだされるのかを確証すること（1つの文化もしくはわずかな数の文化でしか見られない性差でも，生物学的なものに基づく不可避のものと仮定される可能性があるが，差異がすべての場所で見いだされないならば，その仮定は疑われることになるだろう）。さらに，差異がたとえ見いだされたとしても，それは非常に微妙であるという性質（つまり，効果量が小さく，男女の重複が大きいこと）が示唆するのは，解剖学や生理学におけるいくつかの大きな性差にもかかわらず，そして，研究が実施されている社会状況における大きな社会的差異や性役割の差異にもかかわらず，明白な心理学的差異を多く見いだすのは難しいということである。これはかなり注目に値する。本質的に，男性と女性，女の子と男の子，インターセックスの人たちは，差異よりも，はるかに類似性が高いのだ（この仮説の詳細とさらに深い考察については，［172］を参照のこと）。

「進歩的」バイアス

おもしろいことに，過去20年で性差研究はいくぶん変化してきた。かつては生物学的な基礎をもつ行動上の不変の性差を特定するという研究が圧倒的に多かったのだが，そこからもっと「進歩的」アプローチ，つまり社会に対する前向きなアプローチと考えられるものに移行してきている。そこで仮定されているのは，①差異が見いだされたときには，その差異は社会的なものに基づいている**はず**だ，②性差は望ましいものではなく，なくなったほうがよい，というものだ。初めて聞くと，これは研究に対する性差別の少ないアプローチのように思えるかもしれない。しかしながら，あからさまな性差別的仮定に基づいた動機より、必ずしも「正しい」というわけではない。こうした進歩的なバイアスもまた、注意深く検討する必要がある。数学能力を例にとってみよう。自分たちを進歩的と思っている研究者は、研究を計画する際に、数学の成績の性差を見いだすことを目的とし、そして、性差があった場合には、その差異を生む社会的要因を特定し、女の子や女性の数学の成績を向上させて、熟練を要する仕事に就きやすくさせるような公共政策を計画するという目的をもっているかもしれない。これは前向きで筋が通った話に聞こえるかもしれない。しかしながら、この例にあるような態度はバイアスを含んでおり、それは①リサーチ・クエスチョンの選択、②研究方法の計画、③結果の解釈、そして、もちろん、結果の応用とされるものに影響を与えている。大切なのはこれに気づくことだ。男性のほうが数学の成績が優れているのは、男性に有利な社会的バイアスを反映しているという仮定には問題があるし、それゆえ女性の数学の得点を男性のレベルまで上げるのが重要であり、そうすれば、数学と関連する仕事を得るためにうまく太刀打ちできるようになるという仮定にも問題がある。こうした論法はバイアスのかかった見方、つまり、数学で高い得点をとること自体が価値ある目標だという考え方に基づいている。しかし、数学のテストで高い成績をとるためのスキルが、キャリアでの成功や高収入を——たとえ数学に基づいたキャリアであっても——もたらすとは限らないのだ（そもそも、数学のスキルとも限らない）。さらに、伝統的に男性が占めてきた仕事に就けば、必ず女性の生活の質が向上するとは限らない。伝統的に男性が多い分野の中には、女性にやさしくない構造をつくりあげてきたものもある。たとえば、大学ではテニュア[☆7]を得たり昇進したりするために、精力的に研究を生産する必要があるのだが、それは、出産しようとか養子をとろうとする場合、**ちょうど**同じ時期にあたるのだ[52]。さらに、もし男性が数学ではなく、伝統的に女性のものとされるスキルの習得に時間をかけるならば、男性の生活の質が高くなるかもしれない。あるいは、数学の得点が高く（もしくは低く）なることで生活の質が向上するかどうかは、個々人によって異なるのかもしれない。スキルは、それと結びついている社会的価値によって、望ましいものになったり望ましくないものになったりしている可能性がある。たとえば、ガライら[137]は、女性のほうが手先が器用であるゆえに、タイプ打ち（つまり、社会的に低い価値しかないスキル）に非常に向いていると解釈した。これに対して、ファヴロー[120]は、手先の器用さは神経外科手術の必要条件であり、社会的価値の高いスキルともみなせると指摘した。さらに私たちは、何に価値があると考えるかによって、タイプ打ちが神経外科手術よりも価値が高いスキルになることもあると示唆した[57]。なぜなら、それは見解上の問題だからだ。もし、ある社会集団の中で、すべての人が神経外科手術を行えるが、だれもタイプを打てなかったとしたら、どうだろうか。さらに、要望のあるときだけ手術を行うという状況に満足していない人はどうだろう。神経外科手術という社会的価値のあるスキルを習得することは、その人にとってよいことなのだろうか。スキルの重要性が多くの要因に依存しているのは明らかであり、その要因は個人のレベルにも集団のレベルにも存在するし、そして、何に基づいて「価値がある」と言っているのかにもよるのだ。さらに、生活の質に関しては、その判断をそれぞれの個人にゆだねるのがいちばんよいと思われる。その場合、こうした個人変動のすべてに責任をもつような公共政策を計画するのは難しいだろう。差異が見いだされても、それがもっている社会的な意味合いは、はっきりとしたものでもないし、不可避のものということもない。政治的に「よき意図をもった」研究動機がバイアス——おそらく「好意的な」バイアス——と簡単に結びつくのは明らかだ。問題は常に研究者の意図の中に存在するとは限らず、むしろ、こうした意図とかすかに結びついている可能性のある仮定の中に存在するのである。

公刊するのはなぜか？　公刊バイアスとお蔵入り問題

前述した動機リストの12番目は、公刊可能な研究を実施するというものだ。学問の世界や研究機関において、幅広く尊敬を集めるような研究報告のほとんどは、査読つきの学術雑誌に掲載された論文である。論文を評価するために、編者は、その論文と関連する研究を行っている学者の中から、査読者を匿名で選んでおり、その査読のプロセスは論文の質と信憑性を維持するうえで重要である。しかしながら、そこにもバイアスが入っている。1つは、研究を公刊したいと強く動機づけられている研究者は、性差のない結果よりも性差のある結果が得られるようなリサーチ・クエスチョンや研究計画を選ばざるを得ない。この**差異なし結果**（つまり、集団の得点の間に差異がない結果）[120][287]に拮抗するバイアスは、公刊された性差研究の性質に多大な影響を与えてきた。統計の発想では、実施した研究で差異が得られなかったとき、差異が本当にないという主張はできない。というのは、差異があっても、その研究がそれを見いだせるほど精度が高くなかったのかもしれないし、あるいは、特殊な人たちを研究対象にしたのかもしれないからだ。こうした可能性があるということ、さらに、集団間に差異がないときよりもあるときのほうが強い関心を引き起こすという、現代の**時代精神**によって、差異のない研究はあまり公刊されない。これは「お蔵入り」問題として知られている。つまり、集団間の差異を報告し公刊された研究の1つひとつに対して、差異のなかった研究が一定の数だけあり、それらは研究者の引き出しの中で朽ちていき、公刊されることもなく、そのテーマについての会話にものぼらない。こうして、差異なしという結果は、他の研究者にもあまり知られないということになる。

差異なしという結果が失われても、差異が見いだされなかった条件（たとえば、サンプルの大きさがどのくらいだったのか、効果量はいくらだったのか、参加者は自分たちが観察されていることを知っていたかどうかなど）に関する報告書のようなものがあれば、それほど問題ではないだろう。そのようなものがあれば、少なくとも、差異ありという肯定的な結果が、相対的にどのくらい再現可能なのかが評価できるだろう。しかしながら、差異なし結果がまったく公刊されないのであれば、公刊された肯定的結果が、その研究分野の結果として多数を占めている（それゆえ再現できる）ものなのか、それとも少数の結果なのかを判断しようがない。後者の場合、もしかしたら我々は偽の肯定的結果をながめているのかもしれない。これはまた、第1種の過誤として知られているものだ。[8] 差異なし結果に拮抗するバイアスを多少は正当化できるとしても、そのせいで、性差があるという肯定的な結果が非常にたくさんあるという印象を与えてしまうことになる。また、メタ分析はたいてい公刊された結果しか含めないので、その分析もゆがんだものになる。おもしろいことに、これがハイデの2005年の結果を画期的なものにさえしているのだ。彼女の結果は、メタ分析のみに基づいているのに、実質的な心理学性差はほとんどないというものだった。

多くの場合、性差がとてつもなく存在するという印象を受けてしまうのは、1つには、そもそも研究者が性差を検討しようとするためであり、さらに、お蔵入り問題の影響を受けやすいためだ。今日、研究者は、たとえば人種や目の色よりも、性別による差異（特に認知能力における差異）を取り上げる傾向があるので、差異を見いだした結果が膨大に公刊されていることからわかるのは、どのような差異が本当に存在するのかという点では研究者はそれほど先入観をもっていないが、差異をもたらすものは何か（つまり、人種や目の色ではなく性別が差異をもたらす）という点については先入観をもっているということなのかもしれない。

ロットンら[287]はまさにこの問題を取り上げて、質問紙に基づく調査を実施した。ロットンらは、社会心理学領域の最近の学術雑誌に掲載された論文の執筆者を対象に、他のデータを公刊しなかったのはどのような理由によるのかと尋ねた。いちばん多かった理由は、私たちが論じてきたように「有意でない結果」（差異なしという結果）だ。次に多かった理由は、説明できないような結果が出たというものだった。こうした結果は、研究計画や研究の実施に体系的な誤りがあるという警告になっている場合もある。しかしながら、驚くような結果を得るのはよくあることで、時に、まさにこうした予期しない、はじめは説明できない結果が、やがて科学における重要な進歩をもたらすこともある。結果を公刊しない3番めの理由は、好意的でない審査結果を受けたというものである。査読者が論文を批判するのには、たいていそれなりの理由がある。しかしながら、査読者も誤りを免れるものではないし、審査は主観的なものでもある。したがって、重要な発見にもかかわらず、査読者の神経をさかなでしてしまい、そのまま埋もれてしまうこともあるだろう。ロットンらの研究から、論文公刊においてバイアスが生じる原因のいくつかが理解できるが、この種のバイアスが既存の考えを支持し、新しく公刊される研究を保守的なものにしてしまい、変化に対する抵抗になりがちだということがうかがえる。ここで重要なのは、公刊バイアスが一種類ではないということだ。差異なしという研究は、実際には、たくさん公刊されている。

一般的にそうした論文は、結果の一部のみに集団間の差異が見いだされているにすぎない。しかし、公刊バイアスが存在することを覚えておき、そして、この種のバイアスが、その研究領域に関する人々の見方をいかにゆがめるのかを理解しておくとよいだろう。

研究者のバイアスや社会に広まっているバイアスと同じように、公刊バイアスも文化に依存し、時代とともに変わるものだろう。たとえば、うれしいことに、コメント論文や研究論文の中で、公刊バイアスについて考察し批判する傾向が最近活発になっている。これは、私たちが論じてきたような問題の多くを解決するうえで役立つような、建設的な公刊状況を生み出すものになるかもしれない。実際、本節で取り上げた多くの材料は、こうした批判的な文献の中から取り上げたものである。

最後に、特筆すべきなのは、非常に多くの研究者がいまだに性差を見つけようとしていることだ。そうした分野では、①大きなサンプルの研究では性差があまり見られず、②差異が見られた場合には、効果量は小さい傾向があり、男女間での重複がかなりあり、③他の文化での再現性はほとんどない。特に、認知能力と情緒面での性差はとらえにくいため、なぜ研究者が、たとえば、個人に焦点をあて、個人の成績に影響を与える要因を幅広く探索しようとするのではなく、性別によって差異があるという証拠を求め続けているのか理解しがたい。

第4章 男の子は女の子より数学ができるのか

・男の子は数学がよくできるのか（『ニューヨーク・タイムズ』1980年12月7日）
・男性は数学遺伝子をもっているのか（『ニューズウィーク』1980年12月15日）
・数学におけるジェンダー要因。最新の研究によると、男性は女性より生まれつき能力が高い可能性があるという。（『タイム』1980年12月15日）

これらは、メディア報道を通して多大な影響を及ぼしてきた、ある研究を紹介している見出しの典型的なものだ[107]。この研究については、本章の後半で批判するつもりだ。その研究はベンボウとスタンレィが行ったものだが、方法論的誤りと解釈上の誤りに満ちている。冒頭の見出しは、数学の性差についての一般的な信念――性差が存在し、そして、それは生物学的なものに基づくと言われる――を表している。この領域における研究を理解するために、数学を数量的な教科だとみなそう。みなさんが数学で求める解は、（理想的には）すべての数学者が正解だと同意するようなものだろう。国語や歴史のような教科では、また化学や物理学でさえ、部分的に正しい解答というものがあり得るし、疑う余地のない解答つまり**唯一の正解**を考え出すのではなく、問題について慎重に考え、**合理的な言明**を考え出す能力を示すほうがもっと大切である。このことが、性差を研究する分野としての数学を独特なものにしている。たとえば、女の子は男の子より大人の承認を求めるよう教わっている可能性があり（［47］の展望を参照のこと）、そして、承認を得る方法の1つに教師の質問に対して正しい答えを返すというものがある。緊張の強さが男女で違うのは、たとえば、小説の登場人物についての説明を求められるときよりも、1つの正解があるような質問を尋ねられるときという可能性が高い。というのは、前者は、部分的に正しいということもあり、完全に間違っているということはほとんどあり得ないからである。生徒たちが数学のテストを受けて、男の子の得点が女の子より高かったら、それだけで男の子のほうが数学が得意だと結論づけてしまうかもしれない。しかしながら、女の子は答えを間違えることを気にするので、問いのいくつかに挑戦しなかったということもあり得る。だとすると、たとえ男の子の得点が高くても、その問題に関する数学スキルが高いとは必ずしも言えないだろう。

他の能力（たとえば、第5章の空間能力、第6章の言語能力）と同じように、数学能力でもほとんどの研究結果は、性差が小さいかないかのどちらかである。さらに、差異が見られる場合にも、青年期ごろまでは出現しない傾向があり、それは、女の子と男の子が、どちらの性別がどの教科が得意あるいは不得意なはずだという社会化に、何年もさらされたあとである。さらに、いくつかの研究（たとえば、［93］）では、数学において女子の成績が男子の成績よりも実際には**高い**という結果が得られている。たとえば、デコアは、アルバータ大学の1970年～1982年の間の初級と中級のコースで、多くの場合、女子学生の成績が男子学生よりも高いことを見いだした[93]。ハンナが、18か国で行った数学能力に関する研究に基づいて報告しているように、「成績におけるジェンダー関連の差異は、1つの国の中でも、国と国の間でもかなり変動する」のである[149の14頁]。

男の子や男性が数学ができるというだけでなく、存在するとされる差異は**生得的なもの**だと一般に信じられているため、特に研究の多くが行われている合衆国の中で、男子生徒の数学の成績を高め、女子生徒の数学の成績を低める傾向のある、多くの社会化要因を調べることが大切だ。エクレスら[107]の研究は、中・高生の数学の成績、そして数学を科目選択する見込みさえも、数学の実際の能力より社会的要因や態度要因によって影響を受けていることを示している。こうした要因の中でいちばんよく知られているのが数学不安であり、男子よりも女子で高いことが報告されている[107]。おもしろいことに、生徒の数学不安は、自分がこれまで数学がどのくらいできていたかということに、あまり基づくものではないようだ。言い換えれば、女の子は自分の数学能力について大きな不安をもっているが、それは能力が劣っているからというわけではない。数学不安は、生徒がとる数学の成績および将来の数学の科目選択計画と確かに関連している。これを裏づけるように、マら[216]は、合衆国各地の学校で行った縦断的研究の中で、数学の性差がまだはっきりと見られないような小学校教育の初期の段階で、男の子より女の子において不安が早く高まることを見いだした。フレンゼルら[130]は、ドイツのバイエルンの5年生を対象にした研究で、同じような結果を得ている。その他の社会的要因や態度要因には次のようなものがある。数学は男の子より女の子にとって難しいという親の信念[107]、母親より父親のほうが子どもの数学の宿題を手伝うという傾向[232]、上級の数学科目の教師は女性よりも男性のほうが圧倒的に多いこと[232]、数学の教科書で扱われる材料や数学ゲームを、女の子より男の子にふさわしいものとしてステレオタイプ化すること、数学の成績について、女子より男子に高く期待を寄せる教師[232]、教師が数学の授業で、女子より男子に長い時間をかけて指導したりやりとりしたりする傾向[232]。1992年に発売されたおしゃべりバービー人形が、数学は難しいと不満を言っていたが、これはこうしたステレオタイプがしつこく残っているというまぎれもない例である。

おそらく、数学に関する性差研究でいちばん影響力の強いものは、ベンボウら[26][27]による研究だろう。それは、数学に関する性差研究のもつ方法論的問題の中で、一般的なものをいくつか描き出しているので、彼らの行った研究で最も重要なものを詳細に検討しよう。その研究が重要なのは、メディアにおいて広く報道されたという理由による（本章の最初の見出しを参照のこと）。明らかに、メディアはこの研究を大変まじめに受け取り、研究から発信されたメッセージは、今日もなお広まったままだ。メディアを飾った見出しは、女の子に比べ男の子は数学が実際に得意だということを強く示唆している。さらに、人々は長い間、男性のほうが女性よりも数学能力が優れていると信じており、ベンボウらの研究結果の解釈は、一般に認められた見解と一致するものだった。しかしながら、もっとじっくり見れば、実際の研究と見出しが一致しないことがわかるだろう。また、この研究にある欠陥は、数学に関する性差研究においてよく見られるものだ。

ベンボウら[26][27]は、7、8年生で学力が高い生徒が、SAT（大学の合格判定の際に広く利用されているテスト）の数学テスト（SAT‐M）で得た得点を検討した。なんらかの標準数学テストで上位2～5％の得点を得た生徒が、SATを受けるように誘われたのだ。おもに大西洋岸中部の生徒が参加したが、後には、全国各地の生徒が参加し、その数は5万人近くになった。ベンボウらは、全般的に、男子のほうが女子より得点が高いことを見いだしたため、彼らは男子が「数学推論能力」を高くもっていると結論づけたのだ。

この研究には大きな誤りが複数ある。研究計画の中に埋もれている誤りもあるし、結果の解釈の誤りもある。それぞれについて細かく論じるが、簡単に述べると、以下のようなものがあげられる。

1．数学推論能力を測定する　研究者は「数学推論能力」の指標としてSAT‐Mを利用したが、このテストは数学の適性を測定する正確な指標ではない。

2．均一のサンプルを得る　男女の間に差異があるという結論が合理的なのは、2つの集団が性別以外のあらゆる点において同一であるときのみだ。研究者は、この研究に参加した男子と女子が等しい学校教育を受けていると述べている。それは真実かもしれないが、教室の中で同じ時間数を過ごしていても、単に時間的な量ではなく、多くの要因が学習には関係している。たとえば、「女の子は数学があまり得意でない」「数学が得意な女の子はあまり女らしくない」のようなことを耳にすることで、男女両方の生徒に大きな影響がもたらされたという可能性もある。さらに、伝統的な女性の社会化に沿っているため、頭のよい女の子は男の子ほど自信をもてず、研究のためにSATを受けるように誘われても、その誘いを受けなかったかもしれない。

3．ほのめかしの力　研究者は、生徒が自分の成績についてもっている期待、また、他者からの期待がSAT‐Mの成績に影響を与えた可能性のあることを考慮しなかった[317]。

4．特殊から一般へ　研究者は、自分たちの結果が世界中のすべての男女にあてはまるかのように執筆した。これは正当化できない。

5．男性は生得的に優れているという不当な主張　これを決定づけるような証拠は、どこにも記述されていない。

「数学推論能力」を測定する

ベンボウとスタンレィは、男女の「数学推論能力」を比較しようとした。しかしながら、その定義を行っておらず、そのため我々には彼らが何を研究しようとしたのかがわからない。SAT-Mが彼らの言う「数学推論能力」を正確に測定しているかどうかが、どうしたらわかるのだろうか。SATは大学進学適性検査[☆9]（Scholastic Aptitude Test）なので、ベンボウらは自分たちが適性を測定していると思っていたということなのだろうか。しかしながら、SAT-Mの得点は純粋な適性以外の多くの要因からも影響を受けている。もし、問いを解くように求めながらも、その問いが2次方程式を知っていないと解けないものであったら、その知識なしに解くことは不可能である。その場合、その問いは適性を測定しているのだろうか、それとも勉強したことを測定しているのだろうか。公式を知らない場合には、その人が問いを解く能力について何も明らかにはならない。

ロウら[212]は、男子に比べると女子が、数学の文章題で無関係な情報に気をとられることを見いだしている。SATの数学問題には文章題も含まれている。この差異は数学能力の性差というより、むしろ生徒の自信、権威の尊重、あるいは、だれかが意図的に妨害しようとする状況をどのように見るかといったことに関連するものだろう（本章最後の節も参照のこと。そこで空間能力と数学能力の関連についての最近の研究を取り上げる）。

数学的能力のテストの利用法として考えられるものの1つは、大学の数学の授業で、学生がどのくらいよくできるかを予測するというものだろう。しかしながら、ベンボウらが用いたテストは、こうした予測にはあまり役立たない。スラックら[306]は、大学での数学の成績を予測する際に、高校での数学の成績さらには数学の学力テストの得点のほうが、SAT-M得点より信頼できることを見いだしている。さらに、フォックスら[128]は、中学生を対象にした、女子のSAT-M得点がその後の学力をうまく予測できないことを見いだしている。おもしろいことに、ストリッカーら[322]は、SATの成績（SAT全体の成績。ストリッカーらは数学と言語を分けなかった）が、女子の場合には大学でのGPA[☆10]を**低めに予測し**、男子の場合には**高めに予測する**（小さい量ではあるが）ことを見いだしている。大学での成績を予測することがSATの**主要な目的**のはずだが。テストがその本来の目的と合致せず、バイアスのかかったものであるならば、そのようなテストを進学適性検査として利用するのは気がかりだ。

フォックスらが、ベンボウらの研究に参加した女子生徒の多数にインタビューしたところ、彼女たちの多くが数学の上級クラスに入りたくないと思っていたことがわかった（[197]を参照）。彼女たちは同級生から「変わっている」と思われるのではないかと心配していたし、上級クラスはつまらないし、そのクラスの男子のことを「ちょっと不気味だ」と思っていたのだ。男子には同じようなインタビューが行われていないのだが、フォックスらの研究から、女の子が数学ができるということは、社会的に受入れられない、あるいは望ましくないことだと、彼女たちが信じていることがうかがえる。この信念のために、数学の勉強が妨げられているのかもしれない。特に、女の子は男の子よりも社会から受容されたがっているのだから[47]。

均質のサンプルをとるという問題

ベンボウとスタンレィは、自分たちの見いだしたものを数学の「性差」と呼んだ。もし、テストを受けた女子生徒と男子生徒が、性別という点を除いたあらゆる点で等しければ、男性であることと女性であることの何かが数学得点の差異を生み出したと仮定しても、おおむね問題ないだろう。しかし、もし女子と男子が性別以外の点でも異なっているところがあれば、そのように仮定するのは筋が通らない。ベンボウらのもっていた主要な仮定の1つは、研究に参加した生徒たちすべてが、同量の学校教育を受けているというものだった。このような仮定をした理由は、すべての生徒が合衆国の学校の7年生に在籍していることによる。しかし、教育経験の量というのはずいぶん複雑な問題である。7年生の女子と男子はたとえ同じクラスにいても、等しい量の学校教育を受けているとは限らない[107]。レインハートら[205]は、7年生になるまでに、数学の教師が女子より男子に最高で36時間も長く指導時間を費やしていることを見いだしている。こうしたことから、女の子が数学を勉強しようという意欲をあまりもてない理由がだいたいわかるだろう。

1人の生徒に費やした時間とはまったく別に、教師がどのように生徒に対応したかという要因もある。スタンレィ自身（[157]の報告による）が、女性は社会的な交わりや美しいものを志向し、男性は数量的なものや抽象的なもの、「権力と支配」を志向する傾向が強いと述べている[157の661頁]。彼が正しいとすると、数学教師は女の子よりも男の子の興味をそそるような教え方をしているのかもしれない。これで女子生徒と男子生徒の得点の差が簡単に説明できるだろう。実際、パトリシア・キャサーリィ（[197]の報告による）は、数学の学力テストで女子と男子の得点が等しい20校を対象に研究を行い、その学校に共通する特徴を見いだしている。その中には、数学の教師が数学への愛情と情熱を生徒に伝えているというものがあった。これで生徒とのつながりが高められていたのかもしれない――女の子にとっては特に励みになる要因だろう[142]。

人々は学校教育だけから学んでいるのではない。女の子と男の子では教室以外の経験によって受ける影響が異なり、それがＳＡＴ－Ｍ得点に反映されたのかもしれない。数学に関係したゲームをする人は、ゲームをしない人に比べると、数学についてたくさんのことを学んでいるようだ。男の子は女の子よりも、数学的ゲームや数学に関係した活動を行い、数学に関連した本をたくさん読む傾向があるという[16][128][205]。

事態をさらに複雑にしているのは、研究者がどのようにして参加者を選ぶのかという問題だろう。参加者はたいてい主観的な能力評価に基づいて選ばれるのだが、ライトら[356]は、主観的な評価（生徒本人、教師、同級生によるもの）と実際の成績との相関の強さが、男女で異なっていることを見いだしている。

このように、ベンボウらの研究に参加した女子生徒と男子生徒は、生物学的性別ではないところでお互いに違っていたのだろうし、そして、それが男女の数学の平均点に違いを確実にもたらしたはずだ。男の子は女の子よりも――冒頭の見出しにあるように――生まれつき数学ができるというのではなく、単に数学に関わる経験が多いだけという可能性が高い。

暗示の力

我々の社会では、男の子は女の子よりも数学が得意だと期待されている。この期待がSAT-Mの結果に重大な影響をもたらす可能性がある。だれかに何かを期待させたら、何が起ころうと、その人たちはそれが期待を裏づけるものだと解釈するようになりがちだ。たとえば、ある子どもがあまり賢くないと言われると教師はその子の不出来な部分に気づきやすくなる[286]。

同じように、「あなたは数学ができないよ」と言われた子どもたちは、それを信じるようになりがちだ（もちろん、こうしたメッセージは、たいていもっとかすかなものだが、それでも同じように影響力が強い）。こうして、数学の問題が目の前にあるときにはいつでも、自動的にその問題が解けないと決めつけてしまい、挑戦してみよう、がんばってみようと思わなくなるのだ。これが**ステレオタイプ脅威**と呼ばれるものであり（第3章での考察と第5章での空間能力研究の関連部分を参照のこと）、スティール ら[317]が人種のステレオタイプという文脈に取り入れた考えである。1995年以降、スティールとその共同研究者は、人種ステレオタイプと同じように性別ステレオタイプにまつわるものが媒介して、数学の性差を生むようになる可能性を見いだしている。それらは、ステレオタイプが喚起されたことによる参加者の不安[253]、性別ステレオタイプと比べた場合の参加者の自己概念[267]、数学／科学／工学に関するビデオの中に登場する男女の割合のような状況的手がかり[242]といったものだ。こうした考え方には、かつての研究と共通するものがある。生徒の数学の成績に及ぼす影響について研究したエクレスら[107]は、生徒の数学能力にいちばん強く影響しているのは、子どもたちの将来について母親がどのように考えているのかということだったと結論づけている。

ミール[237]は、子どもたちが成長するにつれて、ウェクスラー児童用知能検査（ＷＩＳＣ）の男女の得点差がだんだんと大きくなること（男児のほうがよくできる）を見いだした。また、ＷＩＳＣを用いた性差研究の文献を展望したアタードは、「全般的に、（ＷＩＳＣと成人用知能検査（ＷＡＩＳ）の）算数検査におけるジェンダー差は、だいたい16歳になるまではほっきりと見られない」と結論づけた[17の14頁]。こうした結果は、数学における性差が、少なくとも一部は、他者からの影響によるものであるという仮説を裏づけるように思える。子どもたちが16歳に近づくにつれ、男の子は女の子より数学ができるという考えにさらされる年月が長くなる。我々の社会にいる人々は、女の子より男の子のほうが数学ができると**信じる**傾向があるので、検査結果が真実に見えてしまうのである。

特殊から一般へ

さらに、ベンボウとスタンレィは、**サンプリング・エラー**と呼ばれるものを考慮していなかった。ベンボウらは合衆国の7年生5万人というサンプルを対象にしたのだから、たとえ結果が妥当であっても、それは合衆国の7年生にしかあてはまらないと仮定するべきであった。ベンボウらの得た結果が小学1年生、大学生、40歳、80歳の人たちの場合とは異なることは十分あり得る。また、他の国では異なる結果になる可能性も十分ある。というのは、ハンナ[149]とシルトカンプ＝クンギダー[296]は、世界中の何万人という生徒を対象にテストを実施し、女子のほうが男子より算数や数学の得点が高い地域もあれば、男子のほうが高い地域もあることを見いだしているからだ。

ベンボウらの結果が他の点で正確であっても、テストを受けた人たちにしか結果をあてはめることはできない。そして、ベンボウらの研究の参加者が**厳選された**人たちだったということを心にとめておかねばならない。参加者は生徒一般を代表しているのではなく、いくつかの数学テストのどれかで上位2～5％の得点をとり、**かつ**、研究参加の誘いを受け入れた生徒を代表しているのだ。たとえば、生徒の95％には数学能力の性差がないならば、性差を見つけたというベンボウらの主張はひどくゆがんでいることになる。

仮に、ほとんどすべての男の子が、ほとんどすべての女の子よりも、数学能力が高いという説得力ある証拠が**あるとしたら**、それにしたがって教育制度を変え、我々の考え方も変える（たとえば、教師に女の子を教える時間をもっと長くするようにさせる。ただし、これが社会的には微妙な意味合いをもつことを、第3章から思い出してほしい）のがもっともではないだろうか。しかしながら、もし性差がない**ならば**、あるいは、性差が小さくて信憑性に欠け、子どもが大きくなってから見られるようになるの**ならば**、あるいは、ごく一部の人だけに見られる差異**ならば**、「性差」について語るのは危険だろう。性差について語ることで、女の子はどうやっても数学ができないと、人々は信じるようになってしまう。実際のところ、その主張が**行われてきた**ので、数学関係の職業――数学教育、会計、コンピュータ関係分野、統計学、調査研究、世論調査――でうまくやっていたかもしれない多くの女性が、途中でやめてしまったのだ。このように、数学の性差研究の場合にも、すべての性差研究と同様に、研究上の誤りを生む可能性のある原因に留意しなければならない。それは女性と男性についての真実に関する我々の見方をゆがめるものなのだから。

その後、キャゼィら[65]が、ベンボウらが最初に行った研究のサンプル問題を改善した。学力の高い集団とそうでない集団の両方が考慮され、異なったサンプルでの違いに注意が向けられたのである。成績のよい生徒で見られた性差は、成績の低い生徒では見られず、ベンボウらのかつての研究結果の一般化が限定されたのである。

読者のみなさんにとって、ベンボウら[26][27]とキャゼイら[65]の論文、これらに関連したロビンソンら[280]の早熟児に関する研究は大いに役立つであろう。そして、ベンボウらの研究における方法論的問題のリストを作ってみよう。次に、キャゼイらやロビンソンらが対処した問題は何なのか（そして、それが適切なのかどうかも）、対処しなかった問題は何なのかをまとめ、さらに、この2つの研究における方法論的問題をまとめてみよう。覚えておいてほしいのは、どのような研究でも方法論的誤りと限界の両者あるいはその一方を見いだせるということだ。しかしながら、注意深く執筆された論文とぞんざいに執筆された論文には、きわめて重要な違いが1つある。それは、どの程度、論文執筆者がこうした問題をありのままに並べ、それに照らして結果をいかに評価するか、そして、将来、こうした問題を克服するにはどうすればよいかを提案しているかどうかということである。

男性は生まれつき優れているという正当化されない主張

1986年の全米科学振興協会の会議で、ベンボウはスタンレィとの研究を発表し、その際に男性の優れた数学能力はホルモンによるものだと述べた。当然、メディアは競って報道した。しかしベンボウらは、研究対象になった生徒のホルモンレベルをまったく測定していないということを**述べなかった**。これはきわめて重要な点だ。というのは、ホルモンのような生物学的なものに基づいた生得的な差異がある、もしくは差異があるようだと言われると、人々は、一方の性別の人たちが劣っているとされるものをどうにかすることは、ほとんどまったく不可能と仮定する傾向があるからだ。研究結果を説明する考えを打ち出すことには何の問題もない。実際、これこそが研究の進歩というものだ。しかしながら、提案された説明や理論がどこから出てきたのかを厳密に探ることは大切だ。また、説明として可能なものをすべて考えるように努力することも大切だ。たとえ、ベンボウらの結果が実体のあるもので、信用でき、再現できるものであったとしても、その差異をうまく説明できるものは、ホルモンのメカニズム以外にもたくさんあるはずだ。その多くは本章で述べたような社会的要因や経験的要因だ。我々がめざしているのは、性差――存在するかもしれない性差――をホルモンが原因とする説明――この説明が正しいという可能性もある――を除外するのではなく、ベンボウらが行ったような限定的な説明を批判することである。

ホルモンが原因だというベンボウの主張をじっくりと検討してみるといいだろう。というのは、この主張が、理論や研究についてあまり深く考えられていないときに、生じる可能性のある誤りの多くを映し出しているからだ。これから行う考察は細かくややこしいが、仮定や予測、仮説の基になるものとして、根拠のない理論がどのように使われるのかを示しているので、ぜひ読んでみてほしい。こうした仮定や仮説をもとにして、データが集められ、論文執筆者はその根拠なき理論を支持するように解釈を試みがちである。ぜひ覚えておいてほしいのだが、**いったん、理論を検討すべくデータが集められたら、多くの場合、その理論は真であるかのように見えてくる。たとえ、データが理論をそれほどうまく支持していなくても。**

カミーラ・ベンボウとロバート・ベンボウ[28]は、「桁はずれの数学的才能——ホルモンが能力を誘発したのか?」と問いかける題目の論文を執筆し、その中で、この問いに対して「イエス」という答えを示した。これから見ていくように、彼女たちの主張はまわりくどく、複雑で、1つひとつの段階に問題が存在する。まず、その主張は、他の研究者2人の支持されていない理論に基づいている。

ベンボウら[28]は、ゲシュビントら[140]が、左利きの人たちは右利きの人たちよりも、免疫疾患、学習障害、偏頭痛になりやすいと報告したこと、ゲシュビントらがこれは「男性」ホルモンであるテストステロンが高いためであるという「仮説」を立てたと記している。しかし、ゲシュビントらの主張がさんざんな批判を浴びてきたことや、実際にはきちんとした研究による確証が行われていないということは述べていない。ベンボウらは、テストステロンが大脳左半球の発達速度を遅めるため、それを補おうとして右半球が増強され、その結果、数学能力が向上すると示唆した。それゆえ、数学に秀でている生徒は、一般の人たちよりも免疫上の問題を抱えることが多く、左利きであることが多いと、ベンボウらは結論づけたのである。ベンボウらは、この憶測をある生徒集団を用いて検討しようとしたのだが、はっきりとした理由もないのに、偏頭痛を除外した。したがって、ベンボウらは、理論のほんの**一部が意味するもの**を検討しただけであるし、そもそも理論そのものがあまり支持されていなかった。さらに、これから見ていくように、ベンボウらが対象にした生徒は、きわめてまれな集団だった。また、1つの仮説のみを選んで検証し、対立仮説を検証しようとしないのは、この研究が単一ホルモン仮説を支持するのにどのくらい役立つのかを評価する方法が、我々にはないということを意味する。

ゲシュビントらの理論は、テストステロンが免疫システムの中の胸腺に影響を及ぼし、免疫疾患がもたらされるという考えに、部分的に基づくものである。ベンボウら[28]は、この考えを支持する証拠をあげていない。また、ゲシュビントらの理論は、テストステロンが大脳左半球の発達を遅くするため、それを補うものとして右半球が増強されるという考えにも部分的に基づくものでもあった。ベンボウら[28]はこの考えを支持するような証拠もあげていない。

数学的課題は、左半球よりも右半球のほうが、より良く遂行できるというベンボウらの憶測についてはどうだろうか。ベンボウらは、この主張を支持するような証拠をあげておらず、これが正しいと「考えられる」と述べているにすぎない。実際のところ、数学能力は分析的に考える能力と関わっている側面が多いが、それはほとんどの人で左半球に位置しており、空間的関係を扱う能力に関する側面は、ほとんどの人で右半球に位置している。したがって、数学の課題は右半球で解くとよくできるというのは、あまりに単純すぎる。

仮にベンボウらとゲシュビントらの主張や憶測のすべてが真であると証明されたら、**ほとんどの**男性はほとんどの女性よりも、数学がかなりよくできて、免疫疾患や偏頭痛にかかりやすく、そして、左利きが多いということになるだろう。しかし、これはまったく事実ではない。

これらの証明されていない命題のすべてに基づいて、ベンボウらは、男性は女性よりもテストステロンが多い傾向があるから、ホルモンが右半球に影響を与えるため、**一部の**男性は左利きでかつ数学がよくできるだろうと**憶測し**、そして、同じテストステロンが胸腺に影響を与えるので、免疫疾患になるのだろうと**憶測した**のだ。次に、ベンボウらは、きわめて特殊でまれな集団——桁はずれに数学のできる生徒（**13歳より前に**大学入学のためのSAT‐Mで700点以上をとるような生徒であり、1万人に1人の存在！）——を対象に、利き手が左であることと高い数学**推論**能力が相関するだろうと予測したのだ。ベンボウらは、他の数学能力ではなく、なぜ推論能力を検討することにしたのかについての説明はせず、数学推論能力が他の数学能力よりもテストステロンや利き手や脳半球によって影響を受けやすいという証拠を、論文のどこにも示していない。

ベンボウらは、このきわめて特殊な集団の中で、左利きの生徒が一般的な集団の約2倍いたこと、そしてアレルギー（免疫疾患の1つ）も約2倍の頻度だったことを見いだし、仮説が支持されたと主張した。しかしながら、心理学入門コースの学生ならばだれでも習うように、囚人やハーバード大学の学生といったさまざまな特殊集団に左利きが多いのはよくあることだ。それゆえ、極端に偏った集団で左利きがたくさんいるという新たな事例をどのように解釈すればよいのかは、きわめて難しい。数学の成績がトップクラスの生徒にアレルギーが異常に多いということに関しては、アレルギーそのものについて、また、ホルモンがアレルギーに及ぼす影響についてもあまりわかっていないので、この発見を大きく扱うことは時期尚早だろう。さらに、ある特定の疾患だけがテストステロンのレベルによって影響されると信じる理由が何もないような場合、しっかりと練られた研究ならば、免疫疾患全体について検討するはずである。

それでは、ベンボウらは、なぜ厳選された集団の**一部**だけが、自分たちの疑わしい理論が予測するパターンに一致したのかを、どのように説明するのだろうか。実際、ここでベンボウらは再び憶測に走り、**この**生徒たちは誕生前に、通常よりも高いレベルのテストステロンにさらされたの**かもしれない**と述べるのである。この主張を支持するようなデータを彼らは呈示しただろうか？　彼らの議論はここでとても奇妙になり、そして再び、ややこしいものになる。ベンボウらは、この生徒たちがテストステロンの出生前暴露を経験したという証拠をもっていないのだが、こうした生徒がほとんどの生徒よりも、太陽の出ている時間が1日12時間以上の月にたくさん生まれていたということを探しあてたのである。そして、「太陽光が松果体分泌に影響を与え、メラトニンのレベルを変え、それが生殖ホルモンを抑制した」と述べている〔28の150－151頁〕。言い換えれば、太陽光が要因Aに影響し、それが要因Bに影響し、**そして、それが**ホルモンレベルを減じるということである。数学の成績がトップの生徒が、高レベルのテストステロンにさらされた**としても**、どのようにしてそうなったのかという説明は証明されていないのだが、その説明のまわりくどさはさておき、その論法は完全に誤っている。もし太陽光が生殖ホルモンを**減じる**ならば、こうした生徒はほとんどの生徒に比べて、テストステロンが多いのではなく、**少なく**なるはずだ。そして、ベンボウら自身の（支持されていない）一連の論法によると、テストステロンのレベルが低くなるほど、数学能力は**劣る**はずである。

最近の展開

最近、空間能力と数学能力の間に関連があると主張する研究者がいる（たとえば、［65］［249］）。その意味するものとして、次の3つが考えられる。

①ある種の数学課題を解くときには、1つ以上の「空間能力」が必要である（［65］や［249］が論じている）。
②ある種の空間課題を解くときには、1つ以上の「数学能力」が必要である。
③「空間」テストと「数学」テストの両方に対して、ある種のもっと一般的な能力が役に立つ。

3番目にあげられているものは、テスト不安にとらわれていないといったあいまいなものかもしれないし、あるいは課題を行ううえでの最良の方略を選択できる判断力のようなものかもしれない。ロビンソンら[280]は、数学能力、空間能力、言語能力の相互関連性について論じ、たとえば、数学能力において存在するとされている性差は、単に数学の問題を解決する際に使う方略の性差によるものかもしれないと指摘している。空間的方略を使って（問題を説明するために絵を描いて）数学の問題を解く人もいるし、非空間的方略を使う（幾何学的に、そして何も視覚化せずに、概念を操作する）人もいる。この種の性差は、実験室や教室で、それぞれに教示することでなくせるし、そうすれば、すべての生徒が問題に対して最善の方略――理想的には、1人ひとりの生徒に最適の方略――が使えるようになるだろう。何より、ロビンソンらは、勉強したことのある空間課題と数学課題の成績の間に有意な相関があることを見いだしている。

フリードマン[133]は、言語能力と数学能力の相関関係に関して、同じようなことを述べている。数学テストは文章題がよく使われるし、文章題でなくても、数学記号だけの教示ではなく、文章で教示が行われることがある。言語と数学が相関しているという結果は、たとえば、ある種の数学テストでよい成績をとるためには、ある程度の言語能力が必要だということを意味しているのかもしれない。

現在、ベンボウは空間能力と数学能力の相関関係に関心をもっているようである[65]。キャゼイらはベンボウとともに、SAT－M得点の性差が心的回転課題☆11の成績の差異によって説明可能であることを見いだしている。また、彼らはSATの言語得点と数学得点が相関することも見いだした。測定された性差は、テストの教示に従う能力といった表面的な何かの差異と関係している、あるいは課題のタイプによってテスト不安の強度が変化することと関係しているというような説明も、比較的ささいなものではあるが可能である。後に、ナトールら[249]は、この相関関係を用いて、空間能力——そして、それに対応するような数学能力も仮定されている——の性差を、遺伝的要因と経験の相互作用により説明しようとする、非常に特殊な理論を検討した。しかしながら、ステレオタイプ脅威で使われているような教示や操作のちょっとした変更といった非常に簡単な実験操作で、心的回転課題における性差が消えるのであれば、こうした検討は適切なものとは思えない（第5章を参照）。

数学能力において得られた性差は変わりやすく、見いだされないことも多いし、非常に変動しやすい社会的要因や実験上の要因のせいだとするのがもっともらしいように思える。数学の成績に影響を与える多くの要因は、男女間で異なるというよりも類似しているように見える[86][104]。これはハイデ[172]の見解と一致する。したがって、数学教育や数学の成績における変動や不平等を理解したいと思っているならば、性別は、変動性の原因として検討する必要のあるもののうち、いちばん最後のものなのかもしれない。前述した不安や数学に対する態度のように、男女に共通する要因を検討するほうが、常にとらえどころのない性差を見つけ解明しようとするよりも、得るところは多いかもしれない。

本章の最初に紹介した報道の見出しを見返すと、そこにある主張が、憶測の域を出ない理論やまれな集団を対象とした研究、そして非常にお粗末な推論に基づいたものであるにもかかわらず、一般に紹介されたということに愕然とするかもしれない。しかしながら、こうした発表はめずらしいものではない。ジャーナリストは「ホット」に思える話題を耳にしたとき、立ち止まって、そこに何らかの科学的根拠があるのかどうかを知ろうとはしない。

ベンボウとスタンレィの研究のさまざまな問題について詳細に検討することで、読者のみなさんは、数学分野の性差という領域のもつ複雑さと難しさを感じるようになっただろう。この感覚は、みなさんが他の研究を読んだり、自分の研究を計画したりする際に役立つはずである。

第5章 空間能力の性差★3

「女性は地図が読めない。空間的課題を行うのが苦手である」とよく言われる。女性は空間能力が劣っているという主張は、たいてい、地図の読み取り、迷路の描画、ブロックが回転したらどのように見えるのかを描写するといったテストに基づいている。このいわゆる劣等性の信念は、女の子や女性を理科や数学の上級クラスから閉め出し、工学、科学的研究、建築、ビル建設、飛行機操縦などの航空術、地図の開発やデザインといった職業からも閉め出すことを、正当化するために使われてきた。

性差に関する主張が、人々の教育や職業に多大な影響を及ぼすときには特に、その主張には本当に根拠があるのかどうかを慎重に検討することが大切である。空間能力の性差というテーマを考えるために、3つの問いを投げかけよう。

①空間能力とは何か。
②空間能力の性差は**本当にある**のか。あるとするならば、どの程度のものなのか。

③なぜ人々は、空間能力に大きな差異があると信じてきたのか。

空間能力とは何か

空間能力を定義し説明しようとすることは、テーブルを定義し説明しようとすることとは似ても似つかない。5人の人間がテーブルについていたら、その5人ともが、自分たちは4本脚で水平な天板をもつ木製の家具のそばに座っているということに同意するだろう。**テーブル**は明確に存在し、だれでも簡単に確認できる。これに対して**空間能力**という概念はまったく違うものだ。もし、空間能力を研究している5人にどのように定義しているのかを聞いたら、ちょっとずつ異なる定義を5つ得ることになるだろう。そして、その5つのどれもが、あいまいだったり混乱を生じさせたりするような用語を使っていることであろう。

これから、この定義のいくつかを見ていき、非常に詳細に検討したいと思う。というのは、空間能力と言いながらも、本当は何について論じているのかということを理解するためには、まず空間能力を理解できているかを判断しなければならないからだ。

ハリス[150]は以下のように記している。

空間能力はさまざまに定義されてきた。「1つあるいは複数の対象物を移動させたり、ひっくり返したり、ねじったり、回転させたりできること、そして、その操作を行った後に、今度はどのように見えるのか、あるいはどのような位置にあるのかが認識できること」〔146〕、「1つの対象物を異なった角度から見たときに同じものだと認識できること」〔326〕、「観察者の身体の向きが問題の重要な一部であるような空間関係について考えられること」〔326〕、「空間パターンを正確に知覚できること、そしてそれらをお互いに比較できること」〔129〕。これらの説明はすべて、静止したものではなく、きわめて動的な心的イメージを含んでいる。〔150の405頁〕

リップスらは「空間能力とは、対象物を空間に位置づけ、心の中で対象物の位置を変え、形を認識するといったことなどを可能にさせる能力だ。この幅広い能力はブロック、ジグソーパズル、迷路、形合わせのような課題を用いてテストされる」〔210の156頁〕と述べている。

さて、これらの定義について何が言えるだろうか。リップスらの定義した空間能力の3つの特徴のうち2つは、ハリスが考えた定義の中心にある心的再配置や心的回転とは関わっていない。などという表現を用いているが、これは空間能力を定義したり特定したりすることに何の役にも立たない。マッコビィとジャクリンは「空間能力は、言語能力や数量的能力以上に、定義するのが難しい」〔217の91頁〕と述べている。しかしながら、そのあと、マッコビィらは多数の要因をあげ、これらが空間能力に含まれるかもしれないと言っている。それらは、音がどこから来ているのかが同定できる、対象物が離れると小さく見えるにもかかわらず同じ大きさであるというのがわかる、裏返しになっていても触ると対象物が判断できる、指定された図柄を作るためにはどの形を裏返したり組み合わせたりしたらよいかがわかる、というようなスキルである。さらに、空間能力の要素かもしれないスキルとして、以下のようなものを追加している。歯車装置の一部を回したら、他の部分がどのように動くのかがわかる能力、積んであるブロックを自分が見ているところとは異なるところから見たら何面あるかがわかる能力、児童用の知能検査でよく使われているブロック・デザイン・テストができる能力、そして、迷路、ある種のパズル、埋没図形テスト（いろいろな形からできている図柄の中からある特定の形を探すもの）および棒 - 枠組みテスト（RFT: Rod-and-Frame Test）（四角の枠の中に1本の棒があり、枠と棒がいろいろな角度で提示される。参加者は棒が垂直かどうかを判断するというもの。参加者が位置を変えられる椅子に座ることもある）と呼ばれる2つのテストを正確に行う能力である。他にもいろいろな研究者（たとえば、[79]［151］）が、**空間能力**という用語を細かく要素に分け、いくぶん異なったリストを考えている。

さまざまな研究者が、さまざまな定義やさまざまなテストを用いながら、全員が**空間能力**と呼ばれるものを測っていると主張しているので、研究チームによって異なる結果が得られると、同じ1つの（あるいは一群の）能力に関する結果が完全に矛盾するように見える。しかし、実際には、各研究チームが研究しているのは、さまざまに異なる能力の1つ（一群）なのだ。

このように考えたら、こうした研究をもとに、「男性は女性よりも空間課題がよくできる」という結論を出すことは不可能だと認識できるだろう。しかしながら、その結論こそが、まさに主張されてきたことなのだ。なぜだろう。歴史的に見ると、次のようなことがよく起こっていた。研究チームAは、空間能力における性差を検討しようと決め、空間能力を測定するのに妥当だと思えるようなテスト1を選び、男の子のほうがよくできるという結果を得た。研究チームBはテスト2を用いて空間能力を検討することにしたが、性差を見いだせなかった。研究チームCはテスト3を用いて、全年齢ではないものの、ある年齢段階のみで男性が少し成績がよいという結果を得た。これらの結果を概観する研究者は、ABCの結果を「男性は女性よりも空間的に優れている」とまとめる傾向があり、この要約とは一致しない実験結果（Bチームの結果のように）は、簡単に見過ごされてきたのである。

定義の問題のせいで、テスト道具の中には、多くの人が空間能力と考えているものとは、まったく関係がないように見えても、空間能力テストと呼ばれてきたものがある[62]。空間能力テストの中には、空間的要素よりも非空間的要素によって得点が決まるものがある。たとえば、棒‐枠組みテスト（RFT）は、時に空間能力テストだとされるが、その得点は、自己主張性と恐怖もしくは不安感（このテストは、暗い部屋で男性の実験者が女性に対して実施することが多い）によって影響を大きく受ける可能性が示唆されてきた[299]。さらに、このRFTは女性より男性のほうがよくできると言われているが、抽象的な棒ではなく人間の形が使われると、男女の成績の違いは見られなくなるし、RFTが共感性もしくは他の人がどのように感じているかを理解できる能力のテストだと実験参加者に伝えると、女性のほうが成績がよくなるのである[244]。これは、一種のステレオタイプ脅威によるものかもしれない（第3章、[317]を参照）。

空間能力というものがあるのかどうか――そして、もしあるとしたら、それは1つの能力なのかあるいは複数のものなのか――に関して、大きな混乱があるということを心にとめ、存在するとされる性差の大きさについて見ていこう。

性差の程度

多くの教育者や一般の人々の話を聞くと、空間能力がなんであれ、男性の能力のほうがかなり優れていると思うだろう。しかし、実際には、ほとんどの研究が差異をまったく見いだしていない。さらに、性差が見られるときには、次のような特徴がある（数学における性差と同様である）。

①性差は小さい[172][184]。
②男女の得点は大部分が重なっている[184]。
③差異は安定していない。1つのテストを何度か繰り返すと、性差が見られるときもあれば、見られないときもある[12][126]。
④性差が見られるとしたら、それはほとんどの場合、青年期かそれ以降だ[62]。
⑤空間能力に関連した社会化には非常に大きな性差がある——たとえば、女の子は地図が読めない、数学や理科ができない、距離を推測できないといったことなどを、子どもたちは幼い頃から耳にしている——ことを考えたら、空間能力テストでも非常に大きくて、安定して、一生にわたる差異が見られないほうが驚きである[62]。

このうち、さらなる考察に値するものがいくつかある。たとえば、性差が見られた場合の大きさに関してだが、ハイデ[171]は、差異が非常に小さく、得点の分散の1～5％しか説明しない[174]と指摘している。これが何を意味するのか、統計理論に深く入らずに説明してみよう。それは、みなさんが、ある空間能力テストでだれが高い点を取るのか低い点を取るのかを予測したいという場合に、その人の性別がわかっても、正しい予測をするために必要な情報の1～5％しか得られないということだ。言い換えるなら、性別はその人の得点に影響を及ぼしているかもしれないが、その役割は小さいということである。

報告されている性差の信頼性に関してだが、差異がないというデータはたいてい無視されるので、実際よりもたくさん差異があるように見えるということに気づいてほしい。実際のところ、差異のない研究の多くは、単に差がないがゆえに、受理されない（第3章の「お蔵入り問題」を参照）。しかし、たとえ差がないという結果が公刊されても、無視されるだろう。ウィティッグ[354]が指摘したように、バウマンら[22]が、サーストン基本的精神能力検査[327]の空間的関係下位検査で、男の子が優れているという結果を得たことがよく記されている。しかし、この結果は437人の白人の子どもを対象としたものである。同じ研究で検査を受けた642人の黒人の子どもでは性差が見られなかったのだが、こちらはあまり引用されていない。これは、性差別と人種差別が一緒になり、重要な情報が隠されてしまう――やがて目に見えないものになる――可能性があるという衝撃的な例だ。決定的な情報が覆い隠されていたというもう1つの例として、パーリーら[259]があげているのは、男性の空間能力の優位性の証拠としてしばしば引用される研究[91][92]が、実際には男性しか対象としていなかったというものだ。

性差が見られるようになる年齢が遅いということに関してだが、これを生得的な原因による差異を支持する証拠とするのはきわめて問題だ。練習や訓練が空間能力課題の性差に及ぼす影響を検討している研究者たちによって、この領域は近年さらにややこしくなってきた。ヴァスタら[331]は、訓練によって水位課題での女性の成績を上昇させることができ、有意な性差がなくなるということを見いだした。オカガキら[252]とフェングら[124]は、ある種のビデオゲームで練習すると、複雑な心的回転課題を含む空間測度のいくつかで成績が向上することを示している。したがって、空間能力、特に心的回転能力で見られる性差は——いちばんよく見られるが、しかしきわめて変動が大きい[335]——、ある種のビデオゲームで遊んだ経験の違いと関係しているという可能性がある。ビデオゲームが女の子よりも男の子の間で人気があるならば、男の子が女の子より空間課題のいくつかでよい成績を得たとしても驚きはしないし、男女の経験に体系的な差異が少なくなる（つまり、個人間の変動は依然として大きいが、男女それぞれにとって選択可能な経験の範囲が同じようになる）につれて、性差を見いだすことがさらに難しくなっても驚きはしないだろう。

空間能力実験では動機づけの影響も重要かもしれない。シャープスら[297]は、男女を対象に心的回転課題を実施した。参加者を2グループに分け、1つのグループには標準的な教示を与え、もう1つのグループにはこの課題によって性別ステレオタイプ的な能力を検出できるだろうという含みのある教示を与えた（男性参加者には男性のステレオタイプ、女性参加者には女性のステレオタイプを用い、ステレオタイプ脅威を高めた[317]）。その結果、男性参加者が「男らしい」能力、たとえば、「核推進工学、海中接近と回避、ナビ、目標物捕捉」のような能力を検出する課題だと信じたときには、男性の成績は有意に上昇した[297の424頁]。女性にはあまり差異が見られなかったのだが、シャープスらは選んだ女性のステレオタイプに問題があったのではないかと考えている。あるテスト実施状況で得られた空間課題の成績の性差が、その成績がその人にとってどのくらい重要かということや、成績についてのその人の期待と、何らかの関係があるという可能性が、この研究によって大きくなった。

動く砂の上で理論をつくる

ここで述べたような証拠に基づいて、「空間能力」における「男性の優位性」を「説明」するための理論がつくられてきた。データにほとんどまったく基づかないような理論をつくり出すのは、無責任で有害である。というのは、いったん理論が存在するようになると、学者も一般の人もその理論がきちんとした証拠に基づいていると仮定しがちだからである。そして、その理論を正当化するようなデータがあるかどうかをチェックするような人はほとんどいない。理論家は、いわゆる性差を生得的で、不可避で、変えがたいものと主張する傾向がある。一方、ボアイエら[335]は、数種類の空間能力課題での性差に関して、自分たちの行ったメタ分析の結果を説明できる要因をたくさんあげており、その中には社会的なものに基づき、簡単に修正できるような原因も含まれている。とはいえ、空間能力の性差研究のもつ特筆すべき特徴は、結果が一貫していないことと、非常に微妙な実験操作に影響されやすいことであり、それゆえ、こうした不安定な結果を説明するような理論をつくるのは間違いである。

ここで4つの理論とその欠点を見てみよう。確かな証拠に基づいていても、筋が通らない理論になっていることがわかる。

1．遺伝学的理論　空間能力の性差に関する有名な遺伝学的理論によると、この能力はX染色体を通して、性別と結びついたものである。この理論はやや複雑であるが、もしこれが真実ならば（そして、もし正真正銘の空間テストが見いだされたら）、空間能力テストにおける母と息子の得点は、母と娘の得点よりも類似しているはずであり、父と息子の得点の相関はまったくないはずだ。

しかし、実際のところ、データはこのパターンに適合**しない**。しかし、文献を概観した著名な研究者[150]は、最初にそのデータを示して、そして、この遺伝学的理論が**正しい**と主張したのである。データの実際の数字を見ずに、理論家や展望論文執筆者の主張のみを見ていたら、遺伝学的理論が十分に支持されていると思うだろう。

2．脳のラテラリティ理論　存在するとされる空間能力の性差を説明するラテラリティ理論が、数多く提案されてきた。それらは、脳の性差が「空間」テストの成績の差異を引き起こすという仮定に基づいている。これらの理論がお互いに矛盾しているのは明らかな事実であり、それゆえ理論のすべてが正しいということはあり得ない。ある理論家（たとえば、[207]）は、空間能力は脳半球の一方に基づくときにまさるとしているのに、別の理論家（たとえば、[41]）は両半球に基づくときにまさると主張している。さらにややこしいことに、マクギネスは、「すべての課題において**両**半球が機能しているようだ」と示唆しているのである[230の244頁]。

3．エリクソンの「内部空間」理論　精神分析家は実証的な研究をほとんど行わないが、20世紀中頃に、精神分析家でハーバード大学の高名な教授であるエリック・エリクソンは、公刊した研究の中で、男女が空間を異なって知覚し構成していることを証明したと述べている[112]。エリクソンは、青年期になる前の子どもたちにおもちゃを渡し，映画を空想してその一場面を構成するように言ったところ，男の子は塔を，女の子は囲いをつくったと報告した。フロイト派の背景をもっている彼は，こうした差異を性器の形の違いのせいだとした。他の説明とは比べものにならないくらいの非常に大胆な主張であるが，エリクソンの研究報告を見て，彼の結論が正当なものかどうかを考えた人はほとんどいない。実は，男女ともかなりの子どもたちが，塔よりも囲いをつくっていたにもかかわらず，エリクソンは塔を男性の性的器官だと述べている。しかも塔をつくったのはごく少数の子どもたちだけで，その中で女の子よりも男の子のほうが多かったのである。しかし，このように参加者のごく一部に見られるような性差の場合，その効果量はごく小さい。つまり，ある子どもがどちらの構造物をつくるかという決定に，性別はあまり影響を及ぼさないということだ[50]。カプランが同じような研究を改良して，計画実施した際には，構造物に性差は見られなかった。そこで彼女は，男の子と女の子は空間を異なって知覚し構成しているというエリクソンの主張に疑問を投げかけたのである。カプランが対象にした幼稚園児は，エリクソンが対象とした青年期前の子どもよりも，性別による異なった社会化の影響を受けている時間が少ない。しかし，エリクソンの理論によると，性器の違いは誕生前からあるので，幼稚園児でも男児は塔を女児は囲いをつくるはずだ。エリクソンの研究のもつ大きな問題にもかかわらず，1つには，研究結果をもとに彼が行った主張（たとえば，［113］［114］［115］）のせいもあり，男の子は――女の子ではない――生まれつき塔をつくるという信念は常識から消えていない。

4．狩猟採集理論　つい最近，シルバーマンら[302]は，BBCインターネット調査[275]の大規模サンプルを使って，空間認知の性差を説明する狩猟採集理論を検証した。この研究はそれ以前の研究が抱えていたいくつかの限界を克服している。膨大な数のサンプル、しかも結果が文化を超えて一貫していることを検証するために、40か国以上にのぼる人々が集められた。狩猟採集理論は、シルバーマンら[303]が提案したもので、空間スキル全般において男性が優れているというのではなく、いくぶんあいまいな予測を含んでおり、女性にとって有益と思われてきた空間スキル（「採集」行動）と、男性にとって有益と思われてきた空間スキル（「狩猟」行動）を区別したものである。シルバーマンらの予測は、レイマーズ[275]が収集した大規模サンプルで支持され、どこの国でもきわめて高い再現性を示した。しかし、シルバーマンらが記しているように、この研究にはいくつかの限界がある。まず、重要なのは、この研究がBBCの人気テレビ番組である『性別の謎』に情報を提供するために行われたということ、そして、レイマーズはこの研究を短期間で計画したと公言しており、それはおそらく、時間の制約がなければもっと十分に計画が練れたのに、そうではなかったということを意味している。ここで我々の考察にとって重要なのは、質問紙の中に性別やジェンダーに関連する多くの質問が入っており、回答者には、男女の比較を中心にした研究であることが明らかだったということだ。したがって、空間課題を行う前に、参加者のステレオタイプ・スキーマが活性化されていた[317]というのはあり得る話である。前述したように、このステレオタイプによって、シルバーマンらが報告したような性差が生じたのかもしれない。さらに、文化を越えた再現性も誇張された可能性がある。ふつう、英語圏以外の国では、教示をそれぞれの言語に訳す必要があるだろうが、質問紙はウェブ上に掲載され、翻訳についてはレイマーズ[275]も、シルバーマンら[302]も触れていないのだ。したがって、この研究のサンプルは、みなさんが考えているものよりも、文化的に均質であるかもしれない。性差を生物学的なものとする説明は今もなお出てきているが、ステイールら[317]が行ったような単純な操作で簡単に覆されることがはっきりしている。最後に。多くの研究者が指摘してきたように（[62] の展望論文を参照のこと）、脳の機能に関する研究領域では、多くの研究が不完全なもの、もしくは、まれな例（たとえば、脳疾患や脳損傷を受けている人たち）を対象として行われているもの、あるいはその両方である。そして、どのような理論であっても、それを支持する研究は少ししか見つけられない。

空間能力として知られている活動はきわめて多様だが、実際のところ、それらは概して、男性のほうが優れているとみなされている活動だ。もし空間能力のテストに、1カップにどのくらいの小麦粉が入るのかを判断したり裁縫の型紙の使い方がわかる能力が含まれていたら、結果はまったく異なってくるかもしれない。空間能力に関する研究は、男性の能力に関するステレオタイプに基づいたものなのかもしれない。実際、オーゼルら[256]は、男女ともスポーツに参加すると、心的回転課題での男性の優位性が消えることを見いだしている。不思議なのは、空間に関わる課題や仕事の参加度には、性差が引き続き存在するにもかかわらず、空間能力テストで時に見つかる男女差は小さく信頼性がないということだ。もし、科学者が空間能力という問題ある概念を使うのをやめたら、1人ひとりの多様な学習能力や学習を阻止するものについて、新鮮な目で見直せるような環境がつくりあげられるだろう――そしてそれは、すべての人にとって役立つものとなるだろう。

第6章 女性は男性より高い言語能力をもっているのか

これまで論じてきた認知能力――数学能力と空間能力――は、男性は女性にまさるという人気のあるステレオタイプと結びついたものであった。本章では、女性は男性にまさるという、もう1つの人気あるステレオタイプと結びついた認知能力について考察しよう。一般の人や研究者の多くが、男性よりも女性の言語能力のほうが優れていると信じている。それは、1つには、ブリゼンディーン[40]が主張するように、女性は1日平均2万語を話すのに対して、男性は平均7千語しか話さないという神話が広がっているためである（本章の後半で、この研究に疑問を投げかけよう）。たとえばその結果、親は娘が息子よりも早く話しはじめたり読みはじめたりする、あるいは綴りテストでよい成績をとるように期待する。この領域の古典的な本である、マッコビィとジャクリン[217]の『性差の心理学』では、「言語課題における女性の優位性は、性差研究の領域において、しっかりと確証され一般化されたものの1つである」と述べられている[217の75頁]。さらに、同じ本の中で「かなりよく確証された性差」という見出しで、同じような結論が報告されている[217の351頁]。

多くの分野で男性が優れていると言われているため、女性が優れていると報告されている分野が1つでもあると驚くだろう。しかしながら、この分野は望ましくないもの、あざ笑われてもしかたないようなものと解釈されることが多い。たとえば、「女性の優れた言語能力」について語る代わりに、しゃべりすぎる、どうでもよいことを話す、静かにしなければならないときを知らない、秘密を守れない、などと女の子や女性をばかにするような発言をよく耳にするだろう。心理学者のキャサリーン・ギルディナーが学位論文「政治的武器としての科学」[141]の中で説明しているように、19世紀においても、女性の優位性を示すデータを否定できなかったとき、そのデータは女性の信用を落とし、恥をかかせるような形にゆがめられた。彼女は以下のように記している。

> 女性のほうが早く読めるという能力を発見した……ことに関連して、ロンブローゾとフェレロは……この発見が見かけほど科学共同体にショックをもたらすはずはないと指摘した。彼らは、女性は知覚が非常に敏捷だが、そうした特性には「嘘をつく」傾向、つまり「ほとんど病的な」特性が伴うと指摘したのである。[141の82頁]

女性の優れた言語能力を嘘に結びつけていた19世紀の言明は、古くさくばかげており、不当に女性をおとしめているように見えるだろう。しかしながら、女性のほうが優れているとされる言語能力を、現代人が、しゃべりすぎもしくは**軽卒な**おしゃべりといった品位のない行動に結びつけることと、実はそれほど変わらない。ウィンら[353]によると、言語能力に関する研究を概観した研究者が、女性のいわゆる言語的優位性をおとしめている方法がもう1つあったという。その研究者は、引用する研究を慎重に選び、女の子が優れているとされた言語スキルを「低レベル」のもの、男の子が優れているとされた言語スキルを「高レベル」のものと名づけたのだ[215]。

こうした例が示しているのは、女性のほうが優れているとされるものでも、それに関連する能力が望ましくないものとして扱われることで、形が変わり、女性が劣っているように見えてしまうということだ。しかし、たとえその能力が望ましいとみなされているときでさえ――読みや綴りのように――、現実的には、女性を傷つけるような結末になることが多い。読み書き障害は男の子にたくさん見られることが、長期にわたり報告されており〔185〕がこうした報告をまとめている)、心理学者のメレディス・キンバル[184]が指摘しているように、はるかに多くの税金が、数学能力や空間能力に関する障害をもった子どもよりも、読み書き障害をもった子どものための特別クラスや学習教材に投じられている。ちなみに前者の障害は女の子によく見られると言われている(第4章、第5章を参照)。

個別指導が必要な生徒リストに載っている子どもたちの中で、だれを優先すべきなのかを、大人に決めてもらうという研究で、大人は男女ともに、女の子や計算に問題を抱えている子どもよりも、男の子、特に読みの問題を抱えている男の子を、緊急に援助することが必要だと判断した[48]。読みの面で男の子を援助するというバイアスは、読みが算数のようなスキルよりも日常生活において重要だという考えからもきているのだろう。それゆえ、男の子の読みの問題は、女の子の問題よりも気づかれやすいのかもしれない。同じように、カプランら[61]は、女の子は失敗したときに静かに対処するよう教わっているので、読みの問題を抱えた女の子は見過ごされやすい一方で、男の子は失敗すると乱暴な言葉や暴力を使ったりものを壊したりするので、教師の注意をひくのではないかと推測している。シェイウィッツら[298]は、実際、学習障害が女の子よりも男の子のほうに多いということは**ない**のだが、男の子のほうが**気づかれやすく診断を受けやすい**ことを見いだしている。

言語能力は、それが価値を高められようと低められようと、**女性**が優位とされる分野である。女性が優位な分野だからといって、男性優位の分野に投げかけた批判的疑問を、ここでは使ってはいけないということにはならない。そこで、空間能力や数学能力について行ったように問いかけよう。

①**言語能力**とは何か。どのように定義され、どのように用いられ、どのようにテストされてきたのか。
②言語能力における性差はあるのか。あるとしたら、どのくらいの大きさなのか。
③こうした能力に大きな性差があると信じられているのはなぜなのか。

言語能力とは何か

空間能力と同じように、言語能力というようなものはない。人々が**言語能力**という用語を創作し、いろいろな人がその用語をさまざまに使っている。ある人が「この生徒は言語面で長けている」と言うのを聞いたら、それがどういう意味なのかを自分は知っていると思いがちだ。しかし、すべての人が、同一の正確な定義を思い浮かべたり、あるいは、言語能力を測定する同一のテストを思い浮かべたりするのでない限り、言語能力の意味について、すべての人の見解が実際に一致しているというものでは**ない**。

空間能力の場合と同様、自分は言語能力の性差を検討していると語る研究者も、その用語をほとんど定義していない。いちばんよくあるのは、言語能力を測定するために用いたテストを報告するだけというものだ。「言語能力には数個もしくは多数の要素があるのか、あるいは、あらゆる言語テストが検出しているのは単一の一般的能力なのか」という疑問さえも語られたことがない、と言ってもいいくらいだ。ここ数十年の間にそうしたテストで測定された「言語」能力には、次のようなものが含まれている（これだけに限られはしないが）。語彙量。読みの速度。読みの能力。できるだけ少数の単語で考えを表現する能力。一群の文字から異なる単語をたくさん作る能力。会話を開始する頻度。無関連の単語リストを素早く記憶する能力。外国語を読む、書く、理解する、話す（そのすべて、もしくはその中のどれかの）能力。アナロジーの理解。創造的作文。流暢さ。初めて単語あるいは文章を話した年齢。のど、舌、唇のいずれかを使って初めて音を出した年齢。言葉ゲームで遊ぶ際のスキル。起きている間あるいは寝ている間に、乳児が自発的に出す音声の量。よちよち歩きの乳児が他の子どもに向かって行うおしゃべり。よちよち歩きの乳児が音声を出して遊ぶこと。課題を行っている間の子どもの独り言。子どもが母親に情報を求めること。子どもが教示に従うこと。子どもが無意味な単語や有意味単語を模倣すること。不完全な文章の使用。成人の「え〜と」の使用。暗号を学習する能力。色に名前をつけるスキル。絵の説明文を聞いたあと、その絵を選択すること。アナグラムを解く能力。複数形の名詞の使用。作った文章の長さ。比喩での間違い。自由連想で出てきた単語。抽象画や顔の絵についての説明（以上の多くは、[217] の概説や表をもとにしたものであり、その他、[156] [260] [336] [349] も用いている）。

空間能力研究と同様に言語能力研究でも、研究者はこのリストの中の1つもしくは複数のものを検討してはいるが、すべてを検討した者はいない。さらに、空間能力研究と同じように、こうしたスキルの多くが言語能力（それが何であれ）以外のものと関わっているのは明らかだ。たとえば、子どもたちが教示通りにできるかどうかという場合、それは発話を理解する能力だけでなく、従順という性向をも取り出しているはずだ。同じように、ある人が話す文の長さは、いわゆる言葉の流暢さだけでなく、内気かどうかにもよるし、実験者や教師との親密さ、その他のいろいろな要因にも関係している。言い換えれば、「純粋な」テストつまり言語能力**だけ**を測定しているテストを見つけるのは難しいということだ。また、言語能力が何であれ、その真の姿を明らかにする可能性のあるテストをすべて、同じ人たちに実施するのはほとんど不可能である。

これまで、「言語能力はXとYのみで完全に構成され、それを測定するテストはこれだ」のような結論を出し、他の研究者全員から賛同を得たというような専門家はだれもいない。そのため、**言語能力**という用語はさまざまに使われているままだ。科学者が言語能力について性差を見いだしたと報告したら、その科学者はある特定の1つの言語能力テストをしたのか、あるいは広範囲にわたって言語能力をテストしたのかを知る必要がある。言語能力において何かの差異が見いだされたと聞いても、言語能力とされているものすべてにわたって差異があったと仮定し**ない**ようにしなければならない。

さて、すべてのテストで同じような結論（たとえば、女性は男性よりもスキルがある）が得られていたら、テストの数や種類はそれほど問題にはならないだろう。また、「言語」テストと呼ばれるテストのすべてで女性が優れていたら、言語能力の正確な定義について、それほど気にしなくてもよいと思うかもしれない。しかし、次節で見ていくように、これは正しくない。

結論。多くの人たちが、女性は**言語能力**において男性よりも優れていると信じているのに、その用語が意味するものについて一致した見解はないらしい。

言語能力における性差はあるのか

本章の最初で述べた、女性は1日に2万語、男性は7千語を話しているという神話の人気に火をつけた責任の一部は、『女は人生で三度、生まれ変わる』[40]を執筆した精神神経科医ローアン・ブリゼンディーンにある。しかし、統計について尋ねられたとき、女性は「1日あたりのコミュニケーション・イベント――身振り、発話、眉を上げる――」が「非常にたくさん」あるというのが「本当に」書くべき内容だったと、彼女は答えたのだ[311]。

言語能力研究の最も重要な点の1つめは、**公刊されたほとんどの研究が性差を報告していない**という事実である。マッコビィら[217]は膨大な研究を概観し、女性は言語能力において優れているという結論に達している。こうした研究について、マッコビィら自身がその本の中で、以下のようなことを明らかにしていたにも**かかわらず**。

「自発的な発声行動や言語行動」に関する実験のうち、19研究で性差が見られず、8研究で女性が優位、2研究で男性が優位であった。

実際のテストを用いた言語能力に関する実験のうち、81研究で性差が見られず、37研究で女性が優位、13研究で男性が優位であった。

私たちは、マッコビィらの書籍の出版以降に公刊された研究を概観したのだが、この説明にあるような実質的な差異は見いだせなかった。さらに、第3章で「お蔵入り問題」について説明したように、性差が見られなかった研究は、差異を見いだした研究に比べるとはるかに学術専門雑誌に受理されにくいし、なかなか公刊されない[49]。それゆえ、言語能力の性差が得られずに公刊されなかった研究のすべてを把握して統計に加えることができたら、どのような種類の性差であっても、性差が見られる割合はおそらくかなり小さくなるだろう。しかし、差異のない研究を無視しようと（不当に）決めたとしても、女性が言語的に優れていたという結果を得た研究、たとえばマッコビィらのあげた45研究をもとに結論を出すのに抵抗はないだろうか。男性の優位性を明らかにした、たとえば、15研究をどうすればよいのだろうか。前者の研究のほうが多いというだけで、後者の研究からわかるものは何もないかのようにふるまうのだろうか。

2つめの重要な点は、利用できるすべてのデータをまとめたものをいかに解釈すればよいのかは、なかなかわからないということだ。研究者の中には、非常に洗練された統計テクニック（第3章で紹介したメタ分析）を用いて、すべてのデータを合わせるとどのようになるのかを検討しようと試みた者もいる。しかしながら、研究によって参加者の年齢に大きなばらつきがあり（マッコビィらが展望した研究は、生後2週から84歳までの人々を対象にしていた）、出身地、都市部・農村部、学歴、人種や社会階層においても多様であった。さらに、人種、社会階層、学歴の情報が論文で述べられていないことも多い。

また、前述したように、言語能力を測定する方法も非常にさまざまである。たとえば、香港の大学生230人の外国語スキルに関する研究[156]を、平均年齢13歳の子ども56人が綴りゲームで遊ぶ能力に関する研究[260]や、60~79歳の64人が関連のない単語のリストを記憶する能力に関する研究と、どのように比べればよいのだろうか。香港の大学生の外国語能力から、彼らが60~79歳になったときにどのくらい無関連単語を記憶できるかを、うまく予測できるかどうかはわからないのに、我々はこのような2つの研究結果を一緒にして、「言語能力」と呼ばれる何かの性差に関する結論を出したいと思うだろうか。さらに、このジレンマが深まるのは、一部の研究において、「言語的」と言われるある課題で男性のほうが成績がよく、「言語的」と言われる別の課題で女性のほうが成績がよい[217]とわかったときだ。実際のところ、あるテストに含まれている**下位検査**のどれが実施されるかによって性差が逆になったり、消えたりする[217]。これはどのように解釈したらよいのだろうか。

言語能力に関連する3つめの重要な点は、性差が見られるときその差異はきわめて小さいことで、それは空間能力と実によく似ている（第5章を参照）。心理学者のヒラリー・リップス[211]によると、ジャネット・シブリィ・ハイデ[171]の研究から「ジェンダーは、平均して、言語成績得点の分散のたった1％しか説明しない。文献を概観した他の研究者も同じ結論に達している。つまり、ある人のジェンダーがわかっても、その人の言語能力についてほんの少しのことしか予測できない」[265]ことが示されたという。差異が小さいだけでなく、女性の得点と男性の得点はとてつもなく重なり合っているのだ[45]。これはきわめて重要なので覚えておいてほしい。というのは、第1章で述べたように、人々が性差について語るとき、ほとんどの人は、男女が非常に異なっており、ほとんどまったく重なり合わないイメージを思い浮かべるからだ。

めったに見られない性差のその小さい差異に関する最後の重要な点は、空間能力と同様に、その性差は、男性と女性に対する社会からの影響や期待にきわめて大きい性差があるということによって、十分に説明できるということだ。言い換えれば、性差を示すデータは、言語能力に**生得的な**性差があるという主張を正当化するためにはほとんど使えないということだ。

生得的な差異があるかどうかを判断しようとすると、次のような問題に直面することになる。子どもたちが成長したら、テストを実施しようと思わないほうがよい。というのは、その頃までに、男の子と女の子は、長期にわたってさまざまな面で違うように扱われているからだ。それゆえ、6歳児で性差を見つけたとしても、間違いなく生得的なものだと結論づけるのは難しいだろう。したがって、できるだけ幼いときにテストを実施する必要がある。しかし、おしゃべりしない新生児の言語能力はどのように調べればよいのだろうか。誕生時に言語能力を測定するにはどうしたらよいのだろうか。研究者の中には、言語能力の「前兆」だと信じているものを測定している者もいる。それは、実際の発話につながったり、発話を引き起こしたりするような行動で、たとえば、乳児がのどで言葉ではない音をいくつ発したかを調べるというようなものだ。しかし、たくさんの音を発した乳児が早く話しはじめたり、大人になってたくさんの言葉の定義を知っているというわけではない。

テスト構造の問題

言語能力で性差が見いだされたとしても、それをどう考えたらよいのかがわかりにくいのは、テストの作成方法のせいである。テストが、機械によって設計された、真実を明らかにするための客観的な道具ではないということを、我々は忘れがちであり、そのことを肝に銘じて研究を眺める必要がある。いかなるテストであっても、その中にどのような質問を入れるかは、人間が選択しなければならないのだ。テスト設計者の中には、テストを開発し修正していく際に、洗練された統計的手続きを用い、どの項目を残し、どの項目を捨てるかを決めている者もいるが、人間的要素を取り除くことは不可能であり、それゆえ、バイアスや誤りを取り除くことも不可能である。何百万という人々の生活に、きわめて深刻な影響をもたらしている例を見てみよう。それは大学入学志願者の評価のために、合衆国などで使用されているSATである。

SAT言語テスト（SAT-V）のもつ——実際のところ、あらゆるテストのもつ——大きな問題を理解するために、次のような問いについて考えてほしい。もし、みなさんがテストを設計しているときに、一方の性別の人たちが他方の性別の人たちよりも、得点が高くなることが多い質問があることに気づいたとしたら、どうしたらよいだろうか。そうした項目はすべて捨てるほうがよいのだろうか、そのまま残しておいたほうがよいのだろうか。それらの項目を捨てれば、性別によるバイアスのために、一方の性別の生徒が他方の性別の生徒よりも高い得点を得ているようには見えなくなるだろうが、そうすると**本当にある**性差をもみ消すことになるかもしれない。もし、この能力に生得的な差異があるとしたらどうだろうか。あるいは、もし、一方の性別の人たちが、その問いに関係する能力を高めようとする意欲をくじかれたため（たとえば、男の子は詩を学ぶ意欲をそがれることがよくある）、性差が見られたとしたらどうだろうか。みなさんの作ったテストがその差異を覆い隠すものだったら、特別の手助けや励ましが必要なのに、それが得られなくなる人もいるだろう。

一方、こうした項目を残すと、言語能力（それがなんであれ）における本当の性差では**なく**、そのテストで使われている材料**しだい**で、成績の性差が生じる可能性も残ることになる。たとえば、SAT-Vテストでは、文章が人間関係、芸術、人文学についてのものであれば、女子が読解の項目で高い得点を得るのだが、科学やビジネスについての文章であれば、男子のほうが得点が高くなることが示されてきた[4]。これは、一方の性別の人が他方の性別の人よりも言語的に優れているということを示しているのか、それとも、**各自の**言語能力はその人にとって身近な話題に関したことであれば最高の状態になるということを示しているのだろうか。

アリントンら[4]は、SAT-Vが、過去何十年かの間に、テスト成績の**性差をなくすという明確な目的をもった**政策決定によって、変遷したことを指摘している。政策決定前の1960年代には、女性は男性よりも成績がよかった。1980年代のSAT-Vは、1960年代のものよりも、人間関係、芸術、人文学に関する問いが少なくなり、科学やビジネスに関連するものが多くなったと、アリントンらは報告している。このことから、SAT-Vは言語能力の、そして言語能力だけを測定する**純粋な**テストではないことがわかる。たとえば、言語能力の性差を検討するために、ある年に17歳のみを対象にテストを実施することに決めたら、何が起こるだろうか――これは、ほとんどの性差研究にもあてはまることだ。1960年代ならば、女性の優位性が見いだされただろう。現代ならば、「本当の」差異はない、あるいは男性のほうが優れていると思い込むだろう。

なぜ人々は女性が言語的に優れていると信じているのか

データでは裏づけられていないにもかかわらず、なぜそんなにも多くの人々が、女性が言語的に優れると信じているのかは、推測するしかない。とはいえ、2つの可能性が思い浮かぶ。1つは、女性は「しゃべりすぎる」とよく批判され、ばかにされてきたので、重要な言語能力での優位性を示すデータを曲解して、女性がけっしておしゃべりをやめない、ぐちぐち言い続ける、あるいは男性や子どもを思いどおりに動かすような言葉を使い続けることの証拠だと簡単に思ってしまうのだ。しかしながら、実際のところ、デイル・スペンダー[312]とグロリア・スタイネム[318]が指摘しているように、女性がたくさん話すように見えるのは、1つには、女性は伝統的に沈黙を守るよう期待されてきたからだ。はっきり主張する女性や本心を語る女性は、今でも、それが男性の場合よりも、強引でふさわしくないふるまいだとみなされる恐れがある。しかしながら、最近の研究[233]では、男女のおしゃべりの量に有意な性差が見いだされていないことから、存在するとされる発話の差異は、現実というよりもむしろ、社会や大衆文化のバイアスを反映した主観的な印象なのかもしれない。また、男性のほうが言語障害が多いという（証明されていない）信念によって、女性は言語的に優れているという信念が増長しているという可能性もある。

これまで見てきたように、言語能力の性差について明確な結論を出す前に、言語能力の意味するものを明確にする、テストを設計する、そして、研究を実施し解釈するといった点で、大きな改善が必要である。しかし、メディアや一般の人たちには、研究の不確定性というものが見えていない。数学能力や空間能力と同じように、言語能力においても、ごくわずかな差異が時に見られるだけなのに、かつての人々は（現代の人々も）その差異を大きく感じ、信用してしまったのである。

第7章　脳の性差に関する最近の研究

ウイリアム・ウタルは、「脳の『中をのぞく』という魔力」〔330の3－4頁〕、つまり、身体のその部分に関する研究が人類を常に魅了してきたと述べている。第2章では、現代の多くの研究者からは奇妙で時代遅れに見える方法がとられていた過去2世紀における脳の性差研究の歴史を考察した。本章は、近代的アプローチであり大衆の想像力を駆り立てた、神経画像のもつ側面のいくつかに関するものである。たいへん興味深いのは、神経科学がかつての脳の性差研究と同様の問題を抱えており、それに加えて神経画像技術に特有の問題もあるということである。

脳を研究する――性差研究に関するこの現代的アプローチからわかることとわからないこと

脳は行動の動力源である（そして、これから見ていくように、行動は逆に脳に長期的な変化をもたらす）。脳の構造あるいは神経活動を直接測定すれば、性差研究の方法論や解釈上の多くの問題を回避できると思っている人もいるだろう。しかし，本節で見ていくように，行動指標を用いた研究を考察した際に出てきた問題のほとんどが，行動学的脳研究にもあてはまるのである。

本章を通じて心にとめておいていただきたいのは，神経画像は高価であり，そのため，ほぼすべての研究において参加者の数が非常に少ないということである[266]。少数の人しかテストを受けていない場合，性差について主張するのは危険である。そして，神経画像研究で見いだされた差異が，文化や社会集団を越えて一般化できるかどうかを検討するのは，さらに難しい。また，個人の脳は，その正確な形（つまり，解剖学的構造），脳の副部位の大きさ，特定の機能の位置が，人によって異なることがよく知られている（たとえば，[148]）。そのため，性別が同じでも複数の人の脳の共通点を正確に特定するのは難しい。神経画像技術を用いる際の技術的限界と困難さゆえに，研究参加者間に共通する活動のパターンを探すほうがはるかに簡単であり，それゆえ，公刊されている神経画像研究の結果は，こうした共通する活動に偏っている。脳に関して最も興味をかき立てられるものの1つは，その柔軟さと，ある1つの課題を脳がいろいろと異なったやり方で実行できるということ[330]であるが，この共通活動パターンを探すというアプローチは，参加者によって脳機能がとてつもなく変動するということを無視するものである。たとえば，2人がともに迷路をうまく進んでいても，その課題を解くために異なった方略を用いている可能性もある――したがって，脳の活性化のパターンは異なるだろう――のだから，単に脳の活動パターンを見るだけでは，同じ得点に達するとか，ある方略が他の方略よりも効率がよいといったことは知りようがない。同様に，メディアの話を聞いて思いつく結論とは異なり，たとえば，一般的に視覚的なものと考えられている課題を行う際，多くの場合には，視覚情報を処理すると考えられている脳の一部のみ（たとえば、「一次視覚野」など）を使っているというわけではなく、脳にある他の部位の多くやそれらをつなぐネットワークを動員している可能性が高いという証拠がある[330]。それゆえ、ある写真を見るように言われた2人の視覚野が活性化しているのがわかったとしても、それは、その課題に関連した活性化のすべてが特定できたという意味ではないし、まして、2人がその課題を同じやり方で実行しているという意味でもない。測定可能な脳の他のすべての活動によって（その活動が何を意味しているのかがわからなくても測定は可能である）、その2人のそれぞれの脳にある他のどの部分が写真の知覚に関わっているのかが判断できないのである。プライスらが観察したように、「どのような課題に対しても、必要十分なシステムは1つだけ、ということはけっしてあり得ない」[266の348頁]。こうした問題があるので、今の時点で、脳の性差について包括的な結論を出そうとするのは危険である。

脳の構造と機能をどのように測定するのか

脳研究が行動学的研究に関して考察したような限界や交絡要因の影響をなぜ免れないのかを理解するためには、脳に関する現代の研究がどのように行われているのかを知らねばならないだろう。脳と行動の関係についての研究には数多くのアプローチがある。その中には、脳のどの部分がどの行動と関連するのかを調べる、脳の部位の大きさを測定する（つまり**容積測定**）、脳領域のさまざまな組織を測定する、脳組織が機能するために必要な細胞を測定する、多様な脳の活動変化を測定するといったことが含まれている。脳の活動の変化は数種類の副産物を生むので、それを測定することができる。この脳活動に「関連するもの」には、活動領域の近くにある電磁場の変化（脳波（ＥＥＧ）あるいは脳磁図（ＭＥＧ）によって測定される）、グルコースや酸素のような物質の代謝比率における変化、特定部位への血液の流入の変化（陽電子放射断層撮影（ＰＥＴ）あるいは機能的磁気共鳴画像法（ｆＭＲＩ）あるいは、活動に関連した血液中の変化を検出するために光を使った最新の光画像法によって測定される）がある。

まず最初に言っておかねばならないのだが、脳の一部位の活動における一変化は、それだけでは、その脳部位が行動にどのような役割を果たしているのかということについては何もわからないし、ある種の行動にとって必要なものなのか、あるいはそれだけで十分なのかということももちろんわからない。脳の活動をどのように測定するかとは関係なく、人が考えていたり、何かを感じていたり、課題を行ったりしている間、その脳の活動は、思考、感情、課題作業の原因なのか、結果なのか、あるいはフィードバックループの一部なのか、あるいは、そうだとしたらどの程度の割合を占めているのかを把握するのはほとんど不可能である。さらに、脳の活動はまた、課題やそのときに生じている何か別のことに対する不安、興奮、関心、不快によっても生じる。ステレオタイプ脅威[242][317]がある種の課題の成績に劇的な性差をもたらすのは、まさに課題に関連した態度や信念や情緒における差異のせいであり、与えられた課題ではなく、こうした要因のみで脳活動の性差が生じるのかもしれない。神経画像研究に関するメディアの報道で、ある行動と結びついた脳の活動を見たら、行動そのものよりも測定された脳の活動のほうが、何か重要なこと、もしくは真実を伝えているような印象を受けることが多い。しかしながら、実際のところ、そもそも行動を生むのは脳である。したがって、ある人の行動はどのようなものでも、その人の脳で生じているある種の活動変化と関連するもので**なければならない**のだ。そこに神秘的なものは何もない。脳の活動と行動が**関連する**ことを観察したからといって、それだけで、その行動やそれをもたらした原因をよりよく理解できるようになるというものではないのである。

だからといって、脳画像が行動の差異（もしくは類似性）を理解するのに、役に立たないということではない。たとえば、脳画像研究者の中には、参加者がある課題を行う際に使っている可能性のある**方略**に関する手がかりを得るために、脳の活動を測定している者もいる。例をあげると、参加者に単語を学習させ想起させるような課題で、もし脳のブローカ野（発話に関わっていることが知られている）での活動が見られたら、参加者は単語を学習するために、ある種の言語リハーサル方略を使っているという仮説の信憑性が高まる。しかしながら、脳活動を利用して、こうした仮説を支持する結果を得たからといって、それが純粋に行動科学的方法、たとえば言語課題が実験課題の遂行を妨げるかどうか、また、読む速度のような非記憶言語機能の成績と言語記憶課題の成績が相関するかどうかを問うようなものよりも、仮説をきちんと実証できるということではない。

脳のどの部分がどの機能を補助しているのかを把握することが難しいのは、脳の驚くべき複雑さのせいである。脳は並はずれて複雑であり、１０００億個の細胞からなり、それぞれの細胞が複数（しばしば未知数）の細胞とつながっており、それぞれの細胞が未知の数の細胞を活性化したり抑制したりしている可能性をもち、それぞれの細胞が他のニューロンの影響を受け、その人が何を食べるか、何をするか、何を感じるか、何を考えるか、そしてその人が細胞に何をしたかによって影響を受けるのである[119]（実際のところ、ある理論家は、脳梁の中で興奮性ニューロンが増加すると数学能力が高まると述べているが、そのニューロンの抑制機能が数学能力を高めると述べる者もいる[119]）。さらに、前述したように、脳機能は特定の場所だけから生じるのではなく、同時に活動する多くの神経連鎖の複雑度や強度も関与しているのである。（たとえば市の機能は、1人の仕事だけではなく、いろいろな人々が関わっている多くの仕事から成り立っていることを考えてほしい――交通管制センター、警察署、消防署、救急車が協力している姿は、それぞれの部署がどのくらい効率的かということよりも、市がどのくらいうまく機能しているかについて多くのことを語ってくれる）。反応は非線形であることが多く、それゆえ追跡するには手腕が問われることになり、そして、反応の性質は予測しがたい[119]。

性差に関する脳研究の基礎にある仮定をあばく

私たちの立場からは、行動科学的な性差研究が神経科学の中で再登場し、それは、現在主流の行動科学研究者が認識し苦労して対処しているような、かつての問題の多くをともなっているように見える。その理由の1つは、第1章で論じた生物学的決定主義のアプローチに関連するものだろう。つまり、多くの人は、生物学的なものに基づいた差異は不変で、経験の影響を受けないと思っているらしい。これは脳や脳の活動の測定に基づいた研究に対する一般的な態度である。多くの人は脳研究が客観的な真実を明らかにすると仮定しているが、しかしながら、これは事実ではない。たとえ信じがたいような主張でさえ、脳スキャンの図が伴っていると、それがないときよりも、真実として受容されやすいという[170]。ラシーンら[270]はこうした結果に関心をもち、**神経実在論**という新しい用語で、人がｆＭＲＩスキャンで脳の一部に色がついている（特定の脳部位において脳の活動が変化しているしるしである）のを見ると、その人は、実在する何かもしくは人間性の本質がはっきり確証されたと、間違って信じてしまう傾向があることを説明した。神経実在論のよい例は、発見されたとされる脳の性差に関する最近の主張が、メディアの中で吹聴され氾濫している現象だ。たとえば、男女に空間課題を行わせると、脳の異なった部分が活性化し、それで男性のほうが女性よりも高い空間スキルをもっていることが説明されたりする。こうした主張は、基本的に問題のある次の5つの仮定に基づいており、それは一般の人やメディアや研究者の一部がつくっているものである。

①研究されている行動は、明確で一貫した、そして意味のある性差を示すことが見いだされてきた。
②課題に関連する脳の活動において、明確で一貫した性差が存在する。
③脳の構造あるいは機能における男女間の確固とした差異によって、行動が説明される。
④脳の活動と行動に相関があれば、その関係が正確にどのような**性質**のものかがうかがえる。
⑤行動上の性差が経験的要因によってうまく説明されることが示されていても、その経験的要因が脳の構造と機能に影響を与えることはない。

これらの仮定を1つひとつ見ていこう。

仮定1　研究されている行動は、明確で一貫した、そして意味のある性差を示すことが見いだされてきた。　本書のこれまでの章について考えてほしい。いちばんはっきりしているは、能力や行動での差異はめったになく、差異が見られたときには、その差異は小さいもので、男女間で大きく重複しており、実験で用いられる教示や条件の単純な操作で簡単に消えてしまうということである。たとえば、数学能力の性差に関する神経的な基盤を理解するために行われている、神経画像研究について考えてみてほしい。数学能力に関する章を読んだあとで、あなたの頭に浮かぶ最初の疑問は「性差って？」というものだろう。このように、この種の研究が何を説明しようとしているのかは明確ではない。脳の構造や活動を正確に測定し、男女間の差異を明らかにしたとしても、その差異の意味するものは必ずしもはっきりとしていない。これまでの章で論じたように、ほとんどの能力や行動は、単なる定義だけでも相当な問題を抱えていることを心にとめておいてほしい（[330]も参照のこと。神経画像研究に限定してこの問題を論じている）。

仮定2　課題に関連する脳の活動において、明確で一貫した性差が存在する。　認知能力や情緒のように、人々が興味をもつような行動面での差異は、そのほとんどが複雑であり、ウタルが記しているように、「心理的プロセスが複雑になればなるほど、そのプロセスだけと結びついているような限局的な部位が見つけにくくなるのは、明らかだろう」［330の13頁］。神経画像研究者の中には、性差を見いだしたと報告している者もいるが、前述したように、サンプルが非常に少ないため一般化できない。さらに、後述するように、再現されてきた性差の中の少なくともいくつかは、測定方法技術が微妙に変わると再現できなくなるようである。結果がそれほどまでに細かい技術に依存しているのであれば、最低でも、こうした技術的問題は論じられるべきであるし、また、確固とした結論を導く前には適切にコントロールされねばならない。

仮定3　脳の構造あるいは機能における男女間の確固とした差異によって、行動が説明される。 脳の構造や活動において性差が測定されたからといって、それが行動面での差異を意味するとは限らない。これを検証するための第1段階は、脳に関する測度が行動面での差異と相関しているのかどうかを問うことである。そのため、行動面での（あるかもしれない）性差を脳に基づいて説明しようと研究している最近の研究者は、この関連の有無を検証している。当然のことながら、脳との関連を見る前に、まず行動面での差異が存在する必要がある（仮定1を参照）。

仮定4　脳の活動と行動に相関があれば、その関係が正確にどのような性質のものかがうかがえる。 認知神経科学は、今もその萌芽期にある。わかっていることの多くが、行動Yに伴って部位Xの活動が変化したというような、相関関係にある。言うまでもなく、これでは部位Xが行動Yに対して果たす正確な役割はわからない。部位Xは行動Yの決定に関与しているのか、あるいは、行動Yをすることが脳の部位Xを変化させるのか、あるいは、多くの神経機能と同様に、この2つの間にフィードバックループが存在するのか。脳測度を用いた性差研究も、このような難題を抱えている。このように、脳の構造あるいは機能と行動指標との単純な相関関係は、それだけで、特定の因果関係を証明するものではない。行動指標の場合にも、性差を説明するさまざまな考え方があるが、その多くが脳測度に対しても同じようにうまくあてはまる。たとえ成績の性差が脳の活動における性差と相関していても、何がこのような差異をもたらしたのかを問わねばならない。空間課題をしたときに、脳のどこかの部位が活性化したのを観察できたとしても、それは、なんらかの生物学的理由のために、その人がそうした局在化した脳の活動をもって生まれたのか、もしくは、その脳活動を幼い頃に発達させたのか。あるいは、なんらかの非生物学的な理由のために、ある特定の方略を使ってその種の課題を行うよう学習したのか、もしくは、脳の1つの側面、あるいは部位、あるいは他の側面を使うように練習したせいなのだろうか。――あるいは、これらの生物学的な理由と非生物学的な理由の両方によるものなのだろうか。

仮定5　行動上の性差が経験的要因によってうまく説明されることが示されていても、その経験的要因が脳の構造と機能に影響を与えることはない。　骨相学――人の頭の隆起を調べるもの――は、人間の思考や感情を探る方法としては、はるか昔に信用を失った。第2章で見たように、脳の機能の位置に関する20世紀の性差研究は、矛盾や方法論的問題にまみれている。しかしながら、脳のいろいろな箇所の大きさや位置からは、重要なことが何もわからないというわけではない。たとえば、脳領域の容積が行動と関連しているという例もある。ボーボら[34]は、参加者に視覚的なナビゲーション課題を行わせ、ある脳部位（尾状核）の大きさが非空間的方略の選択と関係し、別の脳部位（海馬）の大きさが空間的方略の選択と関係することを見いだしている。しかし、何が方略選択や脳の活動の差異をもたらしたのかは、依然としてわからない。しかしながら、経験が脳部位の大きさに影響するかもしれないとも言われている。たとえば、マグワイヤら[219]は、ロンドンのタクシー運転手を対象に、その経験が長いほど、海馬（さまざまな空間学習課題に関わっている脳領域）の一部が大きいことを見いだしている。おもしろいことに、海馬の他の部分がタクシー運転の経験を積むにつれて小さくなっており、経験の差異は海馬全体の大きさとは関係ないが、海馬の形やいろいろな部分の相対的な大きさと関係するようだ。マグワイヤらは、タクシー運転の経験が実際に海馬に変化をもたらしている可能性があるが、回想法によって経験を評価したので、この研究からはっきりとしたことは言えないと述べている。しかしながら、後の研究で、タクシー運転手ではない人たちの場合、海馬の相対的な大きさとナビゲーションスキルは関係しないことが見いだされた[220]。したがって、タクシー運転手の海馬の形は、もともともっていたナビゲーションスキルではなく、むしろロンドンの難しい道路網で培った長年の経験によって影響を受けたとするほうが妥当なようだ。タクシー運転の経験を回想法で測定するという方法を用いて行われた2000年の研究[219]では、海馬の形が特殊だったために、タクシー運転手を仕事としていたということもあり得るが、しかし、2003年の研究[220]から言えるのは、ナビゲーションスキルに突き動かされ、タクシー運転の仕事をしていたわけではないということだ。筋肉と同じように、脳の各部位の大きさと機能的統合が、行動に影響を与える可能性もあるが、しかし、同じように、行動が脳部位の解剖学的発達に影響する可能性もある。これが意味するのは、脳の測度を（大きさのような解剖学的特徴の測度であっても）、社会・文化的要因の効果を排除するために利用することはできないということである。

第2章で、脳に見られる性差に関する主張や反論が19世紀に盛んになり、そして今でも、見かけ上は洗練されたような形で行われ続けているという歴史を検討した。たとえば、男性の脳全体が女性の脳全体よりも大きいかどうかを検討する代わりに、最近の研究者は脳の特定の部分の大きさや電気的活動量あるいは血流量における差異を比較するようになってきた。しかし、この研究領域には膨大な数の落とし穴があり、またその落とし穴は研究の種類によっても異なっている。

脳の構造や機能を測定するために使う技術の1つひとつに、得意とするものとその限界がある。たとえば、fMRIは、秒単位の長い時間での脳の活動のゆっくりとした変化を検出したり、変化が生じているのは脳のどこなのかをミリメートル単位の範囲で判断したりすることは非常に得意だが、1000分の1秒という時間単位での素早い変化には対応できない。脳の処理速度は非常に早いため、fMRIでは重大な変化がとらえられない可能性がある。逆に、EEGは脳の活動の素早い変化は検出できるが、脳のどこで変化が生じているのかを明らかにすることは難しい。

1つの例——脳半球間のつながり

脳の性差の中で、研究者が大きな注意を向けているのは、脳の部分がお互いにどのように関係しているのかということである。脳の分け方はいろいろあるが、注目をひくものの1つが、大脳皮質を左と右に分けるというものだろう。この2つの「半球」は脳梁と呼ばれる束でつながっている。さまざまな理由で、2つの半球はお互いに情報を伝達しなければならない。非常に具体的な理由としては、左半球が身体の右半分の動きをコントロールし、右半球が身体の左半分の動きをコントロールしているというものがあげられる。歩くというような一般的な運動機能を実行するために、2つの半球はその機能を調整する必要がある。言語、記憶、注意などの機能には、その行動のために両半球が常に大きく関わる必要

はないようだ。第2章で述べたように、男性はより「側性化」しており、ある課題を行う際に1つの半球をおもに使っているが、女性はその課題を行う際に両半球を使うことが多いと考える研究者もいる。この可能性を検討するために、デラコステ＝ウタムシンら[96]は、脳梁のさまざまな部分の容積を測定し、脳梁のある部分（**膨大部**と呼ばれる）が男性より女性のほうが大きいことを見いだした（第2章を参照）。そして、この部分がほんの少し大きいために、男性に比べて女性は半球間の伝達が促進され、女性は課題を行う際に両半球をよく使うのだろうと示唆したのである。しかしながら、最近になって、リューダーズら[214][213]は、この性差を再現している研究もあるが、再現していない研究もあると指摘している。リューダーズらは脳部位の容積を測定するいろいろなテクニックを比較し、性差が見いだされるかどうかは測定テクニックの細部によることを見いだした。リューダーズらがバイアスが最小だと考えられる方法を用いたところ[213]、性差は見られなかったのだが、これはブライヤーが報告したことと一致している（第2章を参照）。

さらに、脳梁膨大部の大きさに性差があろうとなかろうと、ロンドンのタクシー運転手の例[220]と同じように、脳部位の大きさは個人の経験によってかなり大きな影響を受ける可能性がある。つまり、行動面での性差をもたらす可能性があると考えられる社会的要因すべてを、「確固」としているように見える脳部位の大きさの場合にも検討しなければならないということである。したがって、もし実際に脳梁膨大部の大きさに性差が見いだされたのであれば、脳の差異自体が生得的なものだと仮定するよりも、経験的要因が果たしている役割について考察するほうが重要であろう。

おもしろいことに、この脳研究というごく最近の性差研究は、本書の他の章で論じている行動科学的な性差研究、さらには昔の骨相学や脳全体の容積研究と多くの特徴を共有している。すなわち、性差が存在するはずだという社会通念によって研究が動機づけられているようなのだ。しかし、差異が見いだされたときには、それはきわめて特異的で、性差をもたらした原因は（特に、社会的・経験的なものが媒介しているということに関して）はっきりしないし、多くの場合、性差はその後の研究によって再現されていない。

まとめ。脳を指標として、存在するかもしれない性差を検討することについて考察してきたが、そこから学んだ重要なことは、脳科学のめざましい発展に圧倒され、脳の活動つまり批判的思考を停止してはいけないというものである。我々は、脳研究も他の性差研究の分野と同じように、知を達成する道にはたくさんの障壁があるという現実から目を背けてはいけない。

第8章

ホルモンが女性をつくるのか――あるいは男性も★4

ホルモン――我々の身体に存在する微量の化学物質――は、性器や乳房のような第二次性徴だけでなく、行動や能力の面でも男女の違いをつくるのだろうか。生理学および生物物理学の教授であるエステレ・レイミーが記しているように、生理学的に男女は異なっているところもあるが、「人間であるということ、そして、男性と女性で同じところは……差異よりもはるかに多い」のだ[272の8頁]。レイミーが書いているように、焦点があてられてきた差異は、多くの場合、女性や女の子が不利益を被るようなものだった。ホルモンに関するものでも、他の性差と同様に、その**差異は女性の欠損**と曲解されてきた。このため、本章のほとんどは女性に関するものであるが、「男性の更年期」に関する問いについても考えてみよう。女性に悪影響を与えるものとして語られるホルモンと、男性の悪行の言い訳として引き合いに出されるホルモンはきわめて対照的だ。第12章で詳しく論じるように、男性は強引な性的行動や攻撃的で時に暴力的な行動をコントロールできないと一般にみなされ、それは男性のコントロールの及ばないホルモンの影響によるとされているが、そうした行動はあまり病的なものとされない[54]。

まず、重要なのは、性ホルモンに関する基本的で一般的な2つの原理を理解することだろう。第1の原理として、あるホルモンを「女性」、別のホルモンを「男性」と名づけることで、誤った二分類が生まれてしまった。多くの人は女性だけに女性ホルモン——エストロゲンとプロゲステロン——があり、男性だけに男性ホルモン——テストステロンなどのアンドロゲン——があると仮定している。これは誤った仮定で、男女は完全に異なるホルモンをもち、それゆえに身体的にも行動的にもその特徴が完全に違うという信念を増長させている。実際には、男性の身体にも女性の身体にも、「男性」ホルモンと「女性」ホルモンが両方とも存在するのである。実際、たとえば、男女とも身体にテストステロンがあるが、成人女性は成人男性に比べると、血液中のテストステロンが少なく[201]、そして、血流からのホルモンによって影響を受ける**受容体**が男女で異なっているのである。そして、思春期に、男性ではテストステロンの効果が目につく——性器の発達、体毛の増加、声変わりなど——が、テストステロンはまた、女性の陰毛の発毛やクリトリスの成長を刺激してもいるのである[135][333]。

　第2の基本的原理は、因果関係についての問いと関係している。一般の人の多く、そして、一部の研究者でさえ、ホルモンが行動を誘発したり影響したりすると仮定している。この仮定は、人間行動の性差は何でも、生物学的なものが基礎にあり、それゆえ、修正は困難か不可能、さらには修正には危険が伴うという信念を増長させている。しかし、実際にはこのプロセスは逆方向ということもあり得る。行動がホルモンレベルを変える可能性があるのだ。このテーマについては第12章でさらに詳しく論じるが、ここで重要なのは、我々は女性の行動を簡単にホルモンのせいにすべきではないと認識することである。たとえば、女性が学習により身につけた月経についての態度、ストレスレベルやスポーツ活動のような要因もまた、女性のホルモンレベルをかなり変える可能性があるのだ。

さて、女性のもつホルモンのせいにされる最も一般的な現象、そして、「男性の更年期」があるのかという問いについて考えてみよう。女の子や女性というのは、ホルモンの作用で（妊娠したい、他者の世話をしたい、感情を表したいと思って）いる**はず**だと言われる一方で、女性ホルモンのせいで**過度に**感情的になりすぎ、非合理的行動、時に狂ったような行動をとるとも言われる。これはかなり理不尽な状態である。ふつうの女性はホルモンによって突き動かされ、そして、この女性ホルモンが引き起こす行動は狂っている。それゆえ、ふつうの女性は「生まれつき病的」［118の99頁］か、少なくとも非理性的である。生物学者のアン・ファウスト＝スターリングは、「女性は生まれつき情緒的に不安定なので、責任ある地位をまかせられない」という結論になると述べている［118の91頁］。月経前、妊娠中、出産後、閉経前、閉経中、閉経後の女性は、非理性的あるいは精神的に病んでいるとさえ思われることが多く、それはホルモンのせいということになっている。

男女**とも**に、ホルモンの変動や気分の周期的変化を経験している——たとえば、男性は、気分や職場での仕事ぶり、出来事の解釈の仕方が、1日のうちでも変化するし、30日周期でも変化する［272］［319］——という証拠が豊富にあるのに、女性の周期のみが女性に不利になるように大々的に利用されている。これは、1つには、性差別社会においては、差異を示すあらゆる証拠が女性を不利に扱うことを正当化するために使われがちなためである。そして、合衆国の性差別の大きな特徴は**男性中心主義**、つまり、健康の基準、標準、指標が男性なのである（もちろん、人種差別社会や年齢差別社会などでも似たようなことが起こっている）。また、女性はホルモンの大きな変化——毎月の出血——を示すため、女性のホルモン周期はよくわかるという理由があげられる。そのせいで、対照的に、男性はホルモンの囚人ではないというイメージを維持しやすいのである〔272〕。時として異常だとも言われる女性の行動をホルモンで説明する考え方について、女性の年齢軸に沿って批判的に見ていこう。

「PMS」とはいったい何だろうか

月経前の変化のために、女性の気分は大きく揺れ動き、ひどく怒ったり落ち込んだりするので、とてもそばにいられないと言われたり、また、うまく考えられないとか他のときに比べてうまく課題をこなせないとも言われる。さまざまな専門家が、こうした「症状」をいろいろと組み合わせて、**月経前症候群**（PMS: premenstrual syndrome）と呼んできた。つまり、「月経前症候群を定義するための基準になるような顕著な特徴、あるいは標準的な基準として考えられるような症状は存在しない」のだ（〔1の110頁〕〔70〕〔152〕を参照のこと）。最初にPMSとはいったい何なのかを見ていこう。次に、ある要因のせいで、ホルモンと情緒や行動との関係が研究しにくくなり、それゆえ、PMSと呼ばれる何かがそれ1つで独立した特定可能なものとして、本当に存在するのかがわからなくなっているのだが、そうした要因について見ていこう。

ほとんどすべての不快な症状は——身体面でも、情緒面でも、認知面でも——、臨床医や研究者から月経前の問題と呼ばれてきた。実際のところ、生物学的変化のせいにされている女性の身体的変化や情緒的変化の範囲は、あまりに幅広くて信憑性を疑ってしまうくらいだ。PMSの症状には、アルコール依存症、自殺、視覚異常、緑内障、てんかん、アレルギーが含まれているとさえ言われる[70]。さらに、いわゆるPMSの指標に含まれている「頭痛、抑うつ、めまい、食欲減退もしくは食欲増進は、すべての人に時折見られるものである。単にこうしたものがあるだけでは、この症候群の診断に役立たない」[118の97頁]（[118]の「ホルモン」の章にすばらしい概説がある）。ホルモンは身体や情緒にある程度の影響をもたらすことが知られているが、女性が行ったり女性の身にふりかかったりするよくないことすべてがホルモン変化のせい——男性の場合にはあてはまら**ない**——というのはとても考えられないことだ。

こうした定義や分類の問題は、「PMSというようなものは本当にあるのか、もしあるとしたら何なのか?」という疑問に答えることを不可能にしている。というのは、いろいろな研究者が、それぞれ独自の定義を行っているからだ。言い換えれば、空間能力研究（第5章を参照）と同様に、研究者は、PMSというものが存在し、研究によってその性質が正しくわかるようになるという印象を与えることが多いのだが、この印象は事実とは異なる。「空間能力」のように、「PMS」は構築されたもの、つまり、つくり出されたラベルであり、周知のある物をさすかのように使われているのだ。「それ」を研究している科学者たちが、一致した定義を行うことさえできないのに。したがって、PMS研究を精査し、PMSとはいったい何かという結論を出そうとするのは実りなき作業であり、ウマ、木の実とボルト、カフェインについての研究を一緒にまとめようとするようなものだ。

PMS研究を見る前に、覚えておいてほしいのは、身体が引き起こすよくない行動は、多くの場合、変えるのは難しいとか不可能だと思われているということだ。一部の人たちは、身体が原因の行動——特に性差に関連する場合——は変える**べきでない**、それは「自然をいじる」ことになるとまで主張している。だからこそ、綿密に実施された研究によって、納得でき信頼に値する証拠が見いだされ、女性ホルモンが女性を非理性的で信用できないものにしているという主張が支持されない限り、ＰＭＳの神話を存続させるのは危険である。

合衆国でも他の多くの国でも、月経には恐れと恥にあふれた感情が深く埋め込まれている[70][144]。その結果、女の子が月経に対して率直で肯定的な気持ちをもつことが難しくなり、そのため、毎月、月経が始まる前に、いらだたしい気持ちになっているのかもしれない。女性の否定的な感情は「月経周期の特定の時期というより、ストレスのかかる外的な出来事への反応による」ことを見いだしている研究者もいる[134の722頁]。ストレスを引き起こす原因の1つが、月経に関する社会的なタブーである。実際のところ、多くの社会的要因がＰＭＳを引き起こしている可能性がある。たとえば、ＰＭＳがあるという女性は、他の女性に比べ、月経中に痛みを経験し、出血量も多い傾向がある[20][235]。さらに、ストレスに対して「回避的」な対処スタイルをとる女性[200]や、ストレスを減じるようなやり方でその原因について考える能力が乏しい女性[127]は、他の女性に比べて、ＰＭＳがあると報告する傾向が高い。女性は、月経の出血や、それに伴う腹部の張り、胸部の痛み、腹痛のような身体面での問題を★5、めんどう、恥ずかしい、不快、つらいと思っているのかもしれない。そして、そのために、月経前になるとイライラし、さらに、問題を回避しているならば、いっそうひどい状況になるかもしれない。さらに、タヴリス[324]の見解によると、ＰＭＳが問題や病気としてみなされる時代は、女性を押さえつけ、職場から閉め出そうとする力が最大になる時代でもあるようだ。

ＰＭＳだけでなく、女性の通常の経血さえも病的なものにしてしまうという印象深いきざしがもう1

つある。それは最近見られるようになったもので、月経を完全に止めてしまうように設計された薬の活発な販売促進である。この薬の宣伝では、月経のない女性は女らしく、かつ生活が制限されない人たちとして描かれている。男性にとってこれと等価なものは何かというのは想像しがたい——おそらく、すべてのテストステロンを抑制する何かであり、それで攻撃的で暴力的な衝動から男性が解放されることだろうか——しかし、もちろん、論理的に等価なものはない。というのは、ホルモンにとらわれた病的な存在とみなされているのは、男性ではなく女性なのだから。

だからといって、社会的要因とは**別に**、月経周期のある時期のホルモン変化が問題をもたらすことはあり得ないと言っているのではない。実際、卵管結紮術を受けた（「卵管を結んだ」）女性で、手術前にはＰＭＳと考えられるものは何もなかったのに、手術後、月経前に不調を感じるような症状が出はじめたという報告が徐々に増えている[66][277]。そして、他にも、ホルモンの変化のせいで、中程度の苦痛から相当の苦痛という範囲で苦しんでいると報告する女性もおり、ホルモン変化は気分と身体の両方に影響を与える**可能性がある**。しかしながら、ごく一部の女性にとってホルモンそのものがやっかいかもしれないということと、ホルモンが「女性をつくる」のだから、ほとんどすべての女性（よくある研究で医師が言うには、女性の25〜１００％）[250][10][73]がホルモンのせいで大きな情緒的な問題を抱えていると主張するのとはまったく別の話である。

痛ましい月経前変化をもたらす原因がなんであれ、衝撃的なのは、アメリカ精神医学会の公式な疾病ハンドブックで、女性のホルモンに基づく気分変化（と言われるもの）を精神疾患と名づけながら、**男性の**ホルモンに基づいた気分変化には該当するカテゴリーがまったくない[6]ということだ。テストステロンが攻撃性をもたらすという主張が頻繁になされていることや、さらに、かなり多くの男性に見られるレベルの暴力を示すような女性は、**そもそも**（月経前であろうとなかろうと）きわめて少数に限られる[293][294]という事実から考えると、このことは非常に深刻な怠慢である。もしテストステロンが男性の暴力を引き起こす原因ならば、せめて、これに深刻な問題というラベルをつけることが必要ではないだろうか[54]。しかし、月経前不快気分障害（PMDD: Premenstrual Dysphoric Disorder）という名前の、女性に対する精神医学上のカテゴリーが、ホルモンとそこにあげられている気分変化の関係が見いだされていないという事実にもかかわらず、この名前で呼ばれるのは実に興味深い[54][70]。

研究者が**女性の**情緒や行動とホルモンの関連を探そうとする姿勢には、とりわけ当惑してしまう。というのは、慎重に行われた研究からは、抑うつ、低い自尊心、他者に対する否定的な態度のような問題が、他の時期よりも月経前によく見られるという証拠が見いだされていないからである（たとえば、[108][54]を参照のこと。概説については[118]を参照のこと）。これに関連して、マクファーランドら[227]の研究によって示されたのは、回想法では月経前のみ不調になるあるいは月経前はたいてい不調になると報告した女性が、**その時々で**記録をつけたところ、報告したようなパターンが見られなかったということだ。これは、そうした症状が一般的とする社会的期待のせいで、女性は自分が抱えている問題を月経前の時期によるものだと**間違えて**考えている可能性を示唆するものだ。

これに関連して、ケスケ（[190]また、[189][191]も参照のこと）によると、**他人の**行動を観察している人たちは、問題ある行動だけを、女性の生物学的なものが原因だとみなしたという。好ましい行動をした人が月経前だと言われた場合には、その行動はその人のパーソナリティや状況の影響によるものと解釈されたのだ。また、女性の問題ある行動が月経前のせいだとされた場合には、同じ行動を男性や月経前でない女性がしたときに比べ、過激で理性なき行動だと評定されていた。こうしてステレオタイプが維持される。女性が怒るのは「不自然だ」と思うと、女性の怒りには生物学的な原因があるはずだということになる。つまり、この女性は「病気」に違いないというわけである。

ＰＭＳという病気がつくられている。それは、いわゆる精神疾患のハンドブックである『精神疾患の診断・統計マニュアル（*DSM: Diagnostic and Statistical Manual of Mental Disorders*）』〔7〕の中に、月経前のカテゴリーがまさに存在することに見てとれる。ＰＭＤＤのカテゴリーは、身体的なＰＭＳ（腹部の張りなど）と月経前の精神疾患と言われるもののどちらについても、それを定義しようとする際にひどい混乱を生じてきた。たとえば、ある論文の題目はＰＭＳに関するものであることを示しているのだが、その研究者はどの研究参加者がＰＭＳなのかを判断する際に、ＰＭＤＤの基準の**一部**を用いている〔228〕。しかし、このように定義が混乱しているにもかかわらず、マクファーレンらは、ＰＭＳと分類された女性にとって、月経前の「みじめな」気持ちが、他の時期の「みじめな」気持ちと質的に異ならないことを見いだし、精神疾患のハンドブックにＰＭＤＤのようなものを含めるのは「大いに疑問」だと述べている〔228の368頁〕。しかし、その後の研究でユジェルら〔358〕は、ＰＭＤＤの診断を受けた女性が健康な女性よりも、月経に対する否定的な態度をもつ傾向があることを見いだしている。これは、問題をホルモン周期のせいにする可能性のある態度だ。

最近の論文で、ヘンショー〔152〕は、ＰＭＳには見解の一致した正確な定義がないことを認め、また、症状が「主として不快気分で、重大な障害をもたらす」ときに精神疾患のＰＭＤＤになると述べているが、症状が主として気分の問題であるかどうか、疾患が重大かどうかを判断する際の主観性についてはコメントしていない。ＤＳＭにあるＰＭＤＤの基準は、あまり科学的に導き出されたものではない[54][71]のに、ヘンショーの提案よりももっと具体的である。ヘンショーの簡単な基準は、この分野で定義の混乱が続いていることを反映したものである。ヘンショーが報告したＰＭＤＤの発症割合は、本来ならばその数字から定義上の問題を差し引いて結論を出さねばならないのだが、そうしたことをせずに出されたものだ。最後に、彼女は、ＰＭＤＤと診断された女性がうつなどの問題を高い頻度で示すことを、「(うつを含めて）かなりの疾病率がこの診断と関係していることを示す」と解釈している[152の140頁]。ＰＭＤＤとは何か、どのようにあてはめればよいのかについて明確なものがない[71]のだから、ＰＭＤＤがうつを引き起こすと考えるよりも、抑うつ的な状況で生活している女性が誤ってＰＭＤＤと名づけられているのかもしれないと考えたほうが適切ではないだろうか。実際、ヘンショー[152]は、論文の中で、「月経前症候群」は腹痛のような身体症状を伴うという点で、うつとは異なると書いているのだが、その両方を抱えている人々は、ホルモン変化のせいで生理的問題も抱えているうつの女性という可能性については論じていない。そして、ヘンショーは、うつについて広範囲に取り上げたあと、☆12易怒性は実際のところ、うつよりも月経前にはるかによく見られると述べているのだ。易怒性のようによく見られる状態を精神疾患の手引きに本当に含めてよいのかという疑問がわき起こる。最後に、ＰＭＤＤに関するＤＳＭ委員会の責任者は、ＰＭＤＤの中にあげられている気分症状がホルモン変化と関連していることを示す証拠はないと認めている（[54]を参照）のだが、ヘンショーは、ＰＭＳとＰＭＤＤが通常のホルモンに対する異常反応であることは「今では明らかになっている」と、証拠なしに主張している。

産後うつ病とは何だろう

出産直後の女性はホルモンのせいでうつになるという常識があるが、このテーマの研究はあまりに欠陥が多く、その結論を保証できない。ジョンストン＝ロブレド[176]は、「産後うつ病は……民俗的病、つまり、大衆の意識の中に埋め込まれた、ありふれた信念のようなものになっている。その結果、女性に何がもたらされるのだろうか。女性は、自分が幸福で満たされた母親というステレオタイプに合わないとき、罪悪感と親になることについてアンビバレントな気持ちを抱えるのかもしれない。適応調整をしなければならないのにそれをみくびり、逆に自分自身を不適切だと思い、狂っているとさえ思うのかもしれない。親としての役割を果たす自分の能力への信頼を失うのかもしれない」と述べている[176の140頁]。このテーマについての研究は、慎重に実施し解釈することが重要である。

確かに、出産直後の女性はかなり高い割合で悲嘆や不安などの激しい気分を報告するが、ホルモン変化が唯一の原因――あるいは主要な原因――だと思い込むのはあまりに単純すぎる。結局のところ、新しく母親になった女性は、アイデンティティの感覚、現実の責任、パートナーや家族や友人との関係、身体のコントロール、社会が彼女を見る見方という点でも、計り知れない変化を経験している。さらに、ホルモンと産後の気分の間に直接の因果関係があるという証拠はほとんどないのだが、それにもかかわらず、産後の女性向けに向精神薬の研究が進められているし、仮定される原因（つまり、ホルモンバランス）とは関係のない極端な処置が推奨されている（[176]の考察を参照のこと）。実際、産後研究の領域は、PMSと同様に、その定義について一致した見解がない[176]。ホールら[147]が見いだしたように、産後うつ病の特徴として記述されているものは、実際には、出産後でかつうつ状態ではない女性に非常によく見られるものである。それどころか、こうした感情がふつうではないというメッセージそのものが不安を生じさせ、新しく母親になった女性にさらなる重荷を負わせるようになっているのかもしれないと、ホールらは指摘している。これに関連しているのが、**うつ**という用語そのものがどのように使われているのかという大きなテーマであるが、ここでは次のような説明だけにとどめておこう。コーエンら[75]は、この言葉がごくふつうの小さな悲しみや悲哀から、最も深刻な長期に続く状態までのあらゆるものにあてはめられていることを示し、そのすべてが精神疾患とみなされることは危険だと述べている。

もう1つ**産褥精神病**という用語も使われており、これは出産後に生じる現実感の喪失と定義され、幻覚や妄想が生じる場合もある。これに関しても、ホルモンによって引き起こされたものだという結論を導く前に、広範な研究が必要なのは明らかだ。だからといって、ホルモンの激変が情緒面に深刻な影響をもたらすはずがないと言っているのではない。そうではなく、人生のこの時期に――特に、多くの大きな社会的変化やその他の変化が生じる時期なのだから――精神疾患をもたらす可能性のある唯一の原因がホルモンだ、という結論を急いで出してはならないということであり、それは、社会的要因のみが重大な役割を果たし得るという結論を出すことに関しても同様である。

更年期は問題なのか

閉経後の中年女性は、月経がなくなったにもかかわらず、まともではないと言われる[118]。皮肉にも、PMS／PMDDと同じ症状の多くが更年期の症状としてあげられている。しかも、同じホルモンなのに、更年期**前**には、その増加のせいで非理性的になると言われ、その後は、**不足**のために更年期の症状をもたらすと言われている。両方の時期を通じて、なんらかの情緒的な異常が生じるとされているのだ。ファウスト＝スターリングは、「思いもよらない亡霊が世界をさまよっている。それはかつて女性であった亡霊だ」と述べている[118の110頁]。ファウスト＝スターリングは、いわゆる更年期の専門家が更年期女性について記述したものから直接引用している。いわく「生気なく、牛のようで、消極的な様子」によって更年期女性は特徴づけられ、彼女たちは「不幸な女性で、ちらほらとぎこちなく歩き回り、路上にあふれている。わずかのものしか目に入らず、ほとんど何も見ようとしない……（彼女たちにとって）世界は、灰色のベールにつつまれている。人生の大切なもののほとんどを失ったおとなしい無害な生き物として生活している」[352][118の110頁]。このコメントは1963年のものだが、同じような考えが今日の我々の文化にも流布している。ようやく、こうしたコメントが年齢差別であり性差別でもあると認識されはじめた。というのは、このコメントが、生殖できなくなった女性は女らしさを失い、人間以下であり、実際のところ、価値がなく関心の対象でもないという見方を反映しているからだ。

読者のみなさんはすでにわかっていると思うが、更年期はPMSと同じように構築されたものであり、さまざまに定義されてきた。**更年期**という用語を月経がなくなったときを意味して使う場合もあるし、月経周期あるいは経血量の変化（劇的な変化かもしれないし、ほとんど気づかないくらいのものかもしれない）から完全な停止までの期間を意味して使う場合もある。女性は更年期前後に非理性的になると長い間言われてきたが、さらにもう1つ、病的な時期として**閉経期**という新しい概念が登場した。さまざまなところで、閉経期には情緒的な問題があると言われているが、その始まりは、月経の出血期間が短くなったり、あるいは月経周期が長くなったりしたあと（このあと、数年あるいは数十年で月経が終わる）のある時点だ。

月経がなくなるまでの出来事は、一連の変化もしくは**問題**とみなされる可能性があるが、これもまた研究者の選択や解釈による。問題があるとしても、それは加齢に関する社会的規範や年齢を重ねている女性に対する扱いがもたらした結果なのだろうか、それとも、ホルモン変化が直接作用した結果なのだろうか。大規模な研究を行った研究者は、中年期の女性の幸福感が更年期の内分泌変化によって影響を受けるのではなく、無職、運動不足、喫煙、セクシュアリティに対する否定的な態度、家族の問題、さらに重要なのは女性自身が更年期は不快なものだろうと予期していること、といったような心理社会的変数やライフスタイル変数に関係することを見いだしている[77][94][97][167][181][251]。スチュアートら[320]によると、過去に「心理的苦痛」を経験した女性は、他の女性よりも更年期に苦痛を報告する傾向があるという。しかし、これはいろいろな変化に対処するのが難しいと思っているだけなのかもしれない。読者のみなさんもこの関係について何か他の説明を考えてみてほしい。一方、アブラハムら[2]の研究対象だった女性たちは、更年期に、自分で思っていた以上に**身体面**での問題を経験したが、**情緒面**での問題は思っていたほどではなかったという。更年期に起こりがちなことに関して、ハンターら[168]は、ホットフラッシュ（血管の拡張によって、突然、極端に温かく感じること）を経験している女性の中で、ホットフラッシュがやっかいだと報告したのは、それが頻繁に起こるからではなく、その女性の抑うつ気分、不安、低い自尊心のせいだったと述べている。そして、PMSと同じように更年期でも、女性自身は病的だと思わないのに、医者はその経験を病的なものと分類しがちであるという証拠が示されている[70][95]。

実証的な研究の場合、医者や一般の人のもっている月経や更年期に関する信念や恐れは、研究者が結論を出す際に重大な影響を与える要因となっている。たいへん多くの研究が――現在の研究も――2つの女性集団によって行われている。それは、PMSや更年期の問題を抱えていると自分で語る女性と、抱えていないと自分で語る女性だ。このように、「純粋な」身体変化ではなく、女性自身の考えや気持ちに基づいて女性を分類し、それをホルモンの引き起こす体験に基づいた分類だとみなしてきた。こうした研究の中で、PMSや問題のある更年期と呼ばれているものには、はたしてどのような意味があるのだろうか。

ホルモンが引き起こす問題を研究するのはなぜ難しいのか

PMS研究の問題

前述したような定義の問題が、PMS研究の大きな障壁である。他にも多くの問題がこの領域の研究を悩ませているが、そのいくつかは、ホルモンと行動（情緒や能力、課題の成績を含む）を結びつけようとする**あらゆる**試みに特有のものである。まず、こうした問題を抜き出して説明し、次に、1つの研究に複数の問題が出てくる例を紹介しよう。ファウスト＝スターリング[118]が、研究の障壁となっているものについて、みごとな要約をしている。

ＰＭＳ研究は、通常、28日という規則正しい理想的な月経周期をもとにしている。研究者は、月経回数が少ない女性、周期が短い女性や長い女性を研究対象から除外する。したがって、公刊された研究は、集団全体の中の偏った一部の結果にすぎない。しかし、規則正しい周期の女性を対象にしている場合にも、方法論的な問題が残されている。というのは、月経前の時期というものを同じように定義している研究者はほとんどいないからだ。月経開始前の1、2日しか検討されていないこともあるし、月経前の1週間が検討されていることもあるし、月経の2週間前から1週間後までを続けて検討した例が掲載されていることもある。［118の98頁］

研究をいつ行うかというタイミングは、ホルモンの影響に関する研究においては非常に重要である。それは、1種類以上のホルモンの変化によって、行動や情緒面での変化が生じると仮定されているからである。月経周期が大変規則正しい女性もいるが、そうでない女性もいるので、本当のところ、血液検査などのきちんとした測定をせずに、ある時期に特定のホルモンが身体にどのくらい存在しているのかを知ることはできない。研究の参加者全員が、毎月、同じホルモンのパターンをとっていると仮定するよりも、研究に参加しているすべての女性から、毎日、血液サンプルをとり、ホルモンレベルを測定し、それが行動や情緒の変化と関係しているかどうかを検討したほうがよいだろう。しかしながら、血液サンプルを毎日採取する職員を雇用できるような時間や資金を見つけ、毎日、指定の場所に足を運んでくれるような時間とエネルギーと意欲をもった参加者を十分な人数確保することは、現実的には無理である。さらに、注射針を何度も刺されるのはストレスになるだろうし、ストレスレベルが変わると、ホルモン生成に影響が出ることが知られている。そして、毎日血液サンプルをとれば、女性たちも生理的な何かが研究対象であるという事実に気づくかもしれないし、それが結果をどの程度ゆがめてしまうのかもよくわからない。

女性のホルモンに関する研究が抱えている問題には、「少ないサンプルと不十分な測度、参加者の選択が不適切であること、期待する結果を得るためにつくられたテスト、統計的分析をほとんどもしくはまったく行わない」[118の101頁]といったもの、また、回想法による報告に信頼性がない[257]というものもある。さらに、カプランら[63]は、他の問題についても述べている。それは、「PMS」というラベルそのものに科学的な根拠がないという事実だ。つまり、気分や行動が変わったという個人の**報告**が、実際の変化にどのくらい対応しているのかを判断するのが難しいということである。その他、カプランは以下のようなものを問題としてあげている。多くの研究で参加者が少ないこと、女性の月経周期の正確なタイミングと経過の確認がいい加減であること、そして気分や行動などの「症状」の測度が信用できないこともしくは不適切であること。

キャサリーナ・ダルトンはPMSが存在し、多くの女性がPMSを経験していると、固く信じているのだが、その彼女さえPMS研究が抱えているたくさんの問題を以下のようにあげている。月経周期の長さが変わること（研究の時点で女性が月経周期のどの段階なのかがわかりにくいし、「典型的な」周期という概念に疑問が生じる）。女性は、ストレスに対する反応、年齢、子どもの有無、病歴、避妊、妊娠に対する態度という点でさまざまなので、ホルモンがどのような影響を及ぼしているのかよくわからないこと。統制群の選択方法を決めるのが難しいこと（ほとんどの女性がPMSなるものを経験しているとするならば、「健常な」女性とは何なのだろうか）[87]。

産後うつ病と更年期研究の問題

前述したように、産後うつ病の研究は、定義、健常対異常の分類、さらに、因果関係の描写といった問題をたくさん抱えている。また、原因はホルモン変化だと仮定しており、この問題ある仮定も研究の特徴としてあげられるが、これは更年期研究にもあてはまる。更年期に関しては、タイミングの問題もある。更年期の開始は初めて月経がこなかったときとすべきなのか。あるいは初めて遅れたときとするのか。初めて出血量が減ったとき（月経が初めてこなかったときの何年も前かもしれない）とするのか。こうした問題は、常に生理不順を経験している女性には悩ましい。もう1つの問題は、更年期はエストロゲンの**欠如**に関係するという研究者の仮定が誤っていたということだ。そもそも、エストロゲンはなくならない。「**卵巣**のエストロゲンが徐々に低下する」だけであり、別の部位でつくられるエストロゲンは必ずしも変化しない[118の114-115頁]。実際、エストロゲンには何種類かあり、そのほとんどは更年期後も、月経周期の初期段階に観察されたレベルに匹敵するくらい」のレベルで生成されている[118の115頁]。それにもかかわらず研究者は、1種類のホルモン（もしかしたら2種類のホルモン）のレベルと、ホットフラッシュや膣の潤滑低下というような症状との単純な因果関係を探し続けている。そして、更年期に関連した問題とされているものに対する研究のほとんどが、エストロゲンのみか、エストロゲンとプロゲステロンの2種類のみを用いたものだ。更年期のホルモン変化の性質やパターンが、1人ひとり大きく異なるという事実は、ほとんど考慮されていない。

1つの例

方法論的問題がどのように関わっているのかを明らかにするために、ルドルフ・ムースの研究を詳細に見ていこう。ムースは、ホルモンが女性に及ぼす影響を評価する方法として広く使われている、「月経困難質問紙（MDQ: Menstrual Distress Questionnaire）」を開発した人物である[241]。かなり古い研究で多くの欠陥があるにもかかわらず、ムースの出した結論は研究のリサーチ・クエスチョンや研究計画に今でも影響を及ぼしている（たとえば、[90]）。質問紙を開発するために、ムースは男性大学院生の妻839人に、最悪の状態だった月経周期といちばん最近の月経周期で、その月経中、月経前、月経と月経の間の期間について回答するよう頼んだ。そして、47の症状について、「症状の経験なし」から「深刻な症状あるいは日常生活に支障が出るくらいの症状を経験」までの6段階尺度で評定を求めた。47の症状のうち、3つはかなり中立的（「食習慣の変化」「家で過ごす」「きちんとする」）で、4つは肯定的なもの（たとえば、「優しくなる」）であった。それ以外の40項目は否定的で、身体や月経の問題を幅広く扱ったものであった（たとえば、「胸の痛み」「頭痛」「能率が悪くなる」「泣く」）。ムースは、「ふつうの若い既婚女性のほぼ30〜50%は、腹痛、腰痛、頭痛、興奮、気分の揺れ、緊張、抑うつといった症状のどれかもしくはすべてに、周期的にある程度悩まされている」ことを見いだしたのである[241の863頁]。

この情報からムースの研究の妥当性について何が言えるだろうか。まず、男性大学院生の若い妻というのは女性全体の集団を代表していない。彼女たちは平均的な女性よりも若く学歴も高いだろう（ムースは、この若い女性たち自身が大学院生かどうかは報告していない）。これが女性の症状報告にどのような影響を与えたのかは、研究がもっとたくさんなされなければわからない。たとえば、上の世代の女性にとって月経はタブーだったので多くの問題が月経に結びつけられたが、若い女性にとってはそれほどタブーではないので、あまり症状を報告しないかもしれない。何よりも、参加した女性は全員が合衆国の西部にある大規模大学の宿舎で暮らしていたので、サンプルは非常に限られたものだった。

次に、ムースは、女性に自分の感じたことをその時々で記録させるのではなく、過去のさまざまな時期に47の症状をどのように感じたかを思い出すように求めている。「最悪」の月経周期は何年も昔のことかもしれないのだ。記憶にあまりにも頼りすぎており、しかも、彼の研究ではその記憶が正確かどうかを知る術がなかった。またムースは、839人の女性すべてが、いつが月経前で、いつが月経と月経の間なのか、そして、自分の感じたことがホルモンにどのように対応しているのかを**知っている**と仮定していたのだが、この仮定が正しいかどうかの確認はしていない。月経周期が不規則な女性の場合には特に問題だろう。

月経周期の間に経験する気持ちを女性に報告させることで、ホルモン変化が女性の気持ちに影響を与えることが証明できるかのようにムースは考えてしまった。そして、たとえば、ホルモンが女性に与える影響についての流布したステレオタイプといった、他の要因の影響については考慮しなかったのだ。

女性は、自分の経験がホルモン変化のせいだと確信できるのだろうか。「私は怒りを感じていた。だから、月経前で緊張していたはずだ」という推論によって、彼女は自分の「最悪」の月経周期を判断したということもあり得る。ムースはホルモンが気持ちに及ぼす影響について尋ねているので、その女性は、その週に台所の流しが逆流し、戸外の気温が39度になり、近所の人が一晩中大きな音で音楽を演奏していたことを思い出さなかったのかもしれない。あるいは、こうしたことを思い出したとしても、ムースの課題のせいで、彼女はその怒りの原因をPMSのみに帰属させてしまったのかもしれない。また、月経前であり、そしてステレオタイプを知っていたためにイライラしたのかもしれないし、あるいは、腹部の張りや腹痛を気にしたせいでイライラしたのかもしれないのだ。

メアリー・ブラウン・パーリー[258]は、女性の中には何の変化も感じない人もいるし、月経前にエネルギーや活力が高まる人もいるにもかかわらず、ムースの質問項目が否定的な経験にひどく偏っていると指摘している。パーリーはまた、同じ女性から連続2回の周期で得たMDQの回答の信頼性が低く、女性の回答がホルモン変化に対応しているのかどうかが判断できないとしている[258]。さらに、質問紙の中にある「注意が散漫になる」というような項目は、明確に定義されていないので、さまざまな解釈が可能である。

パーリー[258]が疑問に思ったのは、1か月間に生じる気持ちの変化が女性のホルモン変化によるものなのか、あるいは、女性が気持ちの変化をホルモンのせいにすることを学習しているだけなのか、ということだ。そして、MDQを用いて、男女両方に、月経周期の間に女性が何を経験するのかを尋ねたところ、「症状や症状変化について、男女は、実質的にほとんど同じパターンを報告した」のである[258の239]

頁]。月経周期の間にいちばん変化する症状は何か、2番目に変化する症状は何かといった質問について、男性の回答は女性と同じだったのだ。男性の回答が女性の回答と有意に異なったのは、男性は女性よりも、その症状が深刻だと評定したという点であり[258の235頁]、ホルモンの変動が現実の変化を引き起こしているというよりも、MDQは月経についてのステレオタイプ的信念を測定するものであることが示唆される[258の239頁]。

「男性の更年期」はあるのか

男性の場合には、月経——とその停止——のようなホルモン変化を明確に示す身体的指標はないのだが、最近では「男性にも閉経つまり『男性更年期』があるのだろうか」という問いかけがされるようになった。臨床医は「中年男性は更年期女性と同じような心理的問題をもつのだろうか」というような問いを投げかけ、研究者は「中年男性が心理的問題を抱えるのであれば、それはホルモン変化によるものなのだろうか」と問うている。おもしろいことに、PMSや更年期のせいだとされた症状の多くは、度を超えた情緒もしくは女性にはふさわしくない情緒と考えられ、特に怒りやうつは——薬の宣伝によく見られるように——女性らしくないとみなされ、そして、女性の家庭での役割の妨げになるということもあって、厄介な問題とされている。対照的に、長い間、男性の「中年期の危機」と呼ばれてきたものの症状は、情緒に関連したものではなく、地位と支配に関連したものとみなされる傾向があった。そのような危機の例としては、赤いスポーツカーを買ったり、妻と別れて若くて美しい女性のもとに走るというようなことがよくあげられている。こうした男性のイメージは、男性は家庭生活の期待や制約から逃れたがっているというステレオタイプと一致するものである。しかし、PMSや更年期が病的なものと考えられてきたのに対し、男性の中年期の危機はそうではなかった。

おそらく、製薬会社の力が強くなったことと合衆国内の薬の宣伝に対する制約が減じてきたことで、男性の更年期はあるのかという問いが、その原因はホルモンだという明確な含みを伴って、出てきたのだろう。結論はまだ出ていないが、女性と更年期に関するテーマと同じような定義の問題を抱えている。たとえば、男性が加齢とともにうつになったり受け身になったりしたら、それは、訪れる死と向かい合うこと、社会の年齢差別、ホルモン変化のどれのせいなのか、あるいはそれらが組み合わさったもののせいなのだろうか[67]。さらに、この論争に関わっている人たちは、自分たちが研究しているものを、男性の閉経、男性更年期、あるいは加齢男性症候群（AMS: Aging Male Syndrome）と名づけてはいるが、それをどのように定義しているのかに触れていないことが多い[67]。しかし、どのような名前を選ぼうとも、それは構成概念である。このことは、さまざまな研究者がそれぞれのリストに入れている症状が非常に多様であることからもうかがえる。テストステロンがもたらす心理的影響についての論争はほとんどカタがついていないという事実にもかかわらず、今ではAMSの質問紙が存在している。その質問紙には、性的な面、他の身体面、気分、活動に関する項目がごちゃまぜに含まれているが、こうした症状の原因は、テストステロンのレベル変化か性ホルモンでないさまざまなホルモンレベルの変化かあるいはその両方、加齢に対する多くの挑戦と敗北の経験、老いつつある男性に関する信念、高齢男性に対する社会（職場や家庭が含まれる）の期待の変化のうちのいずれか、もしくはこれらのすべてなのかもしれないし、そうではないかもしれない。

男性のテストステロンのレベルは、女性のエストロゲンのレベルよりももっと緩やかに減少する傾向があるが、概して、加齢とともに低下する傾向があり――個人による変動が非常に大きい[272]――、その変化は心理面に影響をもたらす可能性がある。しかしながら、その心理面への影響については、その性質や程度に関して――実際に影響があるのかどうかも――、研究がさらに必要であり、男性とホルモンと中年期と加齢に関する結論が出せるのは、このような研究の後ということになる。現時点では、テストステロンは「認知機能、心理的機能、性的機能、あるいは、生活の質を左右する重要な要因ではない」と報告している研究者もいれば[261の75頁]、幅広い精神医学的症状に低レベルのテストステロンが伴っていることを報告している研究者もいる[158]。もちろん、症状が低レベルのホルモンに「伴なっている」と言うのは、相関関係があるということで、因果関係ではない。ホルモンレベルが低下するのと同じ時期に、社会から「おやじ、おじいさん」と呼ばれるように、身体面も老化するという事実は、何が何の原因なのかを判断することを難しくしている。これに関連して、中年期男性の健康に関する研究で、ボウルは、「これが男性更年期だという症状の見本になるような証拠はほとんどない」ことを見いだし、「報告された症状は、年齢よりも健康状態やライフスタイルと関連しそうだ」と述べている[37の5頁]。

リサーチ・クエスチョンの選択

本章を通して、ホルモンがもたらす女性の問題とされているものを検討し、そこにあるジレンマ、誤り、混乱に焦点をあててきた。しかし、このテーマについては、他の多くのテーマ（第3章を参照）と同様に、「なぜこのテーマはそんなに人気があるのか。**女性**に問題があると言われるものを探究するのに、そこまでのエネルギーを注ぐのはなぜなのか」と問うてみるのが有益だろう。

理路整然と考えたり重要な課題を行ったりする能力の欠如と女性ホルモンの間にある関係について、人々の心の中にある考え方ははかり知れない影響力をもっており、それは、1970年にヒューバート・ハンフリー元合衆国副大統領の主治医であったエドガー・バーマンの言葉に映し出されている。フアウスト＝スターリング[118]によると、彼は合衆国議会の女性議員にあてて次のような言葉を記している。

> 連邦議会議員であっても科学的真実には従わなくてはならない……女性には身体的、心理的な制約があり、そのため女性には限界がある……私はキューバ危機の決定を男性であるジョン・F・ケネディに任せるほうがよいと思う。彼と同年齢の女性は、その世代の人たちのもつ常軌を逸した精神的異常を示す可能性があるからだ。[118の91頁]

その後、こうした主張をあからさまに公の場ですることは、社会的に受け入れられなくなってきたが、政治やキャリアに関する重要な決定が行われている非公式な場や閉ざされたドアの向こう側では、こうした考えが今もなお頻繁に語られているのだ。そして、それが研究されていくことになる。

女性だけでなく、男性のホルモンも周期的なパターンをとっていることが示されてきたのに、ホルモンと行動が関連する可能性を検討した研究のほとんどすべてが、女性に焦点をあてているというのは、いったいどういうことなのだろうか。たとえば、女性は月経前には操縦技術が落ちる可能性があるので、飛行機の操縦を許可すべきではないと言われてきた。しかし、一部の女性が、PMSのような操縦操作を妨げる何かを抱えているというのが、仮に真実で**あったとしても**、少なくとも、我々は――その女性たちの場合――彼女たちが飛行機を操縦すべきでない日を予測できる。しかし、男性の場合、血液検査を毎日行ってホルモンレベルをチェックしない限り、**男性の**操縦能力がホルモン要因によって妨げられる可能性があるのはいつなのかわからないのである。それゆえ、論理的には、この領域で多大な研究努力が費やされるとしたら、その目的は男性についてもっと理解するというものであるはずだ！　興味をそそるのは、男性のホルモン周期についての報告や男性の行動周期についての報告が行われるようになったことである[319]。実際、貨物鉄道の男性運転手の勤務日を28日周期で決めたところ、事故の件数は「他のいかなる方策によるものよりも、劇的に少なくなった」という[272][319の291頁]。

　この例は性差研究がきわめて政治的な性質を帯びているということを示しており、男性はテストステロンのせいで、性的な感情や攻撃的な感情をコントロールできないという考え方からすると、非常に不思議に見える。言い換えたら、「女性がいかにホルモンに左右されているのか」という研究は、女性は男性ほど自己コントロールができないという社会に広まっている信念に沿うものなのだ。女性はホルモンのせいで信頼できないとされ、**それを理由に**権力ある地位から**閉め出され**てきたのだが、男性はホルモンのせいでコントロール不可能な攻撃性があるとされている**にもかかわらず**、国を治めることや飛行機を操縦することが**許されている**。男性更年期があるかどうかという最近の関心は、もしかすると、製薬会社が、男性を病的なものとみなしたがらない社会の一般的な傾向をしのぐほどの影響力をもっているということを反映しているのかもしれない。これは考えてみる価値があるようだ。

第9章 セクシュアリティ

研究を利用して、セクシュアリティの性差についていろいろと考えることができる。さまざまな性行動の頻度や期待を判断するために、研究が利用されてきた[110][173][186][187][222][359]。その中には、人々が自分自身の性的指向についていかに語るかというものもある。最も頻度の高い行動が健康的という意味で「正常」と分類され、頻度の低いものは何でも病的とされてきた。しかしながら、唯一の健康的な行動は最も頻度の高い行動であると決定したのは、研究ではない。これは選択の問題であり、通常ではないものを「病気」または誤ったものとして分類するよう選択したのである。そしてこれは、たとえば理科の成績に関する研究で見られること――得点範囲の最も高い位置を占める少数者が最も優れていると明言される――とは違っている。

基準としての男性

ジャクソン[175]が述べているように、人気の高い理論は男性中心主義の傾向があり、男性を正常で健康の基準とし、女性を欠損者と位置づけてきた。影響力をもつものに、ウイリアム・マスターズらの研究があげられる。マスターズらは、有名な『人間の性反応』[222]の中で、ペニスを「男女両方の性的緊張を、生理的にも心理的にも高めて解放するための臓器的手段」だと記述している。

レオノア・タイファーらは「女性の性的な問題に対する新しい見方」の中で、伝統的なメンタルヘルスの体制のせいで、精神分析家が「女性はこうあるべきだ」と思っている姿と一致しない性的関心をもつ女性や性的活動をする女性が病的なものにされてしまう傾向を述べている[328][355]。タイファーらは、たとえば異性愛の女性で、その性的反応がゆっくりであるとか頻度が高くないという場合に、彼女たちを病的なものとみなし医療の対象にすることについて論じている。こうした女性は、その個人が原因で病気が発症したとみなされ、治療の対象にされてしまう。社会化が原因で、男女それぞれでセクシュアリティについての考え方や感じ方が異なり、そしてすれ違うことが多くなってしまうために生じる病気としては治療されないのである。製薬会社が「女性バイアグラ」と呼ぶものを急いで販売促進しようとするのは、女性の性的な問題が、親密な関係で生じる問題や社会化によって引き起こされているのではなく、生理学的なものであるという誤った考えに基づいていると、タイファー[329]は指摘している。

プロトタイプとステレオタイプ

女性の最も一般的な行動と男性の最も一般的な行動を、自然の姿として解釈するということがよく行われ、それが「男らしさ」「女らしさ」の見本（プロトタイプ）に合うように社会化された結果だとはあまり考えられてこなかった[175]。そのため、たとえば、アメリカ人女性に比べアメリカ人男性は、セックスの主導権をとり、たくさんのパートナーをもつ傾向があることを示した実証的な証拠が、女性は生得的かつ普遍的に性的に受け身で、性的な関心が低く、支配されたがっているといった議論に利用されてきた。こうした理論は研究を利用して検証可能であり、そして、非常に多くの研究がこうした主張に反する結果を得ている。その中に、ハイデら[173]の研究がある。この研究によると、結婚前や婚外の性交渉についての意識、性交渉に対する不安や恐怖や罪悪感、キス、ペッティング、オーラルセックス、性交の頻度、最初の性交の年齢、性的パートナーの数といったものに関して、性差は中程度か小さいもので、存在しないこともあるという。マスターズら[223]は、バイセクシュアルの女性の性行動は、女性パートナーに対するときよりも男性パートナーに対するときのほうが受動的になると報告したが、この報告は普遍的性差についての主張に疑問を投げかけるものだ。そして、性行動が活発で積極的な女性はオーガズムに達しやすい（セックスを楽しんでいることを示す1つの指標）というラドラブ[271]の研究結果も同様である。全体を通して見ると、こうした研究は、女性は性的に受け身で支配されたがっているという主張に反するものである。同じことが男性の暴力についての研究にもあてはまる。それらの研究によると、けっしてすべての男性が性暴力をふるいたいと思っているのでもなければ、支配したいと思っているのでもないこと、また、そのようにしたいと思っている男性は、「男性は支配するもの」であり、「女性は苦痛を喜んでいる」と教えられてきた傾向があるという[52]。

異性愛者であっても、その性行動が時代や地域によって非常に異なることが、研究によって示されている。そして、ハイデら[173]が見いだしたように、性的な行動や態度には多くの人が思っているほど性差はないのである。彼女たちが21種類の性的態度と行動に関する177の研究結果をまとめたところ、見いだされた大きな差異はたった2つだけだった。1つは、男性は女性よりもマスターベーションの回数が多い、ただし、人種／民族によって性差が異なるということ。もう1つは、男性は女性よりもその場限りの婚前交渉をすると語る傾向だ。しかしながら、語られた性的満足やマスターベーションに対する態度には差異がなかったのだ。また、男性が多くの性的パートナーをもつのはあまり非難されない──時には賞賛されもする──が、女性の場合には非難されがちだという、性別による二重規範も明らかにされている[83]。

女性が苦痛を喜んでいるという信念（第10章を参照）が流布しているにもかかわらず、ドネリーら[105]によると、大学生を対象にした研究では、女性が男性よりも性的マゾヒストの傾向がある──つまり、支配的、侮辱的、あるいは痛みさえ伴うような性行為の被害者になることで興奮する──ことを示す証拠は見られなかったという。

進化生物学者や進化心理学者は、今日の人間の性行動が、何千年にもわたる種の保存を推し進めてきた行動だと理論化している。いちばんよくある進化物語は異性愛に焦点をあてたもので（**異性愛規範**となっている）、男性はできるだけたくさんの女性を妊娠させ、集団内で自分の遺伝子の数を増やそうとしているが、女性はもっと選択的で自分の子どもにとってよい養い手となるような男性を選んでいるという仮定に基づいたものである［43］。この理論の問題は、1つには、同性愛を考慮に入れていないことがあげられる。加えて、この物語の支持者は、このパターンが普遍的で自然の姿だとよく主張している［175］が、男女の行動の重複した部分や集団内の変動が意味する重要性を無視したり、あるいは過小評価している。女性の中でも男性の中でもパートナー数は大きく異なるし、異性愛者の中でも、同性愛者の中でも、バイセクシュアルの中でも、性行動はきわめて多様である［236］。

見いだされた差異は普遍的なのだろうか——文化比較

観察された同じ行動をめぐって、さまざまな理論物語をつくることができる。たとえば、サラ・ブラファー・ハーディ［160］［161］は、ヒト科のメスがいろいろなオスとつがうことから得ている利益について説明するモデルが、現在では少なくとも6つあると述べている。その利益の中には、性的な面で自己主張の強い母親の子孫が受ける遺伝的な利益と、メス自身やメスの子孫にとっての非遺伝的利益がある。6つのモデルのうちの5つは、女性の視点から世界について考えてつくられたものだ。

しかしながら、バス［43］は、比較文化研究を行い、性交未経験者を配偶者にしたがるという点において、38％の文化では性差がないと報告した。同じように、83％の女性が配偶者の性的な不義よりも情緒的な裏切りに嫉妬するが、それと同じように思う男性は40％であり、60％の男性は配偶者の情緒的な裏切りよりも性的な不義に嫉妬するが、同じように思う女性は17%であったことを報告している[43]。だがもちろん、性差が普遍的ならば、一方の性別に属する人間は全員が同じように感じるはずだ。実際のところ、リーら[202]は、他の複数の研究ではバスが報告しているような性差が見られなかったと述べている。このことから、進化によって決定された性差は普遍的で免れ得ないというバスの主張は、疑問視されるようになると思う人もいるだろう。しかし、こうした差異は、自分の子どもであるかどうかを男性がいかに確認するかという問題の解決方法が、文化によって異なる進化をしたことを示しているだけだと、バスは述べる[43]。この見解は証明不可能である。しかしながら、①それは、文化によってさまざまに異なる複雑で多様な行動を簡単に説明できない。②それは、性行動にはかつて均一性と普遍性があったという仮定に基づいている（これもまた、証明や反証が不可能だ）。③たいへん複雑な「解決方法」が生まれるには、人類文明の歴史よりも長い時間が必要だ。そして、④**なぜ**文化が違えば異なるように進化すると考えられるのかという疑問もわくだろう。

現代のセクシュアリティは自然に進化の力がはたらいた結果だ、と主張する理論家には問題がもう1つあり、それは、性行動の面では性別によって異なる社会化が行われることがよく報告されているのに、その重大な影響に関する証拠をほとんど考慮しないということがあげられる[175]。社会化のもたらす影響は、前述したように、比較文化的な差異にも現れている。

性差は生物学的なものが基礎にあるのだろうか——比較動物研究

人間の正常なセクシュアリティとは何かという問題について、人間以外の動物に関する研究をもとに主張が行われることが多い。しかし、すべての動物の種あるいは霊長類だけでも、その性行動はまったく同じものではないし、こうした主張は必ずいつも、ほんの数種類の種——驚くべきことに、よくあるのはたった1つの種——に関する記述をもとにしたものである。こうして、たとえば、人間の男性は女性よりも性的に活発で乱交の傾向があると主張する人たちは、「ヒトに最も近い種——チンパンジーやボノボ——のメスは複数のパートナーをもっており、野生的な性生活を素直に行っているようだ」、チンパンジーの「オスはオスなりのやり方でメスを見つけるが」、メスは「そのオスとは異なるオスと交尾をしようと危険をおかしている」[11の51頁]というような報告を見逃しているようだ。サラ・ブラファー・ハーディ[160][162]は、メスは普遍的に性的に控えめだという主張が誤りであることを示してきた。例をいくつかあげよう。クロウタドリのメスは「ハーレム」の「主人」が精管を切除されても受精してしまうから、「貞淑」どころではない。ヒヒのメスは、複数のオスと短期間の配偶関係を結ぶ。メスのチンパンジーは、長期にわたる一夫一妻制をとり（ながら）、他のオスとの交尾を繰り返す。また、ピンカー[263]は「女好きの石器時代人」が、多くのパートナーをもつことで自分の子孫をたくさんつくる機会を最大にしていたと仮定したが、アンジェは計算によって実際にはそうではなかったことを示した。アンジェの計算は以下のようなものだ。どのような女性でも1か月のうち2、3日しか妊娠可能日はないのだから、女好きの男がたまたま彼女のところにやってきて妊娠させるということはまずないだろう。卵子を受精させられる精子は45％だけだ。ほとんどの卵子と精子はうまく結合しない。胚ができたとしても、その30％は流産する[11]。そして、アンジェは「1回限りのセックスで、子どもが生まれる可能性はきわめて低い——よくても1％か2％を上回ることはない」と記している[11の52頁]。さらに、定義により、女好きの男はセックスのあと、次の女性を探すために走り去ってしまうので、最初の女性は他の男性と結ばれ、その男性の子どもを妊娠する可能性がある。このように、女好きというのは男性にとってきわめておろかな戦略であり、一夫一妻制が妊娠の可能性を最大にするものだとしている。

生物学者アン・ファウスト＝スターリング[119]は、動物を人間のセクシュアリティのモデルとして用いると、話がややこしくなり混乱がもたらされると述べている。その例について考えてみよう。それは、ラットのオスを対象にした研究で、隔離して育てられたラットの15％が**ロードシス**[☆13]（マウントの前に、後脚と臀部を見せること。通常、交尾の際にメスが示す）を示した。そして、同年齢のメスと一緒に育てられたオスの半分が、ロードシスを示した。さらに、オスと一緒に育てられたオスの30％も同様であった。この例から、ラットのオスの正常な性行動はどのようなもので、何がそれを発達させるのかを見いだそうとすることがいかに難しいかがわかる。

さらに、ファウスト＝スターリング[119]によると、男性実験者がラットのセクシュアリティを研究する際には、まずオスをケージに入れ、後にメスをケージに入れるのだが、その時点でオスはメスにマウントするという。これに対して、女性実験者はメスに選択をさせるために方法を変えた。メスを隔離して、その後、もし種付け用のオスと交尾したくなったらバーを押すように学習させたのである。異なるアプローチをとると、性行為や性的攻撃性の中で見られる性別に結びついた役割に関して、異なる結論が出されるかもしれない。このように考えてみるとおもしろい。ブライヤー[32]が指摘したように、多くの動物集団、特に霊長類では、交配のパートナーを選ぶのはオスよりもメスである。ヒトの場合、男性がパートナーを選ぶ例も女性がパートナーを選ぶ例も、ある意味で相互選択の例も、みなさんは思い起こせるだろう。このように、ヒトの性行動は非常に複雑であり、影響を及ぼす要因を少数にしぼることは難しい。

性的指向に関するいくつかの覚え書き

ある研究によって、長い間信じられていたことに疑問が投げかけられた。たとえば、個人の性的指向は成人期を通じて変わることはないと、たいていの人が思い込んでいたし、そのために、研究者は人々が選好する性的パートナーの性別を調べ、人口のX％が異性愛者、Y％がゲイかレズビアンだと結論づけた。さらに最近の調査では、これにZ％がバイセクシュアルだという結論も加わった。しかし、リサ・ダイアモンド[99][101]は、すっきりしたシンプルなアプローチをして、大きなパラダイムシフトを生み出した。彼女は、当初は自分のことをレズビアンもしくはバイセクシュアルだと述べたり、あるいは自分の性的指向にラベルをつけないことを選んだりした多数の若い女性が、8年間で、それを変えたことを見いだしたのである[101]。そうしたラベルをすべて見限った人も多かったし、異性愛をも含んで異なるラベルに転向した者もいく人かいた。ダイアモンドの結果は、最近の歴史的変化の文脈の中で考えれば、それほど驚くことではない。つまり、性的指向を2つか3つのカテゴリーから選択して定義するのではなく、連続体として概念化する[269]か、また、自分自身に性的指向という観点からラベルを貼るのを拒絶するほうがよいという変化が起こりつつある。

オスカー・ワイルド☆14の有名な裁判（1895年）が行われた時代、同性愛者は、単に女らしくふるまっている男性というのではなく、それだけで独立した1つの存在と考えられていた[5]。その後、20世紀のほとんどを通じて、同性愛であることは性的指向以外にもその人の多くのことを露呈するものだと仮定されていた。それは、ゲイ男性やレズビアン女性のもっている、性的な面以外での関心、感情、思考、行動の性質に関するステレオタイプ的な仮定に基づくものだった。しかしながら、アイデンティティを含め、個人の性的でない生活面のどの部分が、性的指向によって決まるのか、あるいは性的指向とどのくらい関係するのかというような疑問さえも、その答えは研究を通してしか得られない[269][236]。そして、ゲイやレズビアンの中にはそのステレオタイプに合う者もいるが、異性愛者の中にも同性愛者のステレオタイプに一致している者がたくさん存在する。また、異なる集団のメンバーでもかなり長い時間を一緒に過ごしていれば、お互いに似たところを身につける傾向がある（たとえば、[72]）が、それは、性的指向ではなく（あるいは、性的指向に加えて）、同じような異端者という立場のせいで、似た者になるというのが妥当な説明であろう。人々をある理由で追放するような社会というのは、そこに住む人々に対して、その追放の理由を重視して生活するようにプレッシャーをかける。しかしながら、実際のところ、どの性的指向カテゴリーに属する人々も、その身体的外見、関心、感情、思考、行動はとてつもなく多様である[236][268]。したがって、ある人の性的パートナーの性別がわかっても、その人の他のことは確実にはわからない。さらに、歴史上のさまざまな時代で、多様な性的指向がさまざまな形で表現されてきたし、そして、時代と文化が変われば、女性異性愛者の行動と男性異性愛者の行動もまた大いに変わるのである[119]。

ファウスト＝スターリング[119]が指摘しているように、1980年代の西洋の社会科学者は人間の性行動を説明するために生物学を利用していたが、同じ時代の生物学者は、社会がヒトのセクシュアリティの多様性を受け入れてきたために、自分たちのリサーチ・クエスチョンとパラダイムを再考する必要に迫られていた。たとえば、かつて、性的選好の研究の中には、げっ歯類の動物に性行為の対象もしくはパートナーの選択を許さなかったものがある。しかし、1980年代に、げっ歯類の性的指向を研究するための新しい研究パラダイムが登場し、一個体だけ、メスと一緒、オスと一緒という3つのケージを選べるようになった[119]。さらに、研究者は、動物が仲間との時間を一緒に過ごす際の個体の性別と、性行為の際に一緒にいる個体の性別を区別しはじめたのである。

重要な問いではあるが、その答えは研究から得られるものではなく、単に選択の問題というものがある。それは、『「性的指向」はどのように定義したらよいのか」という問いである。20世紀後半まで、性的パートナーが男性である女性と性的パートナーが女性である男性は異性愛者、性的パートナーがその人と同性の場合には同性愛者、パートナーが両性の場合にはバイセクシュアルだと仮定されることが多かった。しかし、性的指向は構成概念であり、そのカテゴリーを定義するのに正しいやり方も間違ったやり方もない。キンゼイら[186]は、10代前半に他の男の子と性行為を経験した男の子の多くが、その後、他の男性と二度とセックスをしなかったことを見いだした。彼らはバイセクシュアルなのだろうか。あるいは、かつては同性愛者だったが、後に異性愛者になったのだろうか。ゲイやレズビアンがひどく扱われているような中で、もしある人だけ特別に同性とのセクシュアリティが非難されない環境で育てられたとしたら、その人の「本当の」性的指向がどのようになるのかが、はたしてわかるのだろうか。アドリエンヌ・リッチ[278]は、有名なエッセイで「強制的異性愛」について書いている。異性愛以外のセクシュアリティを無視したり、あるいはあり得ないものとして扱うようにさせる一連の社会的期待と実践、たとえば、幼い男の子にガールフレンドはいるのか、あるいは、幼い女の子にボーイフレンドのことを常に尋ねるというようなことだが、そうした期待や実践の結果が「強制的異性愛」を生むという。

障害と呼ばれた同性愛

興味深い歴史的瞬間が1973年に起こった。アメリカ精神医学会（APA: American Psychiatric Association）の精神疾患の手引き書である『精神疾患の診断・統計マニュアル（DSM）』の責任者であった精神科医のロバート・スピッツァーが、APAは今後、同性愛を精神疾患とみなさないよう決定したと発表したのだ[54]。同性愛はずっとDSMに載っていたのだが、スピッツァーは次の版から掲載されなくなると語った。何がきっかけだったのだろうか。APAの会員でゲイの精神科医のグループが、スピッツァーに会い、同性愛が常に病理として語られているような学会に参加することが、どのような気持ちであるのかを説明し、DSMから削除するよう求めたのだ。その後、議論と陳情活動を経て、同性愛が精神疾患であるかどうかの投票がＡＰＡ会員によって行われたところ、５８５４対３８１０で精神疾患ではないとする会員が多数を占めた[54]。投票前には正式な精神疾患であったものが、次の瞬間にはそうではなくなったのである。どのセクシュアリティが病的なのかという決定が、恣意的であることがはっきりと見て取れる。

次版のＤＳＭには同性愛が掲載されないと、スピッツァーは発表したのだが、「自我異質性同性愛」が掲載された[8]。もし、個人がある何かに対して、あまり心地よく感じなかったり満足しなかったりすれば、その何かは「自我異質的」と言われる。北米などで同性愛嫌悪が最大に高まっていたときにこれが掲載されたので、レズビアンやゲイの中で、自分の性的指向について否定的な感情をもたなかった者はほとんどいなかったであろう。こうして、明らかに社会によって引き起こされた否定的感情が、精神疾患であるかのように治療されたのである。通常、精神疾患は病気で、その原因は個人の内にあるとみなされているので、社会の側にあるかもしれない原因に対応するのではなく、その個人の治療によって処置されねばならないのだ。その後のＤＳＭには、**同性愛**という単語はもはや登場しなかったが、今日もなお「性倒錯」のカテゴリーは残り、同性愛も含めて、セラピストが倒錯だとみなしてしまえば、何でも性倒錯になってしまう可能性がある。

おもしろいことに、同性愛をＤＳＭから削除するという発表から30年後、スピッツァー自身がある研究を行っている。それはいわゆる修復療法の効果を測る研究だと彼は述べているが、そのセラピーは同性愛者を異性愛者に変えようとするもので、原理的宗教集団のメンバーがよく行っている。スピッツァー[314]が、そうした「治療」を受けた２００人に45分間の電話インタビューを行ったところ、男性１４３

人のうちの66％と女性57人のうちの44％（この全員が「きわめて信心深い」と彼は語っている）が、5年以上にわたり、最低でも月に1度は異性とセックスしていると回答したという。この研究をもとに、彼は修復療法には非常に効果があると報告した。しかし、この研究には次のような大きな欠陥がある。まず、面接対象者を集める際に、このプログラムの実施者と宗教グループが協力したということ。非常に信心深い人たちは同性愛的な感情を否認し、幸せな異性愛者としての自分を見せるよう強く動機づけられている可能性がある。こうした面接対象者の偏った選択にもかかわらず、男性のちょうど3分の1と女性の半数以上が、自分の性的指向が異性愛に変わったとは言っていない。また、異性との月1回のセックスが、性的指向の転向の証拠として十分なのかどうかを疑う人もいるだろう。そして、プログラムが有害であるという情報が広まっていたにもかかわらず、プログラムに参加しても効果がなかった人たち、あるいは、実際に悪影響を受けた人たちに、スピッツァーがインタビューしようとしたのかどうかわからない[35]。

同性愛が精神疾患だという仮定とバイセクシュアルについてのもっと複雑な仮定――バイセクシュアリティは、多くの場合、セクシュアリティ研究でもセクシュアリティの1つとされなかったし、通常は異性愛に進む段階の1つとみなされる場合もあった――が、リサーチ・クエスチョンの形成に関わっていた。そうして、最近まで、論文を公刊してきた研究者のほとんどが「何が原因で同性愛になるのか」と問うてきたのだ。つまり、明らかに、同性愛を障害あるいは異常なものとみなし、支配する母親と拒絶する弱い父親のような、子ども時代に経験した何らかの逸脱を見いだして説明することが必要だったのだ[310]。しかしながら、1992年に、セリア・キッジンガーらは、研究者は何が原因で異性愛になるのかとなぜ問わないのか、という疑問を投げかけたのである[188]。これに関連して、ダイアモンド[100]は、一部の人たちの中で好みのパートナーの性別が変わるのはなぜなのかを検討し、性的欲求の基礎にある要因と情緒的つながりの基礎にある要因がお互いに独立しているのではないかと述べている。さらに、彼女は、女性が最初に同性に魅力を感じる時期が、その女性の性的アイデンティティの形成とは関係ないことを見いだし[102]、同性愛の原因や同性愛になる時期に関する理論に疑問を投げかけたのだ。同性愛の原因についての研究は大きな問題を抱えている。男性同性愛者と男性異性愛者が語る自分史を比べる研究について考えてみてほしい。ある男性同性愛者が男性異性愛者よりも、学生時代が楽しくなかった、母親が過保護で、父親は冷たかったと語ったとしよう。こうした要因が同性愛につながったと結論づける人もいるかもしれないが、しかし、たとえば、他の子どもと違っていると感じたり、自分の心の奥に秘めた同性愛的な考えが知られたら非難されるだろうと感じ取ったりすることで、幸せではなかったという可能性も高い。また、自分の子どもを守り慈しむように社会化されてきた母親は、他の子どもとは「違う」自分の子どもを過剰に保護し、自分の息子を「本物の男」に育てられなかったために非難されると思う父親は、子どもから距離をおいたということもあり得るだろう。

同性愛の「原因」

「同性愛になる原因は何か」というリサーチ・クエスチョンは要注意である。異性愛になる原因は何かという問いかけを行う研究者はほとんどいない。何が原因で同性愛になるのかという問いへの答えは、対になった2つの考えに基づくものだった。もちろん、その1つは同性愛は病気もしくは倒錯だという考えであり、もう1つは異性愛**こそ**が生物学的に決められたセクシュアリティの普遍的な形であり、種の保存をもたらすものだという考えである。これがリッチ[278]の考えた「強制的異性愛」の形である。2つめの考えに関して言えば、ヒト以外の動物研究で、いろいろな動物の中のかなりの割合が同性どうしの性行動を示すことが観察され[18]、普遍的な異性愛という主張が間違っていることが示された。実際のところ、進化的視点からセクシュアリティを考えると、種の生存のためにその種のメンバー全員が生殖する必要はないということが明らかだろう。極端な例だが、ミツバチはその個体の多くが生殖せず、ともに働いて、遺伝的に類似し繁殖力のある女王蜂とオスバチというわずかな数のメンバーを支えているのだ。現実にも、人類のすべてが生殖してきたということはけっしてないし、実のところ、親以外の成獣が子育てを手助けし、たとえば、親が子の面倒をみているときに攻撃からグループを守ったりすれば、その種の生存に役立つのではないだろうか。

養子の増加や代理の親、そして特に生殖技術によって、ゲイやレズビアンが子ども――自分たちが部分的に生物学的な親である場合もそうでない場合もある――を育てることが可能になった。生き物の歴史の中で、文化が生み出した、ほとんど完全に新しい壮大な転換がもたらされたのである。その結果、過去の歴史に基づいた進化の理論を、現在起こっていることにいかにあてはめるのか、あるいはそれが意味をなすのかどうかもわからなくなっている。こうした壮大な変化をふまえると、そして特にたくさんの研究が、異性愛のカップルに育てられていない子どもたちの良好な情緒的適応を報告している[55]ことを考えると、進化の過程に関するかつての何が不可避で何が健康的なのかという仮定も、考え直さざるを得なくなるのではないだろうか。

近年、急速に発展している神経科学では、個人の性的指向と脳の様相や機能の関連について研究が行われている。こうした研究の目的が、同性愛は病的な指向だという主張を支持するものであろうと、同性愛は選択ではないという主張を支持するものであろうと、大きな障壁があるせいで、この種の研究からどのような結論が出せるのかがわからなくなっている。まず神経画像に基づいて結論を導くのが難しいことは第7章で詳細に論じた。悩研究と同様に遺伝子研究でも「ゲイ遺伝子があるのか」という問いに取り組んでいるが、両者ともに大きな方法論的問題を抱えている（[118］［119］が優れた概説を行っている）。両者に共通する基本的な問題は次の3つである。①1つか2つの遺伝子あるいは脳部位によって、性的指向のような複雑で変化しやすいものが説明できると仮定している、②**同性愛**、**異性愛**、**バイセクシュアル**の定義は論争中であり、変遷する文化や歴史の影響を受けることを考慮していない、③異性愛を規範つまり健康の基準とし、それ以外のものを病的とみなすために、同性愛の場合には関係する遺伝子や脳領域を見つけようとしたのに、「ストレート（異性愛）遺伝子」あるいは「異性愛を引き起こす脳領域」を発見しようとはしない。

脳や遺伝子における同性愛者と異性愛者の差異を見いだそうとする人たちの中には、性的指向と身体的な特徴（のいくつか）を明確に結びつけることで、同性愛に貼られた烙印を取り除けるのではないか、という隠れた動機がある。つまり、セクシュアリティが自分でコントロールできない何かによって決定されるとしたら、レズビアンやゲイを責めたり、おとしめたりするのを正当化できなくなるだろう、と話は続く。科学を利用して、善悪を説くような判断を減じようとするのは興味深い試みである。読者のみなさんにおすすめしたいのは、この試みと、科学的研究の報告が男性の攻撃性の言い訳となったり（第12章）、ある種の職業から女性を締め出したり（たとえば、第4章、第5章）するために利用されてきたやり方を比較することである。第3章で指摘したように、進歩的な動機であっても、バイアスを免れているわけではない。

「性同一性障害」

DSMから同性愛が削除されたからといって、DSMにはセクシュアリティに関するバイアスがないというわけではない。というのは、性同一性障害（GID: Gender Identity Disorder）というカテゴリーがあるからだ。GIDは、男性が女性に同一視し、女性が男性に同一視するもので、自分の性別に対しての長期にわたる嫌悪を伴なっている。性別による二分類が強固な社会（第1章を参照）では、役割期待が厳格であり、人々を縛りつけるものになったり、そこまでいかなくても不安にさせているかもしれない。GIDも、社会の厳格な期待による犠牲である人たちを、「性同一性障害」というくくりで精神疾患をもっているかのように治療するという例だ。それがよくわかるのは、DSM-Ⅳの著者[315]が取り上げている事例で、乱暴な遊びを嫌がる男の子と乱暴な遊びをしたがる女の子などが紹介されている。また、女の子1人に対して男の子5人がこのラベルにあてはまるとされる[7]のだが、これはおそらく、アメリカ社会が男性を高く評価しており、それゆえ、男であることに違和感をもっている人は情緒的に不安定に違いないと仮定する傾向が強いことを反映しているのだろう。また、注目すべきは、子どものときにＧＩＤと診断された人の中で、青年期や成人期にＧＩＤの基準に合う人は、ほんの少しの割合だということだ。これは、性別役割ステレオタイプに一致しない子どもは、早いうちに病気とみなしたほうがよいとする考え方に疑問を投げかけるものである。子どもたちの遊びや探索行動の何が病気を示す証拠とみなされるのか、子どもやその親が受けているプレッシャーは計り知れない。

第10章 女性のマゾヒズムについての神話

人々がこう言うのをよく耳にする――たいてい女性について――「彼女は自分で問題を招いている」あるいは「彼女は苦しむのが本当に好きだ」。時に人は「彼女はマゾヒストだと思う」とさえ語る。**マゾヒスト**という用語は実際に苦痛が好きな人をさし、**マゾヒズム**は苦痛から喜びを得ることを意味している。（性的マゾヒズムに関しては第9章を参照）。

かつて、精神分析家のジグムント・フロイトらは、「女らしさ」の基本的特性の1つがマゾヒズムだと主張した。それどころか、フロイトの門人であるヘレーネ・ドイチュ[98]は、すべての女の子や女性に共通する、基本的な「女らしさ」の特性は、マゾヒズム、受動性、ナルシシズムの3つだと主張している。フロイトらは**すべての**女性がマゾヒストだと述べている。苦痛を喜ぶというのは異様で屈折している。ということは、「ふつうの」女性、すべての女性は、心理的に問題を抱えているという意味なのだろう。これは今日もなお残り続けている信念である。多くのセラピスト――そして、一般の人々――は、すべての女性もしくは多くの女性がマゾヒスト的だと今も信じており、パーティーのような場では、先に紹介したようなコメントさえ耳にする。時には、男性についてもこうしたコメントがされることもあるが、一般的というにはほど遠い。女性が苦痛を喜ぶという仮定は、心理療法と研究の両方から強い影響を受けている（たとえば、[78]）。

女性は苦痛を喜ぶと信じている多くの人たちは、社会における女の子や女性に対する扱い方を改善しようとしない言い訳として、その信念を使っている。たとえば、「北米にいる何百万人もの女性は自分を殴るような男性と暮らしている」という話を聞くと、「殴られるのが楽しいに違いない。でなければ一緒にはいないだろう」というような返事をしがちだ。こうした言い訳をしている限り、女性の抱えている問題の**本当の**理由を見なくてもすむ。たとえば、虐待を受けている妻の事例では、なぜそうした女性の多くが虐待をする男性と一緒に暮らしているのかという理由（以下のようなもの[56]）を考えなくてもすむ。

・虐待を受けている女性たちは、良き女性は常に自分の男を支えるものだと学んできた。彼が暴力をふるえば、それをなだめるのは彼女の責任だ。
・彼女たちは、女性の給料がたいてい男性よりもかなり低いので、シングル・マザーとして自立し子どもを育てるのは大変だということを知っている。
・彼女たちは1人になることを恐れ、この男と別れるともうだれも相手にしてくれないだろうと思い込んでいる（こうした思い込みは、虐待の経験そのものによってつくられたり、強化されたりすることが多い）。

虐待されている女性が虐待している男性と一緒にいるのは他にも理由があるが、重要なのは、**苦痛を喜ぶということが必ずしも一緒にいる理由ではない**ということだ。同じことが、さまざまな理由で幸せではない女性、そして男性にもあてはまる。たとえば、低賃金の女性がその仕事を続けているのは、給料のよい仕事を女性が得ることが難しいからかもしれないし、上司や同僚が好きだからかもしれない。他にも多くの理由があるだろう――低賃金であることを喜んでいるからでは**ない**のだ。

（さまざまな理由から）幸せではないと感じ、気持ちを楽にしたいと思って、セラピストのところに通う多くの人たち、特に女性は次のように述べている。彼女たちがセラピストに語るのは、パートナーから殴られているのでつらい、パートナーが冷たいのでつらい、職場でセクシュアル・ハラスメントを受けている、本来なら昇進できるはずだったのに拒否された、子どもや他の人の世話でまいっているというようなことだ。面接のたびに、セラピストは「自分で自分を惨めにしていることがわかりますか」というようなコメントをする――不幸なのは患者自身の責任だと責めながら。患者が思い切って「でも、私は自分でこうしようと思ったのでは**ない**し、喜んではいない」と言ったとしても、「おそらく意識のレベルではそうだけど、**無意識**のうちに喜んでいるということなんです」というような返答がなされることはめずらしくない。

こうした患者がセラピストから学ぶのは、自分の人生について無力感や絶望感をもつことである。自分の問題が自分の病んだマゾヒスト的な無意識のプロセスから生じていると信じ、人生をより良いものにしようとするのをあきらめてしまったと、多くの患者が語る[56]。それは、1人の女性の語りにも表れている。

フレッドは、給料日にはいつも酔っ払って私を殴るけど、もし彼と別れて、次に優しくていい人を見つけようとがんばっても、セラピストが教えてくれたように、病んだ無意識のせいで、いちばん虐待しそうな男性に目が向いてしまうでしょう。たとえ虐待するように見えなくても、彼の潜在的な暴力性を感じ取り、無意識が私を彼のほうに駆り立てるのよ。だから、今の男と一緒にいても同じ。[56のxvii頁]

女性のマゾヒズムに関する理論を支持してきた専門家のほとんどは心理療法家であり、彼らは、自分たちがマゾヒストと呼ぶ女性について体系だった研究を行ってはいない。彼らは単に主張をし、そしてその主張が真実であるかのようにふるまってきただけだ。これほどの重要なテーマについてほとんど研究がなされていないということや、根拠のない主張さえも真実として受け入れられるということに、読者のみなさんは驚くかもしれないが、それが事実なのだ。１９８０年代後半に、マゾヒズム性人格障害を精神疾患の診断マニュアル（後述）に含めるよう提案が行われたが、そのときにはたった5つの関連文献（そのうちの2本は公刊されていない）しかなかった。これらの文献は関連資料をコンピュータや手作業で検索して見つかったものであり、女性とマゾヒズムについての体系だった研究を試みようとする報告ならば何でもよいという状態だった。見つかった研究も悲惨なものであった[58]。この中の1つだけ——ロバート・メイによって行われたもの——が女性とマゾヒズムについて一般的な方法で行われた研究だった。他の4本の研究[182][183][274][313]は、「マゾヒズム性人格」にあてはまるような情緒障害のカテゴリーがあるほうがよいのかを検討するために計画された専門的研究の報告書であった。この現象が本当に存在することを検証しようとして行われた科学的な実証研究がたった**1つ**しかないのに、アメリカ精神医学会が大きな情緒障害カテゴリーを提案し[6][54]、その提案されたカテゴリーに特化した研究が**4つ**も実施されたということは、まさに驚きだ。わかるだろうか。このようなやり方で、女性は男性よりも情緒的に不安定だとされてきたのである。

データで検証する研究と対照的に、女性とマゾヒズムのテーマは数多くの理論的論文や事例研究を生んできた。そうした研究では、セラピストは1人か2人の患者について論じている（この場合、セラピストによってマゾヒスト的とされた患者である）。しかし、事例研究や理論的文献では、執筆者のバイアスがその執筆内容に容易に影響する。というのは、執筆者の好みの理論や視点を否定するような強力な証拠がなければ、彼らの個人的な偏見に対抗することはほとんどできないからだ。

ロバート・メイの研究を詳しく見ていこう。この研究は重要である。というのは、この研究が公刊されたのは1966年だが、これから見ていくように、1つの思考様式が今もセラピストの中で共有されていること、そして、マゾヒズムだけでなく、性別やジェンダー研究に関する他の多くのテーマについて行われている現代の研究に共通する問題が示されているからだ。

メイの研究

ロバート・メイ[225]は、「空想パターンにおける性差」という論文の中で、この研究の目的は男女が異なる空想パターンをもっていることを示すことだと述べ、女性の空想パターンを「マゾヒスト的」と名づけた。メイの論文は、女性がもつとされる「マゾヒズム」、さらには科学的研究全般に関連した重要な問題点を示している。それらは以下のようなものである。

①理論の正しさを**証明した**かのように研究を発表することが可能だ。たとえ、証明していなくても。
②研究者は、単になるほどと思うくらいの理論なのか、**それとも**強固な証拠によって支持されている理論なのかということを前もって論理的に考えることなく、その理論についての証拠を集めるための研究を計画できる。
③研究者は、自分が研究していると主張するものにあまり関係しない材料を使うことができる――しかし、こうした材料を使って集めた情報がそのテーマに関係していると主張できる。
④研究者は、データを不正確にもしくは誤解をまねくような形で記述したり、要約したり、解釈したりできる。

メイのアプローチと理論

ここでメイの論文を詳しく見ていこう。メイは、自分の研究を始める前に、これまで行われてきた女性のマゾヒズムに関する主張や「証拠」を十分に検討していない。たとえば、彼は語る。女の赤ちゃんを父親が空中に放り投げると、赤ちゃんは怖がっているように見えるが、笑いもする。これは赤ちゃんが苦痛を喜んでいる証拠だと。メイが語ら**ない**のは、赤ちゃんがその経験に関して**入り交じった**感情（多くの成人男女がローラーコースターに乗っているときに感じるような感情）をもっているかもしれないということだ。赤ちゃんは、高いところを怖がり、落ちるかもしれないという恐怖を感じているのかもしれないが、受けとめられるたびに大喜びで楽しみ、落ちることはないとわかっているのかもしれない。また、メイは、男の赤ちゃんの多くも空中に放り投げられると恐ろしがっているように見えながらも笑うという事実を述べていない。そして、マゾヒスト的と呼ぶに値するような苦痛や恐怖と関連するものがもしあるならば、それは一般に男性の行動に典型的とされるようなもののほとんど――たとえばサッカー、ボクシング、レスリング――にあてはまるはず[245]だが、これらは通常、強いとか元気だとかのように肯定的に言われるという事実についても述べていない。

女性の「マゾヒズム」の例として、メイがもう1つあげているのは、出産の痛みである。出産は女性のみが経験する。この例が理解できないのには多くの理由がある。すべての女性にとって出産が苦痛ということはないし、すべての女性が出産することもないし、女性はいつも妊娠しようとして妊娠するというものでもない。そして、妊娠しようとして妊娠した女性でも、出産の苦痛を味わいたかったからではなく、赤ちゃんがほしい、子どもを育てたいという思いから妊娠したのだ。男性や男の子も生活の中でかなりの苦痛を経験するが、その事実から、メイは**男性が**それを喜んでいるとは言わない。女性は、苦しみに値する結果が得られると知っているので、あるいは苦しみに値する結果であってほしいと願っているので、苦痛に**耐える**ことができるのだ。実際、男性のボディビルダーも同じようなことをしている。

このように、メイが行った研究は、彼自身も納得のいく証拠を出さないような理論に基づくものである（実際のところ、カプラン[56]は、女性が苦痛を喜んでいるという理論を支持するような納得のいく証拠は**ない**と論じている）。

メイがマゾヒズムを説明しようと試みる際には、「女らしいマゾヒズムは、行為と感情の典型的な**連続**あるいはパターンとして定義できるだろう。苦痛のあとに続く喜び、失敗のあとに続く成功、身の危険をおかしたあとにある愛だ」と述べている〔225の302頁〕。これはマゾヒズムの通常の定義とはかなりかけ離れている。通常は、苦痛の**あとの**快楽に関するものではなく、苦痛**そのもの**の喜びとして定義される。しかし、メイは、新しい定義が正しいという説明をしていない。また、女性と同じように男性にとっても、喜びはしばしば苦痛のあとにやってくるし、成功は失敗のあと、愛は危険のあとにやってくるという事実には触れていない――メイの論文は最初から最後まで、女性の空想パターンがマゾヒスト的であるという証拠、男性の空想パターンはきわめて異なっているという証拠を集めようとしたものである。

メイは、空想の「男性パターン」は「女らしいマゾヒスト的」空想の逆で、よき経験や何かを達成したあとで落ち込みや失敗が続くと述べている。

メイの方法

男女の空想パターンは異なるという仮説を検証するために、メイは**投影法**を用いた。それは図版を見て物語をつくるというものだ。この技法を用いる専門家は一般的に、人々が、意識的もしくは無意識的に、自分自身の人生経験や態度、感情、空想を、物語の中に「投影する」と信じている（投影法のどれがどの程度、本当にそうなのかについては、長期にわたる論争がある）。

メイは60人の女子大学生、44人の男子大学生に、彼の選んだ4枚の図版を見せて物語を書かせた。次に、判定者にそれぞれの物語を「喪失後に充実」（「女らしい」パターン）とその逆の「充実後に喪失」

（「男らしい」パターン）のいずれかに分類させた。メイによると、図版は「広範ではあるが適切な範囲の人々と状況を含める目的で選んだ」ものであるという[225の303頁]——このようにメイは主張しているが、選択した図版が彼の仮説にとって適切なのかどうか、あるいは、絵が実際に広い範囲を含めるものになっているのかどうかを確かめようとはしていない。そのうえ、彼は4枚の図版しか使っておらず、こうした重要な研究の場合、4枚というのは大変少ない数である。さらに、4枚のうちの少なくとも2枚には問題がある。

図版Aは男性1人と女性1人が空中ブランコをしているもので、図版Bは若い闘牛士が闘牛場の中を歩いているもの、図版Cはみすぼらしい男性と裸足の女性が石のベンチに座っているもので、図版Dは性別のわからない子どもが野原で飛び跳ねているか走っているかで、その上を鳥が飛んでいるというものだ。図版Aは、上昇と下降に関係する物語をうながすかもしれないが、空中ブランコは強い男性が空を飛んでくる軽い女性をつかまえるというもので、性別役割ステレオタイプに沿っている。ステレオタイプに強く沿った図版は、**社会化**の経験（社会や家族から学んだもの）によって、大きく左右されるような物語を生みやすいという問題があるのだが、メイの理論は、女性の「マゾヒスト的」空想と男性に「ふさわしい」空想は**生物学的**なものに基づく（遺伝的あるいは先天的な差異によるもの）というものだ。この図版を見てつくられた物語は、生物学的なものがもとになった空想については**何も**反映していないかもしれない。たとえば、女性は、図版の中の落下する危険にある女性に自分自身を置き換え、落下や負傷の恐怖、受けとめてもらいたいとか助けてもらいたいという願いにまつわるような物語をつくるかもしれない。逆に、男性は、男性のブランコ乗りに自分自身を置き換えて、自分の強さやたくましさについて書くかもしれない。こうした物語を得点化する際、メイは、女性の物語を女性の生得的なマゾヒズムの証拠として得点化するだろう。

図版Bは、男性のステレオタイプに非常にあてはまるもので、「マッチョ」でさえある。したがって、女性がこの図版を見てつくった物語をどのように解釈したらよいかよくわからない。女性のつくった物語は女性自身の深遠な空想パターンを映し出しているのだろうか、あるいは単に男性闘牛士を観察しただけのものなのだろうか。

メイの結果

メイは、評定者間の信頼性が高かった、つまり、物語の得点化の仕方が評定者間でだいたい一致していたと主張している。しかし、その第一段階は、どの物語がメイのシステムの中で**得点化可能**なのか、つまり、どの物語に「女らしい」あるいは「男らしい」空想パターンが表れていると判断できるのかを、評定者に決めてもらうことである。図版Dを見て学生がつくった物語の場合、それが得点化可能かどうかについて、評定者は65%しか――図版の中で**いちばん高い**割合――同意しなかったのである。一致率がいちばん低いのは32%であった（図版C）。4つの図版を全部合わせて、ほぼ半分の物語についてしか、得点化可能という同意は得られなかった。これはきわめて低い数字である。したがって、メイの結果を見る際には、少なくとも半分の物語は、そもそも得点化されるほどメイの理論にあてはまりもしていなかったということを覚えておく必要がある。

さらに、図版Cに関しては、物語を「女らしい」空想とすべきか「男らしい」空想とすべきかについて、評定者間で一致したのは半分を下回っていた。他の図版の場合、5分の1以上が不一致だった。すべての物語の中で評定者が一致して同じように分類したものは、実際には、**2分の1よりもかなり少なかった**。

たとえ、評定者が一致していても、多くの場合、「女性のつくった物語はマゾヒスト的だが、男性の物語はマゾヒスト的ではない」という判断はされなかった。図版D（野原の子ども）は、空想パターンの得点に性差が**なかった**——得点化可能性について評定者間の一致が最も高かった図版だ。図版C（ベンチの男女）では、**女性も男性も**「男らしい」物語より「女らしいマゾヒスト的」物語が多かった。図版B（闘牛士）の場合、男性は「男らしい」物語をかなりたくさんつくったが、女性は「男らしい」物語より「女らしいマゾヒスト的」物語をたくさんつくるということはなかった。図版A（空中ブランコ）**のみで**、女性は「女らしいマゾヒスト的」物語をたくさんつくり、男性は「男らしい」物語をたくさんつくった。

結果をまとめると、メイが自分の予測通りのパターンを見つけたのは、参加者がつくった物語の半分を下回り、しかも用いた**4枚**の図版のうちの**1枚**（図版A）だけだった。

結果に関するメイの解釈

メイの結果は予測からかなりはずれており、それゆえ、女性の空想パターンはマゾヒスト的で男性はそうでは**ない**という理論は支持され**ない**のだが、メイは自分の理論を証明**した**かのように書いている。さらに、その証明されていないパターンが実際に存在するかのように、そのパターンが暗に意味するものまで論じ、そして、女性はマゾヒスト的だという証拠がないということから読者の注意をそらし、読者はこの（証明されていない）理論が「暗に意味するもの」に心を奪われていくのである。

女性とマゾヒズムについての新しい見方

メイの論文と彼のアプローチは、女の子や女性は苦痛を喜んでいるのかどうかを考える際に見られた、かつての性差別的な考え方を代表するものだが、その論文もアプローチも現代の考え方によく見られるものだ。実際のところ、アメリカ精神医学会が出版しており、強い影響力をもっている精神医学分野のハンドブックである『精神疾患の診断・統計マニュアル第3版改訂（DSM－Ⅲ－R）』[6]は、1987年に、マゾヒズムの考え方と類似しているカテゴリーである自己敗北型人格障害（SDPD: Self-Defeating Personality Disorder）を含めた（批判的な概説については、[56]［59］を参照のこと）。

本書が1993年に出版されるとき、ハンドブックの改訂に関わる委員会が投票を行い、次版からSDPDを削除することに決めたという話を聞いた。これは好ましい一歩だが、もっと重要なのは、最初にSDPDのカテゴリーが提案されてから7年間、委員会がこれを削除するよう投票しなかったということである。この間、600万を超える人々がこの分類に反対し、グループの代表や個人が、手紙や嘆願書を委員会に送り続けた。研究者は関連研究からはそうしたカテゴリーの存在さえ証明されていないと批判し、多くの患者、特に女性にふりかかる危険を指摘した（たとえば、［54］［59］［153］［339］）。委員会がこのカテゴリーを削除するよう投票したのは、こうした文書を最後に受け取ってから1年以上もあとのことで、ちょうどこのカテゴリーが否定的な評判をいろいろなところから受けるようになったときである。精神科医のマーガレット・ジェンズボルド博士が、アメリカ国立精神衛生研究所（NIMH: National Institute of Mental Health）の何人かの男性精神科医から、セクシュアル・ハラスメントと性差別を受けたとして研究所を訴えた。裁判の中でＮＩＭＨの弁護側は、彼女が自己敗北型人格障害であり、それゆえ彼女自身が問題を引き起こしたと論じた。大手テレビ局や新聞がＮＩＭＨでの性差別をシリーズで企画し、『アメリカ医学会誌』が公判の様子を取材するレポーターを送る計画をたてたとき、ハンドブックの委員会は投票してカテゴリーを削除することにしたのだ。

女性にはマゾヒズムがあるという考えを推し進めようとする政治的な力が大変強いために、たった１つしか実証的な研究が公刊されていなかったにもかかわらず、ＳＤＰＤは１９８７年のＤＳＭに掲載された。この研究[182]は少なくとも９つの大きな方法論的問題をはらんでいた（詳細については［56］を参照のこと）。カスらは、自分たちの勤める精神科にいる８人の担当医と７人の研修医に、３人から５人の患者を選んで、その中の何人がいわゆるＳＤＰＤ——当時はマゾヒズム性人格障害（ＭＰＤ）と呼ばれていた——かを判断させ、さらに、何人がＤＳＭのＭＰＤの基準に該当するのかを判断させたのである。カスの同僚は、カスの共同研究者スピッツァーがＤＳＭにＭＰＤを入れる際に大きな役割を果たしたということを知っており、その知識によって判断が影響を受けた可能性があるが、カスらは論文の中でこの点を論じていない。精神科医が患者を選ぶ際に何らかの指針を与えたかどうかについても、そして、もしそうだったらそれはどのようなものなのかということについても、カスらは述べていない（精神科医は、意図的にあるいは意図せずに、「マゾヒスト的」と思われるような何人かを含めたのではないだろうか)。精神科医は「各自の個人的な基準を用いて」、8人の患者(全体の14%)がMPDだと診断した[182の217頁]。我々にはその個人的な基準がどのようなものなのかわからないし、研究者がその基準について尋ねた形跡もない。カスらは、DSMのためにつくられた基準の中に、精神科医のもっているマゾヒズムの概念が反映されていると報告した。しかし、MPDを強力に推し進めた人物と同じ施設で働いている精神科医が、MPDというものがあるということに賛成し、そして、何がMPDなのかをそろって知っているということを証明しているだけなのかもしれない。しかし、MPDの判断が一致したからといって、何かが証明されたというものではない。それは、1つの宗教の少数メンバーが同意したからといって、他の宗教が間違っていることが証明されたことにならないのと同じである。このように深刻な欠陥をもつ研究の目的は、DSMにMPDカテゴリーを含めるべきかどうかを決めることだったようだ。しかし、その欠陥にもかかわらず、このカテゴリーが次の版(1987年版)に登場したのだ。

このカテゴリーは2000年のDSMには載っていないが、このテーマについての研究は今も続いている。1996年にハプリヒら[169]は、自分たちがSDPDだとみなした人たちの事例をセラピストに読ませ、診断させた。研究への参加を依頼したセラピストのうち、実際に参加したのは20%であり、かなり少なかった(それゆえ、おそらくかなりゆがんでいる)。この小さな集団の中でさえ、4分の1から2分の1くらいの者が、渡された事例について、**どのような**人格障害ももっていないと分類したのである。他の研究[305]では、SDPDのカテゴリーが妥当でないことが見いだされている。おそらくいちばん重要なのは、ヴィヴィアノら[334]の結果であり、性的虐待を受けた人たちはそうでない人たちに比べて、SDPDを測るためにつくられた尺度で高い得点を得るというものである。この結果は、SDPDが、性的虐待の被害者を病的だとし、被害者に自らが虐待を引き起こしたと責任を押しつけるために使われるラベルであることを示唆している。また、ＤＳＭからＳＤＰＤを削除したにもかかわらず、臨床研究に携わっている者は、苦痛を喜ぶという基本的な前提を疑いもせず、また、ＳＤＰＤがもはやＤＳＭには掲載されていないことに触れもせず、自己敗北的な行動を測定するための尺度をつくり続け、使い続けてきた（たとえば、[78][288][334]）。そして、**マゾヒズム**という用語も**自己敗北型人格障害**という用語も、多くのセラピストが使い続け、さらに日常会話の中でも使われ続けている。

本章の最初に指摘したように、女性が苦痛を喜ぶと仮定している限り、その苦痛の本当の原因を調べることもなく、その原因を取り除くために何か行ったり、苦しんでいる女の子や女性に本当の援助をすることもないだろう。フェミニズム論者のニッキー・ジェラード[138]は、マゾヒズムを**終結**用語だとした。この単語によって、我々は答えを見いだしたように思い込み、それゆえ、本当のところ何が起こっているのかを疑ったり理解しようとしなくなるのだ。残念なことに、多くのセラピストは、虐待を受けた女性やうつ状態の女性が助けを求めて来ているのに、苦しんでいる女性はその苦痛を喜び、自分自身でその苦痛を引き起こしたと本当に信じている。セラピストはこうした女性に「マゾヒスト」というラベルを貼り、そして、それが「なぜ彼女たちは苦しんでいるのか」という問いへの答えだと信じてしまう。セラピーでは、セラピストも不幸な女性も、その苦しみに焦点をあてる。そして、多くのセッションを、そうした女性が苦しみを自ら招いたことを示す別の例について話し合うことで終えるのである。ジェラードが示唆しているように、**マゾヒズム**のような終結用語を使うのをやめねばならない。そうすれば、女性に不幸をもたらす真の原因（暴力的な男性と結婚している、低賃金の仕事をしている、職場でハラスメントを受けている、レイプされた、性的に虐待された、劣っていると感じて低い自尊心しかもてない、など）を探す道が開かれる。これが未来に続く道だ。それは、女の子や女性が心理的な障害を抱えていると仮定したり、彼女たちを支援しようとするのは意味がないと仮定することなく、彼女たちの現実を見つめるための道なのだ。

第11章 対人関係能力は「依存性」と呼ぶほうがよいのだろうか

さまざまな行動や性格特性における性差が長年ずっと研究されてきたが、研究者たちはたいてい男性によく見られるものには丁重なラベルをつける一方で、女性によく見られるものには屈辱的なラベルを貼ってきた[353]。たとえば、男性は「自己主張的」――地位が高く望ましい用語――で、女性は「依存的」――地位が低く望ましくない用語――だといろいろなところで言われている。一般に、男性の行動に与えられたラベルは（主張性のように）情緒的成熟と結びつけられ、女性の行動に与えられたラベルは（依存性のように）未熟さと結びつけられる傾向がある。ウインら[353]によると、男性に多く見られると報告されるスキルや行動は、「合理的思考」のように、最重要あるいは基本的なもの、女性に多くに見られると報告されるものは、「世話をする行動」のように、重要ではないものあるいはレベルの低いものとして記述される傾向があるという。フェミニスト研究者でさえ、女の子や女性によく見られる行動について、彼女たちは社会的なものに「気を遣っている」あるいは「健康的なレベルでの気遣いをしている」ではなく、「過度の気遣いをしている」と述べる者がいる[353の151－152頁]。

この流布したパターンがもたらしたものは、多くの女の子や女性が、自分の行動を恥ずかしく思い、自分が「あまりに」依存的で、「あまりに」情緒的で、「あまりに」感受性が高いなどと常に心配するということだ。一方、男性に典型的な行動には敬意が払われてきたので、多くの男の子や男性は自分の行動を改善せねばならないのだろうかと疑ったことがない。そして、女性だったら依存的と言われるような行動を男性が示すような場合、そうした行動が概して望ましくないとか、男らしくないとみなされるために、バカにされるのではないかと心配しなければならない。

本章では、まず「女性に依存的で過度に情緒的だというラベルを貼るのは、研究によって正当化されるのか」という問いと、「男性に主張的だというラベルを貼るのは、研究によって正当化されるのか」について検討しよう。そして、この問いに関連する研究に関して、新しく説得力のある解釈方法を提供してくれる最近の文献について考えてみよう。

依存性と情緒

たとえ、綿密に練られた研究計画で、適切に集められたデータであっても、研究者はその結果の解釈やラベルづけを自分の好きなようにできる。研究によって、男性は自分自身の面倒をみることができるが、女性はできない、男性は自分の意見や気持ちを落ち着いてしっかりと言うことができるが、女性はできない、というようなことが本当に示されているならば、女性は依存的で男性は主張的だとみなされても当然だろう。しかし、研究によって明らかにされるのは、そういうことでは**ない**。女性が依存的で自己主張をあまりしないことを「証明する」ために利用されてきた研究のほとんどは、現実には、依存性や主張性とは思えないような行動を扱っている。ウインら[353]は、1960年代後半と1970年代に公刊され、女性が男性よりも依存的であることを「証明する」ために利用された、膨大な数の性差研究を概観している。ウインらが見いだしたのは、これらの研究が**実際に**示しているのは、以下のような点で、男性よりも女性のほうが多い傾向があるというものだった。

・他者を見る[14][116]。
・他者の話を聞き、話者に注意を払い、反応する。話をさえぎらない。反応のタイミングがうまいので、他者は話題を変えたり、ひっこめたりしない[15][221][343][360]。
・攻撃的でないタッチをする[348]。
・同性のそばに立ったり座ったりする際に距離が近い[23][155][234]。
・情緒に関係したメッセージの正確な送り手であり、受け手である[284][285][361]。
・友人や自分自身のことについて語る[82][159]。
・他者の行動やどのくらいその人たちのことを知っているかに応じて、自分の行動を変える[155][343][351]。
・微笑む[74][218]。
・知らない人と、積極的で親しみやすく勇気づけるようなやりとりをする[316]。

こうした研究を用いて、多くの研究者が女性は情緒面で依存的であると結論づけている（こうしたラベルづけに関する考察については、［300］を参照のこと）。

これよりも新しい研究[307]は、幼稚園児を対象としたもので「依存性」の性差を見いだしてはいないが、この研究の方法（［341］によってつくられた測度）で気になるのは、確実に健康的な行動と思えるもの、たとえば、大人のそばにいたがる、大人からの否定的な評価や非難に腹を立てる、小さなけがをしたあと大人からのなぐさめを求めるといったようなものが、「依存性」の中に含まれているということだ。また、他の研究[36]では、「仲のよい友人を失うと思っただけで恐ろしい」というような文章が自分にあてはまるとし、「他人が私のことをどのように思おうが、それは私の気持ちに影響しない」というような文章が自分にあてはまらないとすることで、「依存性」が測定される。さらに、ボーンスタインらは、女性が依存的だという信念が「西洋社会にかなり広まっているので、依存性に原因を求めない臨床医や研究者、一般の人を見いだすのは難しいだろう」と記している[36の170頁]。こうした行動は依存性と定義するのがよいのだろうか、あるいは「助けてくれる人たちとの人間関係を高く価値づけ、そうした関係から恩恵を得ることができるという表れ」と定義するのがよいのだろうか。

みなさんは前のページのリストにあがっている行動が必ずしも**依存性**と関係しないのではないかと思うかもしれない。しかしながら、講演でも文献でも、たいてい最初に女性は依存的であるという主張がされ、次に、その「証拠」として、たとえば女性は男性よりも他人をよく見るというような情報が提供される。これを聞いている人は、他者を見るという行動が情緒的な欲求をもっている表れもしくは依存性の表れだと思い込むのだ。このような研究に対して、1980年代に何人かの理論家がまったく新しい考え方を提案した。その1人、ソーシャルワーカーのレイチェル・ジョセフウィッツ・シーゲルは、

「男性中心の価値体系における女性の『依存性』」[300]という古典的な論文で、**依存性**というラベルがつけられていた行動に**相互依存**という別のラベルをつけることを提案している。相互依存は否定的な意味合いがなく、肯定的で成熟した意味合いを含んでいるという。他者について心配したり他者に対して反応したりするという特性を表に出すのが恥ずかしいと思っている男女にとって、この新しいラベルは自分自身についての見方を一変させ得るもので、自尊心をかなり高めるだろう。同じように、心理学者のジャネット・サレイ[323]は、前述したような行動を**依存性**や**未熟さ**とするラベルから**関係能力**、**関係の中の自己**という用語に置き換えるよう提案している。サレイとウェルスリー大学の同僚は、この新しい視点から、パーソナリティや対人関係の多くの側面について論じている[177][178][179]。たとえばジョーダンは、対人関係における共感性の性質や重要性に注目している[177]。

心理学者のニッキー・ジェラード[139]は、サレイの**関係能力**という用語が、人間関係に関して、今までとは異なるように、そして多くの場合、もっと生産的に考えるために役立つと論じている。最近まで、人間発達に関する理論家のほとんどは、自立や自律を発達の頂点としてきた[238]。自立や自律は**確かに**重要な目標だが、人間関係をつくり、自分や他者の気持ちを表出し理解する際に役立つさまざまな能力を伸ばし広げることも重要だ[238]。しかし、伝統的に自立を重視してきたため、人々が落ち込んだり動揺したりしたときに頼りにする心理療法家やカウンセラーは、そうした状態が「過剰依存」から生じているという稚拙な結論を出してしまうことが多い[29][36]。訓練を積んだセラピストであるジェラードは、彼女自身が自立にこだわっていたという。彼女の娘のサラが、ある日曜日に、駄々をこねてジェラードと遊びたがったとき、ジェラードは娘に1人で自立して遊ぶことを教えられなかったと思い込んでしまった。一緒に遊ぶと娘は自立しないままではないだろうかという不安から1人で遊ぶようにさせるべく試みたのだが、その努力は無惨に失敗したという。その後、ジェラードはサレイの関係能力に関する論文のことを思い出し、サラの甘えが寂しさや自分との距離感によるものではないかと自身に問うた。そして、ジェラードは娘を腕に抱き、愛情を伝えたのである。するとサラは飛び上がり、幸せそうに駆け出し、1人で遊びだしたという。母と娘が情緒的に再び結びついたとき、娘は幸せを感じ安心し、リラックスして1人で遊ぶようになったのだ。ジェラードが、母娘のつながりと自立との相互関連ではなく、自立**のみ**に焦点をあてていたら、問題は解決しなかっただろう。

この話は、心理的健康の指標として自立を過度に強調することが、いかに有害かということを示している。女性は男性よりも依存的――それゆえ、欠陥――だと仮定されてきたが、女性の多くが感情や他者とのつながりに――賞賛に値するくらい――配慮することを学んでいるとは仮定されてこなかった。これは、男女双方にそれぞれ害を与えてきた。女の子や女性は、関係能力を身につけ、他人に配慮するのが**当然だ**と教わる一方で、まさにその能力や配慮が未熟さの表れとして、あるいは精神的な病の兆候であるかのようにラベルを貼られてきたのだ。男の子や男性は人間関係への配慮という「女のような」感情を抑えるよう教わり、他者とのつきあいで使うスキルや、感情を認識したり表出したりするスキルを身につけるよう励まされることはほとんどない。それどころか、こうしたスキルを身につける意欲をそがれている例さえある。おそらくこのような理由で、臨床医は男性より女性のほうが依存的だと考えやすくなり、精神医学のハンドブックにある「依存性パーソナリティ障害」のラベルをつけられた人たちの大半を女性が占めることになるのだろう[29]。この障害の基準の説明に性別バイアスはないのだが。

こうした男女の依存性に関する考え方にもかかわらず、最近の研究では、どのくらい社会的サポートを受けているのか――情緒的回復力と強く結びついた要因――という認知の男女差がないことが示されている[81]。ただし、女性のほうが男性よりも友人がたくさんいると報告されている。サポート認知の類似性は、男性が依存欲求をあまり表に出さないことと一致している。それは、依存欲求を表に出すのは男性にふさわしくないとみなされるという理由と、男性はその欲求を声に出さなくても、察してくれる女性がたいていいるという理由の両方によるものだ[300]。このように、どのくらいのサポートを受けているという感じ方が性別で決まるわけではないが、性別はサポートしてほしいという欲求を気楽に表出できるかどうかと関連している。

女性も男性もシーゲルやサレイの文献を読むと、多くの場合、非常にほっとするようだ。それは、自分の気持ちや行動が、依存的で未熟なものではないとわかるからだ。そうした人たちの中にはたとえば、「親密で愛情のこもった関係を求めている自分が恥ずかしかった。過度に依存的だと思って。そして、シーゲルの論文を読んで、私は、結びつきを求めるふつうの人間的欲求をもっているということがわかった」と語る人もいる。

もちろん、依存的であることで否定的な影響がもたらされることもある。たとえば、マクブライドら[226]は、男女ともに対人関係に価値をおき、「良き依存性」を有することができるが、男女にかかわらず1人でいることに耐えられないのは問題だと述べている。マクブライドらはまた、大事な人間関係に危機が生じた際、依存的でかつ自分自身を責めるよう教わってきた人は、対人関係の問題をすべて自分のせいだとみなし、受け身になるだろう――これらの特性は、女性の社会化を特徴づけるものだ――と述べている。このようになると、問題を解決しようと積極的に踏み出すことなく、また問題から逃避することもなく、抑うつ状態になりやすい。ほとんどのパーソナリティスタイルや属性と同じように、ある特性が他方の特性よりも「優れている」とは断言できない。

女性は男性よりも道徳的に劣っているのだろうか

他者の気持ちや対人関係に対する女性の配慮は、女性は道徳的推論が男性ほど発達していないという主張に利用されてきた。道徳的推論の発達に関する研究を行った最も有名な理論家の1人が、ローレンス・コールバーグである。彼は、自分の研究から女性が未発達であることが示されたと述べている。コールバーグ[192][193][194][195][196]は、人々に道徳的ジレンマに関する物語をいくつか呈示し、物語の主人公がどうしたらよいかを尋ね、さらに、こちらの質問のほうが大切なのだが、**なぜ**そのようにするのがよいと思うのかを尋ねている。たとえば、1つの物語ではある男性の妻が不治の病におかされるのだが、夫は高価な治療薬を買うことができない。彼は薬屋に安く売ってほしいと頼んだり、後で支払うからと言ったりするのだが、拒絶されたため、店に押し入って薬を盗んでしまう。この物語を読んだ人は、その夫が薬を盗むべきだったのかどうか、そして、**なぜ**そう思うのか（たとえば、人間の命を救うのがいちばん大切なことだから、法律を破ってはならないから、など[195]）を答えるのである。

さまざまな年齢の人たちを対象にした研究から、コールバーグは、すべての人間が成長とともに通過する道徳性の発達段階を見いだしたと述べている。たとえば、初期の段階の1つでは罰を逃れるようなやり方で道徳問題が判断されるが、段階が高くなると、人命の価値といった基本的原理に基づいて道徳的判断が行われるという。コールバーグはさらに、すべての人が最終段階に達するわけではなく、そして、一般に女性の道徳的推論は男性よりも低い段階で止まる傾向があると述べている。具体的には、女性は道徳性の6つの発達段階の第3段階で止まる傾向があるという[195][196]。第3段階での道徳判断は、対人関係への配慮や他者援助に基づくものである。このように、「伝統的に女性の『良さ』とされてきたまさにその特性、つまり他者を思いやり、他者の欲求を感じとるという特性が、道徳性の発達においては未熟な証拠になっている」[142の18頁]。

コールバーグの有名な研究が発表されたあと、しばらくして、キャロル・ギリガン[142]が『もう1つの声』を出版した。彼女は、その著書の中で、コールバーグの研究に対して疑問を唱え、さらに彼女自身の研究も紹介した。彼女はコールバーグと一緒に研究を行っており、彼が道徳性の発達段階を決めるために用いた研究が、84人の男性（人種は記されていないが、おそらくほとんど全員が白人だろう）を対象としたものであったと報告している。1つの集団のみを対象にした研究で発達段階を「発見した」場合、まったく異なるように社会化された集団が同じパターンを示さなくても驚くことはないと彼女は指摘する。後者の集団が同じパターンを示さなくても、それで、その集団が欠陥をもっている、もしくは未熟であることが証明されると仮定すべきではない。コールバーグが明らかにした可能性のあるものは（彼の用いた集団は、これほど重要な理論の根拠とするにはあまりに小さすぎるのだが）、普遍的な発達段階ではなく、せいぜいアメリカ人（おそらく白人）男性の発達段階である。しかし、たとえそうでも、明らかに論争の余地はある。

ギリガンはまた、コールバーグの用いた物語が、参加者の現実の経験からかなり隔たっているものが多いという懸念にも触れている。そして、彼女は自分で研究を実施した。その際、彼女は女性の参加者のみを対象にし、その時点で彼女たちが実際に直面している道徳的ジレンマを用いたのである。それは、中絶するかどうかというジレンマであった。コールバーグが「道徳性が高い」とした男性は、「正義」というような抽象的原理に基づいて道徳性判断を行ったが、ギリガンが対象とした女性たちは、最大数の人にとって最大の幸福になるような道を見つけようとしていた。もしギリガンが対象とした女性たちをコールバーグの段階を用いて分類していたら、彼女たちは道徳的推論という点であまり発達していない、もしくは欠陥をもっているとみなされただろう。

多くの性差に関するテーマと同様に、研究者たちは、コールバーグが対象とした男性とギリガンが対象とした女性の間に見られる差異が、生得的なものなのか、学習されたものなのかという議論を行っている。しかし、おそらく、ギリガンの最も重要な業績は、道徳性について配慮と人間志向のアプローチをとる（抽象的な原理をたやすく用いないことから生じる「混乱」を伴っている）ことを、低レベルの非合理的で依存的なものではなく、敬意に値するものとして示したということだ。

シーゲル[300]、ウェルスリー大学のグループ[177][179]、ギリガン[142]らの依存性や道徳性に関する研究がもたらした興味深い結果の1つは、まったく新しい心理学の分野の価値を高め、それが注目に値し、そして研究するに値するとしたことだ。伝統的に、心理学研究の中でも、ある分野が他の分野よりも地位が高く、研究の価値も高いとみなされていた。多くの場合、達成、競争、自立あるいは自律性（たいてい男性と結びついているもの）は、養育、共感あるいは「依存性」（たいてい女性と結びついているもの）

よりも尊敬されてきた。

このテーマを終える前に、コールバーグの研究が男性のみを対象として仮想的状況のみを用いたという理由で、問題があるとするのであれば、ギリガンは目の前のきわめて個人的なジレンマに直面している女性のみを研究したということを指摘しておくべきだろう（ギリガンの研究に対する評価は、[76]を参照のこと）。道徳性に関する結論を出したいのであれば、多数の多様な男女を対象にし、さまざまな現実場面や仮想場面のジレンマを用いて検討を行う必要がある。

主張性

仮に女性が本当に男性より依存的**だとしたら**、女性の主張性が低くてもそれほど驚くことではないだろう。そして、実際、女性の依存性に関する誤った信念は、女性が主張的でないという思い込みが生まれる1つの土台になった。ここでも、研究が女性の主張性のなさの「証拠」として利用されてきた。しかし、研究が本当に示したものは何なのだろうか。それを見ていこう。

現実的な主張性に関する研究はきわめて少ないし、「主張性が必要とされるような対人関係で、女性は男性よりスキルが低いという仮定を直接支持するような実証的な証拠は、文献の中にはあまり見られず、その少なさは驚くほどだ」[309の165頁]。**自分自身について記述する**際に、男性に比べ女性は、自分はあまり主張するほうではないと回答することを示した研究もある[136][273]が、自己記述がその人の行動とは違うことはよくある。特に、社会的期待が関与するときには、これがあてはまる。男性は高い主張性が、女性は低い主張性が**期待されている**ので、自己記述における差異は、その人たちが言わねばならないと思っているものを反映しているだけなのかもしれない。

さらに、主張性以外の行動に関する多くの研究が、間違って主張性の研究として分類されており、それがまた、たいてい男性が好ましく見えるようになっている。たとえば、本章の最初にあげたリストで引用されていた多くの研究は――たとえば、だれが他者のコメントをさえぎるのか、だれが他者のコメントにあまり反応しないのか――、男性のほうが主張的だという考えを強化するために利用されてきた。しかしながら、実際のところ、こうした研究は主張性に関するものではない。スミーら[309]が述べているように、主張性を研究するといっても、通常、その重要な構成要素として**攻撃性**が含まれ、そして男性は女性よりも攻撃的にふるまうように社会化されている（攻撃性研究についての詳細な考察は第12章を参照）。

アイコンタクト、自分の感情や考えの表現、自分が独立した存在であるという主張――攻撃性や無礼な態度を含まずに、主張性の定義に合う行動――を用いて、実際の主張性を研究すると、どのようなことが起こるのかを見てみよう。スミーら[309]は、男女に、さまざまな社会状況――褒められることから、助けを求めたり、自分の外見を非難されたり、悪い人だと言われたりするといったことまで――に反応することを求めた。その結果、女性は適切な主張的行動、つまり、アイコンタクト、自己表現、独立した存在の主張といったものを男性よりも行ったのである。

啓発的な2つの研究

性差を見いだしたと断言する前に、慎重に検討し考えることが重要だ。そのことが、同じ子どもの集団を対象にした2つの研究によって劇的に示されている。1969年にゴールドバーグら[143]は、自分たちの研究から、女の子は依存的で男の子は自立的だということが明らかになったと主張した。その研究では、6か月児の男女それぞれ16人、13か月児の男女それぞれ16人が対象になっている。おもちゃがいっぱいある部屋で最初母親は子どもを膝に抱えて、その後、子どもを床におろす。15分後、母親と子どもをさえぎるように、部屋の中央に、木枠でかんぬきのついた網の柵が置かれる。こうして、それぞれの母子を30分間観察するというものである。

ゴールドバーグらによると、全セッションの間、母親のところに即座に戻ったのは女児のほうが多く、物理的にも視覚的（母親を見る）にも母親のところに戻る頻度が高く、母親を長く見つめ、たくさん声をかけ、母親の近くにいた。柵が置かれたあと、女児は助けを求めて泣いたり動いたりしたが、男児は柵を回って行こうと積極的に試みたという。この結果に基づき、ゴールドバーグら[143]は、女児は依存的で探索行動をあまりとらない、男児は自立しており探索行動をたくさんとると結論づけた。

この研究が公表されてから10年間、ゴールドバーグらの結論は、女性は情緒的依存性が高く、男性は自立性が高く、「問題解決能力」も高いことを示す証拠として広く引用された。この結果から、女性がいかに情緒性が高く無力で、男性がいかに高い実践力もしくは合理性をもっているかが、誕生1年目でも明らかだとされたのである。多くの人はそこからさらに、差異がこれほど早くから現れるならば、それは生得的で、本能のようなものであり、それゆえ避けられないものに違いないと結論づけるところまで行ってしまった。さらに、生得的で自然の姿とされているという**理由で**、そうした行動を変えようとするのは間違っているとさえ主張する者もいた。

その後、1979年にフェイリングら[123]は、ゴールドバーグらの研究に参加した子どもたちが25か月となり、同じ状況で観察した際に、どのようなことが起こっていたのかを報告した。女児はかんぬきをいじったり、母親に声をかけたりする時間が長く、男児はイライラした様子で母親を見る時間が長かったという。かんぬきを外して柵を抜け出せた女児は7人だったのに対して、男児はたった2人であった。フェイリングらによると、柵があるときの「問題解決の点では」、女児は声を出す時間が長かったが、男児は泣いている時間が長かった。男児に比べ、女児は2語発話や**外に**という単語を用い、柵について言及していた。

フェイリングらは、「要約すると……2歳児では……女児は問題解決にたくさんの時間を費やし……一方、男児は情緒的な動揺を示すことが多かった」と述べている[123の851頁]。この情緒的動揺は、ゴールドバーグらが「依存性」と呼ぶものだろう。さらに、フェイリングらは「男児も女児も（成長するにつれて）かんぬきをいじる時間が長くなったが、1歳から2歳の間の増加は、男児では有意ではなかったが、女児では有意だった」と述べ、そして、「2歳の時点で、女児は、欲求不満を感じるような状況への対処に役立つような、成熟した行為を多く用いるようだ」と結論づけている[123の851頁]。

この2つの研究は、たった1度だけの研究から、どのような行動が生得的であるかを無理に判断して、行動の性差に関する結論を導くことがいかに危険かということを示してくれる。特に、「女性のほうが依存的」というような性差が成人には必ずあると思い込んでいると、ゴールドバーグらの行ったような研究から、生得的差異が明らかにされたとつい思いたくなるのである。これに関係する誤りは、生後1年くらいで子どもたちがとるパターン（女児のほうが依存的で、男児のほうが問題解決が得意と解釈される可能性のあるもの）が、成人になるまで変わらずに残り続けると仮定することだ。本章を通して見てきたように、だれを対象に研究するのか、あるいは、どの時期に研究するのかといったことだけではなく、その行動に貼るラベルを選ぶ際には細心の注意が必要である。

もう1つ重要なこととして、どのような文化でも、敬意がほとんど払われていない行動や価値の低い行動は、いわゆる専門家によって、未熟さの兆候だとか不適切なもの、あるいは望ましくないものというようなラベルを貼られる恐れがあるということだ。白人で中流階級の男性が、他の人々よりも敬意をもって扱われる傾向のある社会では、白人中流男性と結びつけられるような行動は、成熟の証拠や確固たる情緒的適応の証拠として扱われやすい。このように、依存性、対人関係能力、行動のラベルづけについての研究は、何が健康的で何が健康的でないのか、何が人生を豊かにしてくれ何がそうでないのかを整理する際に、特に重要になってくるのである。

第12章 攻撃性の性差

男性や男の子は、一般的に、女性や女の子より攻撃的だとされており、この性差は生まれつきのもので避けられないと考えられている。非常に多くの社会実践がこの仮定に基づいている。その中には、女児バスケットボールではボールを2回以上バウンドさせてはいけないが、男児バスケットボールではコートをドリブルで走り抜けてもよいというルールのように、男女でかなり異なる実践も含まれている。また、北米の女性は第二次世界大戦後、男性復員兵に仕事を譲るべく、賃金労働を辞めさせられた。女性は、危険をおかさなくてもよい家庭役割に向いているとされたからだ[132]。

これまでの章と同様、**攻撃性——これもまた構築されたものである**——の定義にもかなりの混乱がある。主張性を攻撃性や暴力から区別している人たちもいるし、一方で、すべてを連続したものと考えている人もいる。攻撃性の性差を**測定**する際には、以下のような行動が対象になった。「落ち着いて自分の意見を述べ、意見を曲げないのはだれか」「他人の話をよくさえぎるのはだれか」[☆15]「ボーボー人形をたくさんなぐるのはだれか」「パーティーでお菓子をたくさん食べるのはだれか」「悪態をたくさんつくのはだれか」「空間をたくさん占領するのはだれか」「他人を殴るのはだれか」「他人のために立ち上がり、かばうのはだれか」。ある研究者が攻撃的と呼ぶ行動のそのほとんどすべてについて、他の研究者は別の名前をつける（研究する際の定義に関する問題はすでに詳しく論じたので、ここではそれほど深くは取り上げない）。本章を通じて心にとめておいてほしいのは、攻撃性の性差も、他の性差研究分野と同様に、定義が混乱しているにもかかわらず、研究が行われてきたということだ。研究者はたいてい、殴打といったようなある特定の行動を測定するのだが、多くの場合、その結果を過度に一般化し、「攻撃性」というカテゴリー全体の特性について主張してしまう。ある理論家たち（たとえば、[42]）は、ヒトのオスの攻撃的行動は人類の生き残りに必要なものだとまで主張し、そして、「ヒト以外の動物の場合、生得的な攻撃性がオスを駆り立て、オス自身や同じ種の動物に食料を与えるために、狩りを行わせる」「生得的な攻撃性がオスを駆り立て、同じ種の動物を保護させる」「生得的な攻撃性がオスを駆り立て、メスをめぐってお互いに争わせることで、オスは生殖上の遺伝子プールに自分の遺伝子を送り込むことができる」といった考えを述べることで、自分の主張を「正当化している」。しかし、ホワイトら[346]は、一般に攻撃性研究のほとんどが男性のみを対象として行われており、女性が含まれている場合でも、おもに男性のみを対象とした研究をもとにして攻撃行動の定義や攻撃性の検証計画を立てているので、おそらく従来通りのやり方で研究されているだろうと指摘している。このような研究は、攻撃的にふるまう**性質**ではなく、たとえば身体的な攻撃性を**喜んで示そうとする気持ち**に関する性差を映し出すものなのかもしれない。ホワイトらはさらに、女性は自然に（生得的に）非暴力的で非競争的で受け身であるというステレオタイプをあてはめられていると述べている。こうしたステレオタイプが、攻撃性に関する実験結果に見られる非生得的な性差をもたらす主要な原因になっている可能性もある（第3章の［317］についての考察を参照のこと）。また、ホワイトらは攻撃性に関する文献を概観し、ある条件やある文化では、女性も男性と同じくらい攻撃的になり得ることを示している。このことは、男性の攻撃性は不可避なものとする議論を検討する際、そして、男性のほうが攻撃的だとする主張の根拠とされている研究の問題点を検討する際に、心にとめていなければならない。

男性の高い攻撃性は生得的なものなのか★6

非常におもしろいのは、男性がすることは何でも、彼らの高い攻撃性の証拠として解釈される傾向があるのに、女性の行動にはそれがあてはまらないということである。たとえば、男性は食べるために動物を狩り、女性は食べるために植物を採集する文化があると指摘する研究者もおり、そして、これが男性が高い攻撃性をもつ証拠になるという。しかし、男性の狩猟が女性の採集よりも攻撃性を必要としていると、なぜ仮定しなければならないのだろうか。確かに、バッファローを槍でしとめるためにはそれだけ近寄らねばならず、それは、植物の丸い根を抜くために近寄り、それを調理するよりも**勇気**がいるのは間違いない。しかし、勇気は攻撃性と同じものなのだろうか。なんと言っても、多くの女性が出産の際に経験する苦痛に耐えることは大きな勇気が必要だが、それはたいてい、女性が男性よりも勇気があることを証明するものとして用いられたりはしない。確かに、その勇気は攻撃性と同じではない。また、食料のために動物を殺すことは、植物を採集したり出産したりすることよりも攻撃性がいくぶん必要だとしても、肉食は人類が生き残るために必要というわけではない。多くの人間社会の食料のほとんどは、採集されたり育てられたりしたものだ。狩猟は、どのような時代でも、人間の生存にとって必要なものとは証明されておらず、それゆえ、現代の男性が人類の生存のために、生得的な攻撃的動因や殺人的動因にとらわれていると主張するのは難しい。

ここで、男性の攻撃性が、人間が外部から襲われた際に人類を守るのに役立つと仮定してみよう。しかし、たとえそうであっても、男性がその攻撃性を危険な動物に向けるだけでなく、**自分の**種のメンバーに対しても向けるなら、人類の生存を**妨げる**ことになるのだが（女性虐待、子ども虐待、近親姦、性的暴行のように。これらは、すべて時代や文化を越えてよく見られる）。

これに対する反論は、ヒトのオスが自分と同じ種のメンバーに向ける攻撃性は、実際のところ、適者生存を確実にするというものだ。男性は、最良の女性、もしくはいちばん魅力が高い女性、もしくは最も頑丈な女性と生殖を行うための権利を求めて、お互いに戦う。そうして、最強の人間のみが遺伝子を伝えていくという。しかしながら、この主張は証拠と一致しない。ヒトのオスはしばしばヒトのメスや子どもを身体的に攻撃し、傷つけ、時に殺すこともある。このことは、もちろん、人類の生存については何も説明できないし、実際に、女性や子どもそして人類にとって危険である。また、ヒトのオスは他のオスを襲うが、それはメスをめぐる争いとは関係ないことが多い。さらに、最も繁殖が「成功」している者つまり子孫がたくさんいる者が、種の中で最も攻撃的な人物とは限らない[164]。

最後に。男性の攻撃性が人類の生存のために必要だと主張している理論家は、その主張を支持しようとして、ヒト以外の動物の行動を利用することが多い。しかしながら、従来の理論家は、自分の理論を

「証明」するために、研究対象にする動物を慎重に選んでいたことが、多くのフェミニスト研究者によって報告されてきた。彼らは、オスとメスの行動がいちばん異なる動物や攻撃行動がよく見られる動物を選ぶ傾向があった。どちらの性別が食料を調達し、どちらの性別が保護を提供するのかということに関して、動物は非常に多様であり、また、種全体の攻撃性のレベルや性差の大きさにおいてもきわめて多様であることが、今では明らかになっている。したがって、もし動物を用いてヒトの行動を説明したいと思うならば、対象にする種をきわめて慎重に選択しなければならないだろうし、その選択を正当化できねばならないだろう。たとえば、人類学者のライラ・リーボウィッツは、霊長類の攻撃性を定義し測定する方法が非常に多様であることを指摘し、また、霊長類の種によって攻撃性の性差が変動することを示している。テナガザルの成体はオスでもメスでも侵入者を追い払うだろう。さらに、テナガザルの場合、「ペアによっては、オスがメスに譲る傾向があるし、逆のこともある」［204の25頁］。対照的に、「身体の大きいオラウータンのオスは攻撃的なやりとりにほとんど関わらないし、オスのテナガザルに比べると、リーダーや保護者として働く機会さえも少ない」［204の26頁］。ヒヒは、ヒトのオスがメスよりも生まれつき攻撃的だということを「証明する」ためによく用いられているが、オスの中には

報告によると、脅威をもたらすものと群れの間に急いで身を置くものがいる。……危険な兆候があるとき、通常、オスは警告のほえ声を発し、その危険をもたらすものの近くや逃げ道のそばで陣取る。……しかし、危険が迫ってくると、木立ちの安全なところに逃げ込む最初の個体は、子どもを背負っていない者たち――オス――なのだ。［204の29 - 30頁］

実際のところ、人間に必ず見られる行動について証明するために、人間でない動物をモデルに用いることは正当化しがたい。ローゼンバーグ[283]がこの理由を説明している。人間の行動には生得的な性差があると主張している理論家のほとんどは、その性差は生殖活動に欠かせないものであるため、というような説明を試みている。しかしながら、ローゼンバーグが記しているように、ほとんどすべての動物とは異なり、人間の女性は、月経周期とは関係なく、また閉経後も性交が可能だ。このきわめて重要な点で、ほとんどの人間以外の動物の行動は人間とは異なっているのだから、他の動物の性関連行動に基づいて人間のことを主張するというのはきわめて受け入れがたい。さらに、過去を思い出し、将来について複雑な計画を立てたりあるいは空想したりするといった、高度な言語能力や抽象的思考能力の点で、人間は他の動物に比べてはるかに高いレベルにいると主張する理論家は、多くの場合、人間以外の動物行動を用いて、人間の男性が人間の女性よりも攻撃性が高いとされる性差を「説明する」ような理論家と同一人物なのだ。

テストステロンというホルモンは、人間の女性や他の動物よりも人間の男性において濃度が高いことが多く、男性のほうが高いとされる攻撃性を説明する身体的な基盤としていちばんよく言及される。この主張の背後には、ホルモンが行動を引き起こすという仮定があり、テストステロンが攻撃性を引き起こすとされている。そして多くの場合、このあとに、修正不能とされる生理学的基盤のせいで、男性の攻撃性、殴り合い、はては戦争というようなものが避けられない、と話が続くのである。しかし、非常に重要でありながら、ほとんど触れられない事実がある。それは、因果関係が逆かもしれないということだ。つまり、感情や行動の変化がホルモンレベルを変えるかもしれないのだ。多くの女性はこれに気づいている。身体活動のレベルや精神的緊張のレベルが変化すると，月経周期も変化することがあるのを，女性は知っている。感情や行動がホルモンレベルに影響する例は，他にも，怒ったり，極度に不安を感じたりするときに副腎ホルモンが増加する，性的に興奮すると生殖に関連したホルモンが変化するというようなものがある。

自明のことだが，ホルモンが行動を引き起こすというのは正しくない。ホルモンと行動は**お互いに影響を及ぼし合っている**。これは，ヒヒなどのさまざまな霊長類の研究によって示されてきた。人間行動の理解のために動物研究を役立てる際には，その限界を心にとめておかねばならないが，動物研究は時に**存在証明**として役立つこともある。つまり，理論の妥当性を示す例にはなるのだが，その理論が人間に直接あてはまることを実証する例というわけではない。たとえば，集団の中での順位（**順位制**と呼ばれる）が明確でかなり安定した動物の種では，血液検査をすれば，順位制の中での個体の地位が血液中のテストステロンのレベルと関係しているかどうかを見ることが可能である。人間の場合，順位制がそれほど明確ではなくすぐに変わってしまうので，この関係を追っていくのは難しい。リンダ・フェディガンは『霊長類パラダイム——性別役割と社会的絆』の著者だが，彼女は多数の研究を概観し，さまざまな種に見られるように，「テストステロンのレベルは，多数の環境要因と社会的要因に影響を受け，種によっても異なる」ことを示した。たとえば，オスザルのテストステロンのレベルは，突然，他のオスから決定的に打ち負かされたあとには，急激に低下するという[121]。さらに，「次のようなものが，テストステロンの循環レベルに影響を与えることが示されてきた。それは，個体発生上の地位，日周期リズム（体内時計のリズム），他のオスに比べた場合のメスへの接近度，季節性，社会的序列の変化，遭遇時の攻撃の成功と失敗といったものである」[121の164頁]。

このように、ヒト以外の霊長類では、テストステロンと攻撃性は明らかに双方向の影響関係にある。さらにおもしろいのは、フェディガンが「ヒトのオスを対象にした研究では、一般にアンドロゲン（男性ホルモン）レベルと攻撃性レベルに関係はみられない」と報告していることだ[121の164頁]。反論する研究者もいるだろうが、興味を引くのは、この分野の科学的研究に大きな歴史的変化があったということだ。かつて仮定されていたのは、ホルモンが行動を引き起こすということだけだったが、この単純な見方は誤っていることが今ではわかっている。そして、動物研究が人間行動と関係しようとしまいと、人間の行動や感情がホルモンレベルを変えるという事実は、社会的にも大きな含みをもっている。これについては本章の最後の節で記そう。

最後に。次節で詳述するが、攻撃性の性差はきわめて変動しやすく、多くの研究では一定の年齢範囲内でのみ性差が示されており、社会的なものに影響されているという説明のほうが妥当である。たとえば、アンナ・キャンベルは攻撃性の性差をもたらす可能性のある心理学的媒介要因を外観し、恐怖について言及している[46]。彼女の考えでは、恐怖を感じる人が自分を守るために攻撃的になることはあまりない。それは、たとえば報復を受ける危険性のように、自分の攻撃がもたらす帰結を避けるためだ。したがって、もし男性が女性ほど恐怖を感じないのであれば、攻撃性に性差が生じることになる。しかし、ここでは、攻撃性の性差を進化論的立場から説明する考え方について検討しよう。恐怖感の低下は、男性の場合には適応特性だが、女性の場合にはそうではないのだろうか。その場合、男性は女性よりも生得的に恐怖を感じないと仮定するべきなのだろうか。これはおそらく危険の程度と性質に依存するのだろう。現時点で、進化論に基づいた主張は非常にあいまいであり、ヒトの進化の重大な時期に作用した選択力は何なのかを正確に知ることができるかどうかにかかっている。それは多くの場合、確認できない情報であり、それゆえ結論は、通常、推測にひどく依存したものになる。しかしながら、きわめて妥当な説明がある。それは、多くの社会的要因が行動に影響を与えるということ、そして、こうした要因が、時に見いだされる性差――その大きさはさまざまだ――、さらに攻撃行動全般におけるさまざまな差異が生じる際にも、重大な役割を果たしている可能性があるということだ。

攻撃性の性差に関する研究★7

人間の男性は女性よりも攻撃的だという信念はどこから生まれたのだろうか。人間の攻撃性の性差に関する研究は膨大に行われてきた。性差を見いだされ**ない**研究を公刊するのは、不可能でないにしても難しい[49]。これは、第3章で詳細に検討したように、お蔵入り問題として知られている。それゆえ、**公刊された**攻撃性研究だけを見れば、ほとんどの研究が性差の存在を確証しているように思えるだろう。しかし、性差がみられなかった研究と、男性のほうが攻撃的だったという研究があるとしたら、それは、男性のほうが攻撃的なのは**確か**だが、それが常に研究で明らかになるわけではないと考える人もいるだろう。こうした疑問へのいちばん単純な答えは、「そうではない」というものだ。性差研究には何らかの意義があり、差を見いださない研究を考慮に入れる必要がないという仮定は、納得できるものではないし、無責任だ。しかし、その逆、つまり性差研究には欠陥があるというのも簡単だ。2つに分かれる結果をどうすればよいのだろうか。これを検討する方法の1つが、「境界条件」と呼ばれるものを探すことだ。

境界条件を探す

境界条件とは、同じはずの現象を扱っているのに、なぜ研究によって結果のパターンが非常に異なるのかを理解するのに役立つ指針だ。簡単に言えば、攻撃性の性差研究を扱った膨大な文献に関して、「性差が見られなかった研究は、男性が女性よりも攻撃的だとする研究と、体系的にどのような点で異なるのだろうか」というものだ。

これが、攻撃性研究の文献に関する1本の展望論文[50]の礎にあった問いである。この論文では児童や中・高生を対象にした研究が概観されている。児童や中・高生は、成人に比べ、社会化の影響を受けている年数が短い。乳児を対象にした攻撃性の研究は、実質的に不可能だ。はっきりと攻撃だとわかるような行動が表に出てくるようになる児童期まで待たねばならない。しかし、児童期初期を対象にした研究でも、報告された攻撃性の性差のかなりの部分が、すべてではないにしても、社会化における性差から説明できる。結局のところ、非常に幼い男の子でさえ女の子に比べると、攻撃的に行動するよう許されていたり励まされたりしているのである。

攻撃性研究を概観してみると、実際に境界条件を見つけることができた。児童や中・高生が自分たちの行動が観察されていないと信じる場合には、性差は見られなかったのだが、対照的に、自分たちが見られているとわかっている場合には、男の子は女の子より攻撃的になる傾向があった。このことから、少なくとも2つの重要な考え方が支持される。まず、攻撃性の性差はかなりの部分もしくはすべてが学習されたものだという考え方。そして、男性の高い攻撃性（男性によく見られる妻への虐待、性的虐待、近親姦のようなもの）は、避けられないものではないし、さらに生物学的原因のせいだと言い逃れられるものでもないという考え方だ。

攻撃性研究の抱える問題のいくつか

多くの研究において、「攻撃行動」の得点化は主観的なものであるため、遊び場のような自然の場面での行動を研究することも可能になる。しかし、2人の評定者が主観的に評価し、子どもの行動を同じように評定するとしても（たとえば、2人がともに、あるXという行動をした子どもを攻撃的だと判断する）、これは単に2人の評定者が同じバイアスをもっていることを示しているだけかもしれない。さらに、参加者が自分自身あるいはお互いの行動を評定する際には、主観が入る余地がある。ヴィメル[332]は、児童を対象に将来の犯罪行為を予測する要因を検討する中で、女の子は他者から攻撃的だと評定されないようなときでも、自分自身を攻撃的だと評定することに気づいた。

こうしたことにもかかわらず、ボウルトン[38]は、子どもの乱暴な遊びについて行った研究で、評定者の記述が一致しているので、その評定にはバイアスが入っていないことが証明されたと主張している。一方で、ボウルトンは、多くの研究者よりも、攻撃の指標を細かく分け（たとえば「ボクシング」「追っかけ」など）、指標によって性差がある場合とない場合があることを見いだし、1つの研究結果を過度に一般化することの不適切性を示している。

主観的な評定の抱える問題を避けようとして、実験室で実験器具による得点化を用いる研究者もいる。たとえば、他の人に電気ショックを与える（とされる）レバーの設定を決めさせるといったものだ。こうした実験の参加者は、他の部屋にいる見知らぬライバルと競争していると言われる（たとえば、［279］）。そして、参加者は見知らぬ人に対して攻撃的にふるまうように教示されたり、その許可を受けたりする。しかし、想像上の人物に電気ショックを与えることは、自分の行動に対して相手がどのように反応するかを見ることができるような状況で、相手に電気ショックを与えることとはまったく異なっている。この問題に対処するために、シナリオを信じない参加者を除外しようとした実験者もいる（［279］を含む）。

こうしたアプローチの抱える問題はもう1つあり、それは、場面の真剣さ、つまり「リアリティ」を台無しにするものによって、結果の解釈が難しくなるということだ。研究プロジェクトを実施している教授が、だれかに電気ショックを与えるよう、あるいは隣室にいる（とされる）人をひどく侮辱するように指示したと、参加者は本当に信じるだろうか。そして、説明を信じない参加者は、簡単に、攻撃や暴力に鈍感になるだろう。子どもたちがビデオゲームの暴力に対して、すぐに鈍感になるのと同じである。研究は、現実生活でいつどのように人々が攻撃的になるかを正確に映し出すものではない。もしかしたら、実際に測定されているものは、人工的なシナリオを受け入れて、一連のルールに従えるという能力であり、「生まれつきの」攻撃傾向ではないのかもしれない。

さらに、研究者が攻撃性の研究で測定しているものの中には、**攻撃行動に関する社会規範を参加者がどのように認知しているのか**によって、強く影響を受けるものが多いのではないだろうか。男の子がたいへん攻撃的だと思う行為，つまり怒りの表出を，女の子はまったく攻撃的ではないと解釈するかもしれないし，その逆もあるだろう。クリックら[85]の研究は，まさにこの点を検討したものであり，女の子と男の子が怒りをどのように表出するかを男女児に尋ねたところ，男の子の怒りの表出についての男児の回答と女児の回答の性差は，女の子の怒りの表出についての男女児の回答の性差に比べて大きかったという。したがって，最低でも，こうした異なる社会規範は考慮に入れるべきだろう。たとえば，ゲームの敵を侮辱する女の子が男の子よりも少ないとしても，それは，女の子が生得的に男の子より善良なためではなく，攻撃するのは女らしくないと思っているせいかもしれない。これに関連して，コッパーら[198]は怒りの表出と抑制が，性別よりも，ジェンダー役割指標と相関することを見いだした。おもしろいことに，一般に信じられているように，男性的なジェンダー役割に比べ，女性的なジェンダー役割のほうが怒りの抑圧と結びついているというわけではないようである。

攻撃性の性差研究の領域でもう1つ重要なのは，男女は，親密なパートナーとの関係では同じくらい暴力的なのかという問いである。女性は男性と同じくらい暴力的だと言う研究者もいるし，男性のほうが攻撃的だと言う研究者もいるし，性差はないと言う研究者もいる。ローマンズら[282]は，親密なパートナーとの関係で，女性は男性と同じくらい暴力的だという最近の主張を取り上げ，そして，これを暴力をふるうのはおもに男性だという主張と比べる中で，質問項目の言葉遣いに関連した方法論的問題をいくつか記している。そして，こうした問題によって，虐待のさまざまな種類，その頻度，深刻さの程度が弱められてしまうと述べている。また，ローマンズらは，多くの研究で用いられている主要な尺度から性的虐待が抜けていることに注目した。こうした研究計画上の問題に配慮して，ローマンズらはカナダ全土での大規模な調査（男女の回答者に、親密なパートナーとの関係で生じた、深刻ではない身体的暴力、深刻な身体的暴力、性的虐待、情緒的虐待について尋ねたもの）のデータを利用した。ローマンズらは、いずれかの暴力を一度だけ受けたと答えているのは男性か女性かということだけを検討した場合には、性差はないのだが、男性に比べ、女性は親密なパートナーの暴力を何度も受けた被害者だと答える傾向があることを見いだした。女性はまた、男性パートナーに首を絞められ殴られるといった深刻な身体的暴力の被害者だと報告したり、身体的負傷を負うようなエピソードを報告したりすることが多かった。これは、身体の大きさや強靭さが（平均して）違うことが原因の1つかもしれない。

親密な関係の中で生じる攻撃について考える際には、文化的な要因に大きく左右される可能性のあることを心にとめておいてほしい。いずれにしても、親密な関係における攻撃性のレベルを測定することは、主観的な報告に大きく依存することや、いろいろな暴力の種類を分類したり名前をつけたりする際の問題を考えると、これまで述べてきたような他の攻撃研究と同じように、研究者の手腕が問われるだろう。もし、これまで見てきたように、経験的要因や社会的要因のせいで、子どもを対象にした攻撃性の研究が難しいのだとしたら、成人の親密な関係について研究する際には、こうした要因について言及することがいっそう必要だろう。

女性は違う形で攻撃的なのだろうか

男女を比べると男の子は身体的な面で攻撃的だが、女の子は「関係性攻撃」を行うということが最近よく報告されている（アーチャーら[13]は，この種の攻撃性研究を概観し，関係性攻撃，社会的攻撃，間接的攻撃という3つの用語に分類しているが，それらは密接に関連した概念だという）。関係性攻撃は身体的ではなく，たとえば，ある人の否定的なうわさを流したり，その人を仲間から排除するといったことを含んでいる[13][84][243][254]。関係性攻撃あるいは間接的攻撃といった分類は，性差を攻撃性レベルの絶対的差異として説明するのではなく，攻撃性をどのように表出するかという点で男女は異なる（それはほんのわずかであるが）と考えるものだ。しかしながら，一方で，自然場面での子どもの観察研究では関係性攻撃の性差は見いだされていない[180]し，同じように，大学生の関係性攻撃の経験[21]，あるいは恋愛中の関係性攻撃の経験[19]の報告においても，性差が見いだされていない。また，ベイソウら[21]の研究参加者は，関係性攻撃が男性よりも女性を傷つけるとは考えていなかった。これらの明らかに矛盾する結果を説明できる考えは，まず，子どもでは関係性攻撃に性差があるが成人にはないというものだろう。というのは，性差が見られた研究は子どもを対象にし，見られなかった研究は成人を対象としたものだからだ。もう1つの可能な説明は，ジュリアーノら[180]が報告しているように，何を関係性攻撃として分類するかについて観察者の判断が一致していないというものである。これに関連して，オストロフら[255]は，男性は女性ほど正確に関係性攻撃を同定できないことを見いだしている。

ディキンソン[103]は，若い女性の場合，女らしさの規範への同調が増加するにつれて，関係性攻撃と身体的攻撃がともに減じ，若い男性の場合には，男らしさの規範への同調が増加するにつれて両方の攻撃性が増えることを報告しており，興味深い。

関係性攻撃や間接的攻撃の指標は，いわゆる直接的攻撃と同じような測定上の問題の影響を受けやすい。攻撃行動を評定する者が、研究者、友人、教師であろうと、あるいは自己報告であろうと、すべて主観的な評定だ。どのような場合でも、評定者は性差がある（あるいは性差がない）と期待しがちであり、それが気づかない形で評定に影響を与えるかもしれないし、性差の大きさ（効果量）はだれが評定を行っているのかによって大きく変わる可能性がある[172]。要約すると、研究というものは、性差を特定の方向に引き出すか別の方向に引き出すかという点で、きわめて変動しやすいものであり、少なくとも対象者の年齢によって大きく変わってくる[13]。関係性攻撃あるいは間接的攻撃が女性に圧倒的に多い攻撃の形だとする考えは、女性対男性という我々の文化的な期待に沿うものかもしれないが、この考えを支持するような信頼性の高い証拠はほとんどない。それどころか、関係性攻撃は男女の間で驚くほど類似しているように思われる領域の1つである[172]。

攻撃性についての仮定がもたらす社会的・政治的ないくつかの帰結

伝統的なパーソナリティ理論によると、女性に比べ、男性は攻撃的で性的な強い動因をもっており、それはコントロールしがたいものだという。興奮や衝動をコントロールできないあるいはその責任をとれないと仮定するのは、男性をおとしめるようなものだが、この屈辱的な意味合いはたいてい見逃されてきた。男性が攻撃的で性的な動因をコントロールする力が、選択の余地なく生得的に備わっていないことが真実ならば、社会は何らかの規制を課す方法を編み出してきたはずだ。たとえば、日没後に男性が外出することを禁じる、衝動のせいで深刻な悪影響がでるほどの権力を伴った仕事から男性を遠ざけるといったようなことだ。

しかし、男性の動因が生得的に強く、コントロールが難しいという主張は、性的かどうかにかかわらず男性が他者に向ける攻撃を**正当化し**、被害者――たいてい女性や子ども――が「うるさくつきまとったり」「誘惑したり」して「自分で招いた」とされ、被害者を**責める**ために、しばしば利用されてきた。

臨床医、研究者、理論家の中には、男性が他者をどのように扱うかは――女性と同様――本人の責任であり、本人の責任ではないという主張は正しくないし、公平でもないし、健康的でもないと明言した者がいる（たとえば、［106］［246］［290］［293］［294］［295］［338］［56］）。男性を擁護する理論によって覆い隠されてきた点――今から見れば明らかなことなのに――にもようやく光があてられたのだ。たとえば、もし男性が本当に自分の攻撃衝動をコントロールできないならば、そして、男性が女性より生得的に攻撃的ならば、**すべての**男性は妻や子どもに対して暴力をふるうだろうし、いったん妻を殴りはじめたら妻が死ぬまで殴り続けることになるだろう（これは時として起こることだが、いつもというわけでは**ない**）。最近の研究が示しているのは、女性や子どもの被害者が自分で暴力を招いているわけではないこと、ましてやそれを喜んでなどいないこと、そして実際のところ、恐怖に直面したときに、多くの場合には、可能な限り生き残るためそして抵抗するための巧みな方法を見つけるということだ（［56］［246］［293］［294］［295］［337］また、本書の第10章も参照のこと）。

こうした最近の研究にもかかわらず、女性を責め、女の子を責め、男性が言い訳をするという傾向は、今も臨床の現場や理論を支配している。1つの例は、近親姦を行った父親たちでは**なく**、被害者やその母親に責任があるとする主張が今も存在しているということだ――もっとも、今ではそれ以外の主張も存在する[347]。

自分の暴力行為に関する成人男性の責任を、堂々と矮小化するという例がもう1つある。それは、アメリカ精神医学会が1985年に提案した「脅迫的性行為強制障害（Paraphilic Coercive Disorder）」という診断カテゴリーだ。レイプをした男性もしくはレイプをしようとした男性で、レイプすることにとりつかれていると語る人もしくはどうしてもレイプしてしまうと語る人は、この障害をもっているという。多くのメンタルヘルス専門家の団体、女性団体、一般の人たちが、このカテゴリーに反対した。そこで指摘されたのは、レイプ犯はいわゆる「精神疾患」をもつゆえに、自分のおかした暴力の責任がとれないという理由で、軽い刑にするよう裁判官を説得するために（心神喪失の申し立てとして）簡単に利用されるであろうということだった。この診断カテゴリーの提案は学会によって拒絶されたが、提案前も提案後も、弁護士はセラピストから頻繁に協力を得ていた。このセラピストたちは、レイプ犯に面会し、その犯罪的な暴力行為が精神的な疾患によるものだと陳述していたのだ。それに基づいて、事実上、裁判官はレイプ犯に必要なのは罰ではなく援助だと述べることが多く、そして、軽い実刑あるいはまったく実刑なしで、代わりに心理療法を受けるよう命じている。こうしたことが長い間よく行われてきた。心理療法はレイプ犯の暴力を阻止するのにあまり効果がないことが示されてきたにも**かかわらず**。

開かれた未来をめざして

良識ある論者の中には、親密な他者に対する男性の頻繁な攻撃は、女性や子どもや家族にとって破壊的であり、また環境に対する大規模な制度的暴力と戦争への執着は、地球とあらゆる生命を破壊する脅威だと記している者もいる[109][145][337]。多くの人が、男性は自分の暴力をコントロールできないという考えを否定し、そして、男性のさまざまな形での暴力を止めるためにがんばろうとしている。そのためには、「マッチョな」男性というステレオタイプを完全に捨てねばならない。というのは、身体的に男性とされる人たちが、自分たちはタフで攻撃的にふるまわねば**ならない**と信じている限り、暴力は減らないまま残り続けるからである。

第13章 母親非難

どのような問題であろうと、そのすべてが母親のせいにされる。あまりによく行われることなので、気づかないうちに身のまわりに発生していた空気汚染に例えられている[54]。子どもに悪いことが起こったら、そのすべては母親の責任になる、というのはあたりまえのように見える。というのは、我々の社会は、母親に対して、子育てや子どもの世話を優先するように期待しているからだ。しかし、子どもの問題に関する研究は、この考えを裏づけているのだろうか。研究者やセラピストが解決しようとしてきた最大のミステリーの1つは、何が人間の情緒的な問題をもたらすのかという問いだ。臨床医や理論家がこの問いにどのように答えるかが、子どもと大人の両者に対する心理療法の実践、さらに、研究のリサーチ・クエスチョンに深い影響を与えてきた。人間行動分野の専門家は、人間の発達があまりに多くの要因に影響を受けており、それらの要因が情緒問題に与える影響が直接的な場合もあるし、複雑に絡み合っている場合もあるので、落胆のあまり、研究を投げ出してしまうことがよくある。そして、実際に、行動によってはまったく説明できないものもある。それは、ランダムもしくは恣意的な行動だったり、測定する方法がないような要因もしくは測定しようなどと考えたりしないような要因によって影響を受けているためだ。

研究によって、きわめて単純な効果を検討することは、時に可能である。たとえば、工場労働者が、音楽がないときよりクラシック音楽が流れているときのほうが生産的かどうかを知りたいと思ったら、音楽の有無で生産性を測定すればよい。しかし、ある子どもがなぜ破壊的なのか、ある10代の子がなぜドラッグを使うのかを研究したいと思ったら、それほど単純にはいかない。ある方法で子どもを扱うとその子どもに悪影響が出る恐れがある場合、一部の子どもたちをこの悪影響の出る可能性のあるやり方で扱い（処遇A）、その他の子どもたちはそうではないやり方で扱う（処遇B）と決めた実験を行って、検討するというのは、倫理的にも人道的にも不可能である。たとえ、そのようなことが**できた**としても、非常に多くの要因が子どもに影響するので、異なる条件に割りあてられた子どもたちが、処遇以外の点で同一の要因にさらされているとは保証できない。そして、もし処遇以外に受けている影響が同一で**ない**ならば、子どもたちに見られた差異が処遇Aと処遇Bによるものなのか、他の要因が異なっていたことによるものなのかははっきりしない。★8

これは、情緒的問題がどのようにして発現するのかを検討するのが、いかに複雑かを示すほんの一例である。この複雑さゆえに、人々の不幸の原因と結果に関する知見には大きな空白部分がある。我々は、悪影響を与えるような社会的要因（たとえば、貧困、ホームレス、失業、人種差別）について考慮されることなく、個人の問題に対して本人――あるいはその家族――が責めを負いやすい社会に生きている。社会と個人という2つの要因は相互排他的なものではないのに、現実においてはあたかもそうであるかのごとく扱われることが多い。我々は批判し責めることができる個人や家族を捜しがちだ。不幸の原因がわからない空白部分は、子どものトラブルを母親の責任にする研究者やセラピストの主張によって満ちあふれている。こうして、セラピーの事例検討会の時間の大部分と、セラピーの専門雑誌の紙面大部分が、多種多様な母親非難に費やされるのである。さらに子どもをセラピストのところに連れて行くのは母親（父親でなくてもよい）という期待も、母親非難を強化しており[304]、母親がセラピストのところに行くことによって、子どもの問題を解明しようとする専門家による吟味の対象になるのは、確実に母親ということになる。

母親非難は正当化されるのか、もしくは役に立つのか

大きな問題は、論理的に考えてみると、母親のみを責めることがこれほど広がっていることの説明がうまくつかないということだ。母親が育児のおもな担い手であるような家族でさえ、子どもたちは他の人々や事物――父親、親戚、家族ぐるみの友人、教師、仲間、メディア、書籍、子ども自身の生得的な特徴（乳児は生まれたときから気質がそれぞれ異なることが知られている）――の影響にさらされている。専門雑誌に掲載されたメンタルヘルスの専門家の１２５本の論文を対象にした研究によると、母親は、おねしょから統合失調症までの72種類の子どもの問題について責められていた[60]。その研究は、この１２５本の論文を、母親と父親のそれぞれを記述するために使われている単語の数、子どもの問題の原因を母親のみに直接に帰属するもの、過去の文献の母親非難を疑うことなく受け入れているもの、そ

の過去の研究を子どもの問題に関する説明の中に組み入れているもの、といった基準をもとに63種類の母親非難に分類している。63種類の非難のいずれにおいても、父親やその他の人は母親ほど責められておらず、母親非難の頻度や激しさは圧倒的なものだった。

母親は育児のおもな担い手なのだから責められて当然という主張は、母親を責めるセラピストや研究者が言っていることを検討したら、通用しなくなるだろう。カプランら[60]が取り上げた多くの文献の中で、論文執筆者たちは、母親以外の人間を責めまいとしてばかばかしいほど無理な解釈をしている。「学校恐怖症」の――学校に行くことを拒絶している――ビリーについての報告[308]を取り上げてみよう。これまでずっと、学校恐怖は母親のせいにされてきた。それは、母親が要求が多く、依存的な人間で、子どもと密着したがっているという理論に基づいている。ビリーについての記述の中には、この古い理論が疑われることもなく用いられており、母親はビリーが一日中家にいて一晩中テレビを見てもよいとしたことで責められていた。ビリーと父親との関係は「ほとんどすべての点で理想的」と述べられた。しかしながら、父親は農業を営んでいるとも書かれている。一晩中起きていてもよいという許可は母親が出したとされているのだが、父親はどこにいたのだろうか。農業では、一晩中、畑で耕作しなければならないということはほとんどない。

母親に責任を負わせるためにならどんなことでもするという研究例を、カプランらの論文をもとに、もう1つ検討してみよう。ある研究者が、捕虜収容所にいた男性の子どもは、そうでない子どもに比べて、情緒的問題を引き起こしやすいことを見いだし[301]、その理由を知りたいと思った。こうした家族のいくつかを対象にした検討の結果わかったのは、捕虜だった人たちは精神的に動揺し空虚感をもつことが多く、家族と一緒にいても家族と情緒的に関わらないということであった。これが子どもの問題を説明する——あるいは説明の手がかりになる——という結論になると、みなさんは思うだろう。しかしながら、この研究者が主張したのは、男性の問題が妻を精神的に苦しめ、そのため適切な育児をする女性の能力が妨げられ、そして、**それが**子どもの問題の原因になるということだったのだ！

読者のみなさんが驚くのは、こうした研究で父親が責められていないということだろう。父親が不在であるとか、極端に高い基準を求めるような場合、その父親に関する懸念を聞くことが多い。しかし、実のところ、父親はたとえ自分の子どもを性的に虐待していても、子どもの問題に対して責められることはほとんどないのだ[229]。対照的に、母親の存在は潜在的にきわめて危険なものになる可能性があるように考えられており、一部の理論家や臨床医は、母親は子どもたちの生活に**あまり関わらない**ほうが望ましいとまで主張している。一方、父親の存在はきわめて望ましいものであり、それゆえ父親の不在を嘆きこそすれ、留守をしている父親を責めたりはしない[55]。子どもに恐ろしく高い基準を求める父親に関しては、父親は公的世界つまり家庭の外の世界に属するメンバーとして尊重されることが多いゆえに、その基準は子どものためを思ってのもので、子どもを外の世界の基準に触れさせようとしたものだとみなされることが多い。対照的に、母親の基準は価値のないもので、女性のもっている過剰支配の性質が現れた例だとみなされがちである[55]。こうしたことから1つ学べることがある。それは、強力なステレオタイプ——たとえば、父親は物理的あるいは情緒的に不在であることが多い、父親の求める基準は高すぎるというようなもの——が単に存在するだけでは、必ずしも、それがセラピストや研究者や一般の人たちの行動や思考を支配するようになるわけではないということだ。この違いを生む要因の少なくとも1つは、母親に対して、100%の時間100%の愛情を込めた世話を期待する（本章の後半で考察する）というものであり[55]、それゆえその愛情のこもった世話がほんの少しでも欠けると、それは不自然で子どもの信頼に対する裏切りとみなされる一方で、父親にはそのような期待は向けられないということだろう。こうして、父親の不在はしばしば切ない言葉で語られ、父親の求める基準にこたえられないという感情が悲しみとともに語られることになる……しかし、そこに怒りや非難はない。

小さい赤ちゃんが父親にも母親にも同じように微笑み、父親に対しても母親に対しても強い愛着を形成できるという確かな証拠がある[321]ことを考えると、母親のみをひどく非難するというのはまったく理解できない。明らかに、両親ともが子どもに対して途方もない影響を与えているのだ。

非難と原因帰属（原因の説明）の差異について考えてみるとわかることがある。非難は回避的な方策であるが、帰属は熟慮して行われるならば生産的にもなり得る。家族以外の人間から性的虐待を受けた子どもたちについてマガフィー[229]が行った研究が、この違いを明らかにしてくれる。マガフィーによると、子どもが被害を受けたことに対して、母親も父親も、母親を非難するという。母親が働きに行かずに、家庭で子どものそばにいたら、こんなことは起こらなかっただろうというようなことを言うのである。急がず冷静に考えれば、家庭の外で働いていた父親にも、子どものそばにいなかった責任が同じようにあるということに気づいていたかもしれない。もちろん、問題が起こった原因を理解しようとすることに何ら問題はない。しかし、非難に走ると、問題に対する行動を何も起こさないようになるかもしれないし、あるいは、生産的な形で問題に注意を向けさせてくれる可能性のある他の要因を探すことを避けてしまうかもしれない。非難の副作用として、非難を受ける人（たとえば、母親）があまりに責任を感じすぎるようになり、そのため問題に生産的に取り組む努力をしなくなる可能性がある。加えて、母親の影響のみを原因とすることは、人間の経験に対して、ごく狭い見方をするということだ。

母親非難が広く行われている理由の1つは、我々の社会やメンタルヘルスの専門家が母親に過度に焦点をあてているというものだ。単純なことだ――もしみなさんが母親しか見ていなければ、他にトラブルの原因があっても、それは目に入らないだろう。結局のところ、社会を変えるよりも母親を批判したほうが簡単というわけである。カプランら[60]によると、専門家が父親について触れても、それは父親をほめる（ビリーの父親について記したように）――母親についての記述にはこうしたものはほとんどみられない――か、情緒的な障害とは無関係とするかのどちらかという場合が多い。後者の例として、子どもの両親を以下のように記述した論文がある。「父親はレンガ職人で、患者が生まれたときには34歳だった。父親は健康。患者が生まれたとき、母親は33歳だった。母親は『神経質』」[248の116頁]。またその研究では、クラインフェルター症候群と呼ばれる染色体異常のある3人の子どもの事例が報告されている[248]。この3件の事例の中で、親に関する情報でいちばん気がかりなものは、1人の父親が子どもに心理的虐待を加えていたということだ。しかし、その研究者たちは「クラインフェルター症候群の子どもは心理面で健康に成長できるのか」という問いに対して、**母親が**適切に行動していれば健康な成長は可能だという結論を出している。トラブルの原因について考える際に、虐待を加えていた父親の行動は見過ごされてしまったようだ。

カプランらが1985年に報告した母親非難のパターンは、今も続いている。皮肉なことに、1985年にカプランらの論文が掲載された『アメリカ矯正精神医学誌』[60]には、1997年に、1人の男性と2人の女性による共著論文が掲載されたのだが、それは、前述した研究と同じように、母親非難をもたらすような方法論的問題を含んだ報告だった。それはヘレンコールらが、青年期の攻撃的行動の予測因を特定しようとして、子どもたちを幼稚園時代から16年間にわたり研究したものだ[154]。ヘレンコールらは論文のはじめのほうで、対象者の86％が「1人の男性と1人の女性を親にもつ」家庭の子どもだと述べている[154の423頁]のだが、彼らが研究しているのは子どもと母親の相互作用だけである。したがって、母親の子どもに対する「望ましくない」扱い方が、子どもたちが青年期になったときの攻撃行動と関連することを見いだしたのは当然だろう。しかし、母親に焦点をあてることだけが、研究方法の中で母親非難を生みだす唯一の要素というわけではない。第2の要素は、過去の研究結果に関する解釈で、異なる因果関係があった可能性を指摘しないというものだ。つまり、攻撃的な青年は（どのような理由であれ）扱いにくい子どもであったかもしれず、そして、母親の望ましくない行動はその扱いにくさに反応したものであり、扱いにくさを生んだ原因ではなかったかもしれない。最近もウェルナーら[345]が、母親のみを対象として研究を行い、幼稚園児の攻撃性を検討している。さらに、２００7年には、ブラム[33]が認知的問題もしくは注意に関して問題のある子どもの母親について大規模な研究を行い、子どもの問題は生物学的な原因のせいだとわかっていても、母親は子どもの「見えない障害」を自分のせいだと自身を責め、そして他者も母親を責めていることを見いだした。母親非難がアメリカ文化に深く根づいていることがうかがえる。

もちろん、母親は子どもの問題の主要な原因あるいはその一部かもしれないが、母親非難の頻度と激しさは正当とは思えないし、悪影響をもたらしているかもしれない。ほとんどの母親は、子どもに何か悪いことが起こると、母親としての自分がほとんどすべての責任を負わされるということを、意識していようといまいと、理解している。それは母親に耐えられないくらいのプレッシャーを与えている。職場にはほとんどないようなプレッシャーだ。こうして母親は強い緊張のもとで暮らすことになり、そのため不安や恐怖を感じ、そうして母親業という仕事は必要以上に難しいものになる。こうしてみると、何も考えずに母親を非難するのはやめて、多くの母親が、大きな心理的プレッシャーに加え、性別、人種、年齢、自分の身体的な問題や心理的な問題、貧困などのゆえに受けているプレッシャーの中で、何とか子どもを健やかに育てているという功績を認めるほうが適切だろう。

父親役割のゆがみ

研究者が母親非難に的を絞ってきたため、子どもの発達における父親の役割を研究する方法やその描き方に大きな影響がもたらされている。その1つは父親役割の可視性の問題で、もう1つは父親役割が**認識されたときに**、よく見られる役割の**ゆがみ**である。

父親のなすことのうち、よいことと病的なことでは、可視性が異なる。現代の家庭では、夫も妻も仕事をもち、父親は家事と育児の半分を分担していると思い込んでいる人が多いが、父親はよくてもせいぜい家事育児の3分の1しかせず、やっていることの多くは、母親よりも楽しいもの（父親が子どもとゲームをするのに対して、母親はおしめを替える）や、回数が少なく目立つもの（父親が芝生を刈るのに対して、母親は家具のほこりを払う）である[264]。伝統的に、家庭に関係することのほとんどは、母親がするものだと期待されてきたので、父親がすることは**非常に**目立ち、実際よりもすばらしいことのように見えてしまう。父親の病的な行動は、子どもに対する性的虐待の例のように、あまり目に**つかない**傾向がある。子どものときに父親から性的虐待を受けた女性は、その怒りを父親よりも母親に向けることが多い。これは、1つには、母親というものはすべてを知っており、すべてにおいて力をもっているという期待が高いため、母親が虐待に気づかなかった場合でさえ、自分を守ってくれなかったことに対する娘の怒りを引き寄せてしまうのである[347][55]。先に紹介したマガフィー[229]の研究では、家族以外のだれかによって性的虐待を受けた子どもの両親が、対処方法としていちばんよく用いるのが、母親非難であることが示されたが、多くの事例で、その後、母親は仕事を辞めたり勤務時間を削ったりして、子どもがトラウマを克服するのを支えることに集中していた。一方、ほとんどすべての父親は虐待と向き合うことから距離をおいていた。

学業などの達成面で娘に及ぼす父親の影響を検討している研究は、母親非難の影響力と母親の価値を低めることによって、研究データの説明がいかにゆがめられるかを示している。父親のサポートや励ましと娘の達成には相関関係があると報告されており[125][203][344]、次のように解釈されることが多い。子どもは父親の励ましの影響を受けやすい。それは、たとえば、父親が子どもに家庭外の世界で偉業を成した人として、女性よりも男性についてたくさん教えるといったことではなく、父親の励ましに特有の本質的な何かのせいである（たとえば［69］）。女の子は女性の価値を低めるような社会化の過程を経ているので、男の子よりも自分自身の達成の価値を低めてしまいがちであり[83]、彼女たちにとって父親からの励ましは特に重要なのだろう。

なぜ母親非難が生じるのか

母親非難は、多くの場合、正当なものではなく、何かの助けになることはめったにないし、生産的でもないのに、なぜこのように世間にあふれ、しかも影響力が大きいのだろうか。もちろん、セラピストや研究者の間だけでなく、一般の人々の間にも広まっている。自分たちの問題のすべてを母親のせいにしたり、母親や義理の母親を敵視するような冗談を言ったりするのをよく聞くだろう。そうした非難や冗談は人種差別にあたるのではないかと反対する人がだれもいないのだ。

母親非難が一般的で影響力があるのは、我々の社会が依然として非常に性差別的であるからだ（これについては、[55]において詳細に考察）。フェミニズム運動のおかげで、女性全体をおとしめるようなコメントを言うのは冷酷で抑圧的だということに気づいた人もいるが、がんこな性差別は母親非難の中に残っている。多くの人々は、一般的な性差別的コメント——たとえば、「女性はあまりに情緒的で直感的すぎる」のようなもの——が悪質であることには気づいているが、母親についての同様のコメント——「母親はあまりに情緒的で直感的すぎる」——が性差別表現にあたるとは思っていない。女性は、母親であったり、母親になる可能性があったり、あるいはホルモン上は母親と似ているのだから、母親に対するどのような中傷も、暗黙のうちに女性全体に対する中傷とみなせる。したがって、多くの点で性差別を見逃し続ける社会（ごく一部の例にすぎないが、賃金や雇用上の平等を実施しない、暴力を受けた女性被害者のためのシェルターの設置やその後の支援を十分行わない、といったことがある）において、いまだに母親非難の根絶への取り組みが始まってさえいないのは驚くことでもない。我々の社会では、母親非難を強化することで、現行の経済的・政治的権力の配分が維持されている。それは以下のようなことだ。

・母親に不安を感じさせる。その結果、彼女たちはこれまで以上によい母親であろうと大きな力を注ぐようになる。自分自身や他の母親にとって、ものごとがもっと楽になるよう、そして、圧迫感を減らそうとすることはない。
・母親に不安を感じさせる。その結果、彼女たちは、自分の母親も含めて、他の女性よりもよい母親であろうと力を注ぐようになる。
・娘や息子の怒りを母親に向けさせることで、母親は無能でばかげていて……という神話をあおり、母親を力なきものにする。
・主要な社会的病理（子どもの非行、離婚、薬物乱用など）を母親のせいにすることで、母親という制度以外の制度（政府、教育制度、大企業など）の変化を求める圧力をそらしてしまう。
・ここにあげたような方法を通して、女性どうしを敵対させ、組織的な権力格差に打ち勝つために団結するのを妨げる。

日常の中ではささいなことである。母親は子どもの健やかな発達に関する責任をほとんどすべて負っているという、よくある考え方である。この考えのせいで、母親は料理をし、掃除をし、勉強を教え、運転手となり、きょうだいげんかの審判になり、といったことに膨大なエネルギーを費やしているのだ。そして、多くの人がその神話につつまれて育てられるので、我々のもっている自分の母親に関する見方と母親の母親自身に関する見方は、否定的な方向にゆがめられているようだ。少なくとも10個の母親神話を2つのカテゴリーに分けることができる。それは、完璧な母親という神話と悪しき母親という神話のカテゴリーである（[55]を改変）。完璧な母親という神話は、だれもその基準に達することができないくらいの非常に高い基準のものだ。そして、子どもは自分の母親がその理想にほとんど達していないと感じ、母親自身も自分は失敗したと感じてしまう。完璧な母親という神話には、以下のようなものが含まれている。

①良き母親の指標は、「完璧な」子どもである。
②母親は無限に愛情を注いで、子どもを育てる。
③母親ならば当然、子育ての仕方を知っている。
④母親は怒らない。

悪しき母親という神話は、母親の行動を取り上げて、それがわるい行動であろうと、どちらとも言えない行動であろうと、あるいはよい行動であっても、とてつもなく恐ろしい行動のように解釈させる。それは以下のようなものである。

①母親は父親より劣っている。
②母親は子どもを健やかに育てるために専門家の助言を必要としている。
③母親は情緒の面で底知れない欲求を抱えている。
④母親が10代の子どもや成人した子どもととても親密ならば、それは病的である。
⑤母親の影響力が強い場合には危険である。
⑥家庭にとどまっている母親も収入のために働いている母親も、母親としてはふさわしくない。

（さまざまな神話が母親の行動や動機を否定的なものにゆがめる道筋についての詳細な考察は、［55］を参照のこと）。

一連の母親神話の最も驚くべき特徴の1つは、お互いに矛盾するものを含んでいるということだ。たとえば、1人の母親が、無限に愛情を注ぎながら、同時に、情緒面で底知れなく求め続けるということはあり得ない。同様に、母親は当然のごとく、子どもを健やかに育てるために必要なあらゆることを知っていると同時に、子どもを健やかに育てるために専門家の助言を必要としているということもあり得ない。なぜこのように相反するような神話が、1つの社会の中に共存し得るのだろうか。カプラン［55］は神話が社会の中で重要な機能を果たしていることを示唆した。神話は、母親をおとしめ、不当に扱うことを正当化するものなのだ。ある1つの集団を生け贄にしたがっているような社会は、心配しなければならない。「もしその生け贄集団のメンバーがよいことをしたら、どうしよう。生け贄たちを非難し続けるのが難しくならないだろうか」と。それゆえ、その集団メンバーが行うことは、**どのようなよいこ**

とでも、あるいはどちらでもないようなことでも、その集団が劣っており、邪悪で、非難に値するという証拠に変えるようなやり方を見いださなければならないのだ。

合衆国でも他の国でも、母親は多くの社会集団の中でいちばんの生け贄とされており、そのためいろいろな母親神話の中にある矛盾を見過ごすことになるのだろう。幸福で健康な子どもを育てている母親は、単に「当然できること」をしているだけで、努力も学習も必要ないと仮定されているために、その功績を評価してもらえない。子どもがうまく適応していない母親は専門家の助言に従っていないことで責められる。どちらに転んでも、母親の功績は評価されもしないし、敬意を払われもしない。同様に、自分のために**何も**求めない母親は、母親というものは「だれであっても、愛情をいっぱい注ぎ、与えるのが自然の姿」であるため、まったく評価を得ないが、しかし、自分のために**わずかな**ことを求める母親は、底知れなく欲深いとみなされるのだ。

神話は母親非難を維持するための枠組みになっているが、これは、こうした神話をよく知ることや、神話が自分の思考に与える影響に敏感になること——多くの人が、自分自身の人種差別的、年齢差別的、同性愛恐怖的、性差別的な思い込みに気づこうとしてきたのと同じ——によって、さまざまな段階で克服できる。自分自身が何も考えずに母親を非難しようとしているのに気づいたら、あるいは、他人がそうしているのに賛同しようとしている自分に気づいたら、大切なのは、立ち止まって、神話が自分の思考をゆがめているのかどうか、母親の関与の可能性を探すかわりに、あるいはそれに加えて、問題の原因を説明する方法が他にあるのかどうかを問うてみよう。

このことが大切なのは、母親にプレッシャーをもたらすバイアスのかかった有害な源を軽減するのに役立つからだけではなく、最も抵抗の少ない母親非難への道をさえぎることで、人々に問題をもたらす本当の原因を理解することに役立つからでもある。

セラピスト、研究者、メンタルヘルス関係の出版物の編集者は、以下のようなことを特に配慮する必要がある。

・人間の問題を母親非難という点から「説明」している人々がかつて行い、そして今も行っている主張について、慎重にかつ疑いをもって考えること。

・問題の原因として可能性のある、個人的なものと社会的・政治的・経済的なものの両方について、あらゆる可能性を考慮すること。

・母親への過剰で激しい非難によって、そして、育児の責任を過度に母親に押しつけることによって、母親、父親、子どもにどのようなダメージが降りかかっているのかを検討すること。

第14章 バイアスの循環を破る——研究について判断できる知識をもった人になる

本書の目的は、ある事実について、本当はこういうことだと、読者のみなさんを説得しようというものではない。そうではなく、みなさんが、性別やジェンダーに関して見聞きした主張を、うまく評価するための知識や問題意識をもった人になる手助けをするというものである。我々は毎日多くのステレオタイプにさらされている。ステレオタイプは時にはっきりと言明される（「男の子は女の子より攻撃的だ」「本物の男はロマンチックな詩など好きではない」「よき女性は自分自身の欲求について考えたりしない」）が、暗黙のうちに存在するときもある（工学部の学部長が、新入生のためとしながら、男子学生向きのオリエンテーション週間を計画するというように）。ステレオタイプがつくり出す偏狭な人生観からあなた自身を解放するために、こうしたステレオタイプに気づき、それに基づいて行われる研究に気づき、このような研究に共通する問題に気づくことが非常に重要である。

これまで見てきたように、性別やジェンダーに関して質の高い研究を計画し実施することは、きわめて難しい。しかし、ほとんどの人は日常生活の中で、性別役割ステレオタイプのほとんどがまぎれもない真実だと証明されたかのようにふるまっている。そのため、多くの場合、男女の行動に性別役割ステレオタイプに沿った制限がかけられ（「それをしてはいけない。男の子／女の子はそんなことをするものではない。自然に反している！」）、特に女性や女の子は劣ったものとして扱われ続けている。原理としては、建設的な目的（必ずしも政治的な「進歩」という意味ではなく、第2章で考察したような、熟慮したうえでの目的）をもった質の高い性差研究をすることは可能だ。しかし、本書を通じて示してきたように、悪い面を維持したり悪化させたりするような形で、研究が計画され、実施され、解釈されるという可能性もある。

読者のみなさんは、これまでの章で、研究のさまざまな問題について詳しく学んできただろう。それぞれの章で特定の領域の性差研究を取り上げてきたが、扱った研究の過誤の中には、1つの領域だけではなく複数の領域に関連させて論じたものもあることに、おそらく気づいているだろう。心にとめておいてほしいのは、本書で取り上げた研究の問題点がなぜ本書で取り上げられたのかということである。それは、その問題点の1つひとつが、性別やジェンダーと関連した領域で多くの人が信じている研究を崩すものだからである。実際、以下のような研究上の問題点のほとんどすべてが、第4章から第13章までのほとんどの章において、さまざまな形で現れている（また、［3］を参照のこと）。

・定義上の問題点を述べていない。
・リサーチ・クエスチョンが性差別主義的あるいは他のバイアスのかかった仮定や理論に基づいている。

・用いられたテストなどの測定方法が、不適切、不適当、あるいは妥当性に欠ける（その内容が一方の性別になじみのあるもの、もしくは脅威となるようなものという場合もある）。
・特定の人たちしか対象にしていないのに、あたかもすべての人にあてはまる性差を見いだしたかのように主張する。
・データの報告と解釈のどちらかあるいはその両者が、不正確もしくは無責任である。
・人間の行動を「説明する」際に、（一部の）動物の行動を不適切にあてはめる。
・「ボックス・スコア」[☆16]エラーをする（あるテーマに関する研究をまとめるときに、いくつかの研究を無視する）。
・性差の大きさと安定性のどちらか、もしくは両方を誇張する。
・男女の成績や行動が重複していること（そして、性差が見られなかった結果）を無視したり軽視したりする。
・あまりに軽率に、性差は生得的と仮定する。
・利用可能な研究データでは（十分）擁護されない理論をつくり出す（データの一部のみに基づいた理論も含まれる）。

これまで見てきたように、どのような集団についての主張でも、集団間のどのような差異についての主張でも、みなさんがそうしたものに出会う機会があったら、以下のようなことを考えてみてほしい。

①研究者はどのような動機でこの研究を行ったのだろうか。話し手が研究者であろうと、パーティで性差について語っている知人であろうと、その人がなぜ性差があるとそこまで強く信じたがるのか、あるいはなぜ性差を探したいという強い欲求をもっているのか、そうした問いかけを自分にしてみよう。心にとめておいてほしいのは、人種の差異に対して同じような態度をとった場合、一種の人種差別になるということは、ずいぶん前から認識されているということである。一方で、性差探究に没頭するのには、性差別的バイアスが深く関わっているのに、そのことはそれほど認識されていない。その他にも比較的認識されていないバイアスに、年齢、社会階層、外見、障害に基づくものがある。

②ある種のバイアスが**リサーチ・クエスチョン**に反映されていないか。

③研究が計画され実施される際に、**方法論的な問題点**はないか。

④研究者によるデータ**解釈**は、合理的か、それともバイアスのかかったやり方か。

⑤データに関する研究者の解釈がもっともらしい場合でも、**対立する説明**や**競合仮説**[166]で、そのデータを説明できるものはないか。

以上のことにもまして、しっかり理解しておいてほしいのは、科学者は客観的でもないし、けっして過ちをおかさないというわけでもないという事実である。政治的な考えや個人の態度などの多くの要因が、研究――リサーチ・クエスチョン、研究の方法、結果の解釈――に影響を与え、さらに研究が教育、労働、社会、政治の現場に応用される際にも、影響を与えているということが、わかってもらえただろうか。こうしたことを理解し、研究に対して疑問を発するためのスキルを用いれば、みなさんは、言われたことを鵜呑みにするのではなく、バイアスの循環を壊す力を発揮できるであろう。

訳者あとがき

「なぜ男女はわかりあえないのか」「すれ違う彼と彼女」「性差のなぞ」のようなタイトルであれば、書店で手に取る人も多いかもしれない。しかし、本書は、そうした本を「本当にそうなのだろうか」「どこからそんなことが言えるのか」のように、批判的に読むことをすすめ、その批判的思考のためのスキルを学んでほしいという意図で執筆されたものである。日本でもしばらく前に『話を聞かない男、地図を読めない女』（アラン・ピーズ、バーバラ・ピーズ／藤井留美（訳）婦人の友社　２０００年）という本が翻訳出版され話題を呼んだ。その本の中では、空間能力や言語能力などの能力や行動における性差の例がさまざまにあげられ、そうした男女の差異はホルモンや脳の機能などに基づくものであると説明されていた。男女の差異が生じる原因について、一見科学的な説明がわかりやすく書いてあるので、読んで納得した人も多いのではないだろうか。この本に代表されるように、男女はさまざまな面で異なり、それは生物学的なものが原因だという話は単純なだけにわかりやすい。同じような内容の本は、『だから男と女はすれ違う』（奥村康一、水野重理、高間大介　ダイヤモンド社　２００９年）、『共感する女脳、システム化する男脳』（サイモン・バロン＝コーエン／三宅真砂子（訳）ＮＨＫ出版　２００５年）などたくさん出版されている。

これに対して本書は、正直なところ、かなりくどい。うんざりする人もいるかもしれない。「数学に関連する能力には『性差がある』と言われているが、それは本当だろうか?」という一文を読むだけでも、そのために必要な時間は、「性差がある」というくだりで終わるよりも長くなる。つまり、「性差がある」ことを批判的に考えるには、「性差がある」ことに納得するよりも、かなりの時間が必要なのである。たとえば、本書の第5章で扱っている空間能力を例にとると、「空間能力とは何か」という定義の問題から始まり、「空間能力はどのように調べるのか」という測定方法の問題などがさまざまに紹介され、そして何より、そこまで時間をかけたにもかかわらず、明確な結論はない。

「女性は地図が読めない」と断言する前に、常にこのような細かいことを考えないといけないとしたら、どうだろう。時間に追われている人たちは、そんなことにかまっていられないだろう。しかも、いろいろ考えたあとに、「性差はある」あるいは「性差はない」という明確な結論が出ればよいのだが、結局のところ「性差はあるかもしれないが、ないかもしれない」というあいまいな結論しかないのである。受験勉強のように、たった1つの正解だけを求める人にとっては、たいへん中途半端な状態だろう。しかし、頭を鍛えたい人にとって批判的思考はとてもよい訓練であるし、何より、氾濫するさまざまな情報に惑わされないためにも、身につけたいスキルの1つだ。その材料として「性差」は身近なテーマだけに最適ではないだろうか。初対面の人でも女か男かはすぐわかる(と思っている)くらい、男女の差異は歴然としている(と思っている)。しかし、常識とされているものにあえて疑問をもち、それについていろいろな角度から考えてみることで見えてくるものがあるだろうし、これを積み重ねていけば、あふれる情報に惑わされることなく、自分なりの考えをもつことができるのではないだろうか。

たとえば、さきほどの『話を聞かない男……』の本に戻って簡単に考察してみよう。そもそもすべての女性が地図が読めず、すべての男性が話を聞けないのだろうか。女性にもいろいろな人がいて、男性にもいろいろな人がいる。東西南北のわからない女性もいれば、地図を片手に知らない土地を歩く女性もいるし、会話の苦手な男性もいれば、聞き上手な男性もいる。女性というカテゴリーに含まれる膨大な数の人たち、男性というカテゴリーに含まれる膨大な数の人たちを思い浮かべれば、男女それぞれの中での違い（個人差）が、「女性は○○で男性は××」という単純な分け方ではとらえられないくらい大きいことがわかるだろう。

さらに、『話を聞かない男……』の本に限らず、性差が生じるのは狩猟採集時代を経て脳が異なる方向に進化したためだと説明されることが多い。草原で何人かの男性たちが石や槍などを手に、大きな野生動物をチームプレーでしとめているという想像図を時に見かける。しかし、弓や銃のない時代に人類が行った狩猟はこうした危険なものではなく、動物の死骸や肉食動物の食べ残した肉や骨を拾うというものが主だったのではないかと考える学者もいる。身近にタンパク質が豊富な昆虫がいるなら、住居から遠く離れて狩りを行うこともないだろう。そして、チームプレーで大型の草食動物を襲っていたとしても、狩りに夢中になっているときに、背後からライオンに襲われる男性の姿が思い浮かぶのは私だけだろうか。たとえ、狩猟採集時代を経て、男性の空間能力と女性の言語能力が高くなるように進化してきたとしても、個人のおかれた環境とは無関係なものなのだろうか。そして、最近よく言われる「脳の可塑性」と矛盾はしないのだろうか。

というように、いろいろな疑問が思い浮かぶ（以上のような点については、『脳と性と能力』（カトリーヌ・ヴィダル、ドロテ・ブノワ＝ブロウエズ／金子ゆき子（訳）集英社新書　２００７年）が参考になる）。このような素朴な疑問が批判的思考の第一歩だろう。カプラン氏も述べているように、常識とされるものあるいは偉い人の言うことに疑問をもつことで、性別だけでなく人種や年齢、さらに外見などによる差別の循環を断ち切る力につながるはずだ。もちろん、本書を批判することも重要である。私も訳しながら、「本当にそうかな」と疑問を感じた箇所がいくつかある。読者のみなさんには、ぜひ本書そのものにも疑問をもちながら読んでみてほしい。

本書で紹介されている研究のいくつかは、1994年の初版の発行当時と同じものだ。今ではもっと研究が進んでいるのではないかという感想をもたれた方も多いだろう。まえがきにも登場したが、ハーバード大学の学長だったローレンス・サマーズ氏が2005年に行った演説で「科学分野で高い地位にいる女性が少ないのは、生得的な要因が関わっている」と述べて以来、「女性の科学能力」をテーマにした文献が英語圏では数多くみかけられるようになった。その中の1冊に『なぜもっとたくさんの女性が科学分野にいないのか（*Why aren't more women in sciences*）』（Ceci, S.J., & Williams, W.M.（Eds.）, APA, 2007）がある。この本には、科学分野で活躍する女性が少ないのはなぜかを説明するエッセイが15本掲載されており、その筆者はいずれも著明な研究者である。この15本のエッセイを大別すると生得的・生物学的要因を重要視する立場と社会的要因を重要視する立場に分けることができる。しかし、多くの筆者が、性差が生じるのはたった1つの要因ではなく、さまざまな要因が関わっているとも述べている。そして、最後の章で、編者であるセシらは「この論争に関わっている研究者は、同一のデータに対して、それぞれの立場から異なる解釈をしている」（213頁）と論じ、明確な結論を記してはいない。結論がないからこそ、性差に関する研究や議論が盛んに行われ続けているのだろう。しかし、もしこうした研究で扱われているリサーチ・クエスチョンが、18世紀と同様に「なぜ女性は男性よりも知的に劣っているのか」であれば、かつての研究と現在行われている研究の違いは、研究方法が洗練されただけということになる。18世紀に行われていた脳の大きさの測定から、現代のように磁気を使った脳の活動の測定へと方法が変わったように。古い研究は、古いからこそ、いろいろな問題に気づきやすく、その認識をもとに、現代の「最新の」科学的研究を、一歩引いたところから見直すこともできるだろう。かつて行われていた脳の大きさの測定も、当時では最先端の科学だったのだ。なお、セシらが、性差研究が親や教師を通じて「性差がある」ことを子どもたちに間接的に伝えてしまい、結果的に現状を維持してしまう可能性を懸念していることを付け加えておこう。

原著者のポーラ・カプラン氏とジェレミー・カプラン氏は親子であり、母親のポーラは合衆国にあるデューク大学で心理学の修士号と博士号を取得している。専門は臨床心理学で、カナダにあるトロント大学オンタリオ教育研究所の教授や同研究所の教育女性学センター長などをつとめ、現在はハーバード大学デュボイス研究所およびハーバード大学ケネディスクール・女性と公共政策プログラムの研究員である。主な著書は、『母親を責めないで——母娘関係を修復する（*Don't Blame Mother: Mending the Mother-Daughter Relationship*）』『女性が学問の世界で生き残るためのガイド（*Lifting a Ton of Feathers: A Woman's Guide to Surviving in the Academic World*）』『精神科診断の中にあるバイアス（*Bias in Psychiatric Diagnosis*）』など多数。ポーラ自身のホームページ（http://paulajcaplan.net/）によると演劇のシナリオも執筆しており、受賞作もあるようだ。また、トーク番組にも多数出演しているという。ジェレミーはカナダにあるアルバータ大学の助教で、人間の記憶についての認知的・神経的メカニズムについて研究している。ジェレミーの研究プロジェクトのホームページはhttp://www.psych.ualberta.ca/~cml/。ポーラとジェレミーには、翻訳に際して、細かい質問にも丁寧に答えていただいた。

翻訳作業の大部分は、2009年10月から1年間、本務校である神戸女学院大学を離れ、国内留学先の三重大学人文学部滞在中に行った。留学中には、三重大学の小川眞里子教授ならびに共同研究室職員の原よし子さんをはじめ、教職員のみなさんにいろいろとお世話になった。また、北大路書房の柏原隆宏さんにはいつものように細かい部分までに目を通していただいた。記して感謝いたします。なお、翻訳にあたり、神戸女学院大学女性学インスティチュート2009年度研究助成金の交付を受けた。

2010年10月

森永康子

うかを検討したいと思ったら，Qグループと非Qグループのどちらかに子どもを１人ずつ無作為に割りあてるべきだという。このようにすれば，偶然に，積極的な子どもがすべてQグループに，おとなしい子どもがすべて非Qグループに入ってしまうというような事態にはならないだろう。もしそのようなことが生じたら，Qグループの子どもと非Qグループの子どもが異なったふるまいをするのが，処遇のせいなのか，そもそも子どもの特性が違うからなのかを判断できない。しかし，すべての研究ですべての特性がグループ間で平等に割りあてられてはいない。研究者は，焦点をあてている行動が「母親業」のように複雑な場合には，結果を混乱させる可能性のある特性は驚異的な数にのぼる。こうした問題に役立つようにつくられた，洗練された統計手法を用いても，関連する要因すべてを統制しているのかどうかは確かではない。実際のところ，関連する要因をすべて考慮に入れているのかさえも確かではないのだ。

〈訳者注〉

☆1　研究者が研究によって明らかにしたいと考えている問題の答えを導くために設ける問いのこと。

☆2　本書では，sex を「性別」，gender を「ジェンダー」，sex differences を「性差」，gender differences を「ジェンダー差」と訳しているが，この部分では，sex と gender を明確にするために，sex を「セックス」と表記した。

☆3　外界の情報を取り込み，処理をする際にはたらく認識の枠組みをスキーマと呼び，性別に関連するスキーマをジェンダー・スキーマと呼ぶ。

☆4　イギリスの生物学者。1848～1894年。

☆5　２つ以上のグループ間で比較を行う場合，研究結果に影響を与える可能性のあるような特性で同質になるような人たちを参加者として選択し，無作為にグループに割りあてること。

☆6　コンパス型の計測器。

☆7　アメリカの大学などで定年まで勤めることができる資格。

☆8　統計的検定において，帰無仮説が真であるのに棄却してしまうこと。ここでは，本当は性差がないにもかかわらず，性差があるように判断してしまうこと。

☆9　SAT は，現在，Scholastic Assessment Test と呼ばれている。

☆10　履修科目全体の成績の平均値。

☆11　異なった方向から描かれた２つの立体図形が同じのものかどうかを判断する課題。心の中で立体図形を回転させることが必要である。

☆12　容易にイライラして怒りが誘発されること。

☆13　交尾の際に，個体が他の個体の背に乗ること。

☆14　1854～1900年。イギリスの詩人，小説家，劇作家。同性愛行為のため投獄された。

☆15　おきあがりこぼしのように，倒しても元に戻り，倒れないようになっている人形。

☆16　野球の得点表（最終得点）のこと。

注

〈原著者注〉

★1　四捨五入しているので，合計が101になる。

★2　第2章の一部は，キャサリーン・ギルディナー［141］の論文「政治的武器としての科学：19世紀の性差研究に関する一考察」を参考にした。

★3　第5章の一部は，ポーラ・カプランら［62］の論文「空間能力の性差は存在するのか：新しいデータを用いた複数レベルの批判」から抜粋したものである。

★4　ある研究によると，通常「性ホルモン」と分類されるもの以外のホルモンが，一方の性別の人たちよりも他方の性別の人たちに，強い心理的な効果をもつという。たとえば，男性よりも女性で，オキシトシンが他者との親和性を促進する強い効果をもっている可能性があるという［64］［209］［325］。しかしながら，本章では，昔から性ホルモンと考えられてきたもの――エストロゲン，プロゲステロン，テストステロン――に焦点をあてる。さらに，本章で取り上げなかった性ホルモンの効果について豊富な研究があるが，その1つに，出生前にアンドロゲンを浴び（そして，先天性副腎皮質過形成（CAH）になり），伝統的に「男の子にふさわしい」とされる関心や好みを有するようになった女の子たちに関する有名な研究［240］がある。この研究は問題を多くはらんでおり，ブラント［39］が指摘するように，誕生前に浴びるホルモンはアンドロゲンだけではないし，またその女の子たちの母親からの主観的な報告に基づいた証拠が関心を集めたが，母親は娘がいわゆる「男性化した性器」をもって生まれたことを知っていたので，報告がゆがんでいた可能性がある。対照的に，1996年に行われたCAHの女性を対象にした性行動の研究［224］では，同性愛者の割合が一般集団よりも高くないことが報告されている。また，CAHの女性はオーガズムの頻度が少ないと本人たちが述べているが，これは出生前の要因よりも，むしろ人生初期に受けた性器手術から生じた問題である可能性が高いとメイらは述べている。

★5　「月経前症候群」という用語は，月経前ではなく，月経に伴う腹痛のような症状に誤ってあてはめられることがよくある。

★6　本節で扱った資料については，ルース・ブライヤー編『科学へのフェミニストアプローチ』［30］の中できわめて詳細に報告されている。

★7　本節で扱った資料については，ポーラ・カプランの「ボックス・スコアを越えて：攻撃性と達成努力における性差の境界条件」（In B. Maher（Ed.）, *Progress in Experimental Personality Research, 9*, 41-87.）で詳細に考察している。

★8　研究方法の専門家によると，たとえば，あるやり方（Qと呼ぼう）で子どもを扱うことで，そうでない（Qではない）場合よりも子どもたちが幸せになるかど

[360] Zimmerman, D. H., & West, C. (1975). Sex roles, interruptions, and silences in conversation. In B. Thorne & N. Henley (Eds.), *Language and sex: Difference and dominance* (pp. 105–129). Rowley, MA: Newbury House.

[361] Zuckerman, N., Lipets, M. S., Koivumaki, J. H., & Rosenthal, R. (1975). Encoding and decoding nonverbal cues of emotion. *Journal of Personality and Social Psychology, 32*, 1068–1076.

175-184.
[344] Weitzman, L. J. (1979). *Sex role socialization.* Palo Alto, CA: Mayfield.
[345] Werner, N., Senich, S., & Przepyszny, K. (2006). Mothers' responses to preschoolers' relational and physical aggression. *Journal of Applied Developmental Psychology, 27*(3), 193-208.
[346] White, J., & Kowalski, R. M. (1994). Deconstructing the myth of the nonaggressive woman: A feminist analysis. *Psychology of Women Quarterly, 18*, 487-508.
[347] Whitfield, W. (1991). *Mother-daughter relationships in families in which fathers sexually abuse daughters.* Unpublished doctoral dissertation, Ontario Institute for Studies in Education, University of Toronto, Ontario, Canada.
[348] Whiting, B., & Edwards, C. P. (1973). A cross-cultural analysis of sex differences in the behavior of children aged 3 through 11. *Journal of Psychology, 91*, 171-188.
[349] Wilkie, F. L., & Eisdorfer, C. (1977). Sex, verbal ability, and pacing differences in serial learning. *Journal of Gerontology, 32*, 63-67.
[350] Williams, D. R. (1994). The concept of race in health services research: 1966 to 1990. *Health Services Research, 29*, 261-274.
[351] Willis, F. N., Jr. (1966). Initial speaking distance as a function of the speakers' relationship. *Psychonomic Science, 5*, 221-222.
[352] Wilson, R., & Wilson, T. (1963). The fate of the nontreated postmenopausal woman: A plea for the maintenance of adequate estrogen from puberty to the grave. *Journal of the American Geriatric Society, 11*, 352-356.
[353] Wine, J. D., Moses, B., & Smye, M. D. (1980). Female superiority in sex-difference competence comparisons: A review of the literature. In C. Stark-Adamec (Ed.), *Sex roles: Origins, influences, and implications for women* (pp. 148-163). Montreal, Quebec, Canada: Eden Press.
[354] Wittig, M. A. (1979). Genetic influences on sex-related differences in intellectual performance: Theoretical and methodological issues. In M. A. Wittig & A. C. Petersen (Eds.), *Sex-related differences in cognitive functioning* (pp. 21-65). New York: Academic Press.
[355] Working Group on a New View of Women's Sexuality. (2004). A new view of women's sexual problems. In P. J. Caplan & L. Cosgrove (Eds.), *Bias in psychiatric diagnosis* (pp. 233-239). Lanham, MD: Rowman & Littlefield.
[356] Wright, C. R., & Houck, J. W. (1995). Gender differences among self-assessments, teacher ratings, grades, and aptitude test scores for a sample of students attending rural secondary schools. *Educational and Psychological Measurement, 55*, 743-752.
[357] Young, R. M. (1971). Evolutionary biology and ideology: Then and now. *Science Studies, 1*, 177-206.
[358] Yücel, B., & Polat, A. (2003). Attitudes toward menstruation in Premenstrual Dysphoric Disorder. *Journal of Psychosomatic Obstetrics and Gynecology, 24*, 231-237.
[359] Zilbergeld, B. (1992). *The new male sexuality.* New York: Bantam.

[323] Surrey, J. (1985). *The "self-in-relation": A theory of women's development* (Work in Progress No. 13 Stone Center, Wellesley College ed.). Wellesley, MA: Wellesley College.
[324] Tavris, C. (1992). *The mismeasure of woman.* New York: Simon and Schuster.
[325] Taylor, S. (2006). Tend and befriend. *Current Directions in Psychological Science, 15*, 273-277.
[326] Thurstone, L. L. (1950). *Some primary abilities in visual thinking* (No. 59). Chicago: University of Chicago Psychometric Laboratory.
[327] Thurstone, L. L. (1963). *Primary mental abilities test.* Chicago: Science Research Associates.
[328] Tiefer, L. (2003). Female Sexual Dysfunction (FSD): Witnessing social construction in action. *Sexualities, Evolution, and Gender, 5*(1), 33-36.
[329] Tiefer, L. (2006). Female sexual dysfunction: A case study of disease mongering and activist resistance. *Public Library of Science Medicine, 3*(4).
[330] Uttal, W. (2001). *The new phrenology: The limits of localizing cognitive processes in the brain.* Cambridge, MA: MIT Press.
[331] Vasta, R., Knott, J. A., & Gaze, C. E. (1996). Can spatial training erase the gender differences on the water-level task? *Psychology of Women Quarterly, 20*, 549-567.
[332] Viemerö, V. (1996). Factors in childhood that predict later criminal behavior. *Aggressive Behavior, 22*(87), 97.
[333] Villee, D. (1975). *Human endocrinology.* Philadelphia: Saunders.
[334] Viviano, T., & Schill, T. (1996). Relation of reports of sexual abuse to scores on self-defeating personality scale. *Psychological Reports, 79*, 615-617.
[335] Voyer, D., Voyer, S., & Bryden, M. P. (1995). Magnitude of sex differences in spatial abilities: A meta-analysis and consideration of critical variables. *Psychological Bulletin, 117*(2), 250-270.
[336] Waber, D. P. (1977). Sex differences in mental abilities, hemispheric lateralization, and rate of physical growth at adolescence. *Developmental Psychology, 13*, 29-38.
[337] Walker, B. G. (1985). *The crone: Woman of age, wisdom, and power.* San Francisco: Harper & Row.
[338] Walker, L. E. (1979). *The battered woman.* New York: Harper & Row. レノア・E・ウォーカー／穂積由利子（訳） 1997 バタードウーマン：虐待される妻たち 金剛出版
[339] Walker, L. E. A. (1987). Inadequacies of the Masochistic Personality Disorder diagnosis for women. *Journal of Personality Disorders, 1*, 183-189.
[340] Warrington, E., James, M., & Kinsbourne, M. (1966). Drawing disability in relation to laterality of cerebral lesion. *Brain, 89*, 53-82.
[341] Waters, E., & Deane, K. E. (1985). Defining and assessing individual differences in attachment relationships. *Monographs of the Society for Research on Child Development, 50*(1-2, Serial #209), 41-65.
[342] *Webster's college dictionary.* (1991). New York: Random House.
[343] Weitz, S. (1976). Sex differences in nonverbal communication. *Sex Roles, 2*,

[307] Smith, E. W., & Howes, C. (1994). The effect of parents' presence on children's social interactions in preschool. *Early Childhood Research Quarterly, 9*, 45–59.
[308] Smith, R., & Sharpe, T. M. (1970). Treatment of a school phobia with implosive therapy. *Journal of Consulting and Clinical Psychology, 35*, 239–242.
[309] Smye, M. D., Wine, J. D., & Moses, B. (1980). Sex differences in assertiveness: Implications for research and treatment. In C. Stark-Adamec (Ed.), *Sex roles: Origins, influences, and implications for women* (pp. 164–175). Montreal, Quebec, Canada: Eden Press.
[310] Socarides, C. (1978). *Homosexuality*. New York: J. Aronson.
[311] Solomon, D. (2006, December 10). *He thought, she thought*. New York Times Magazine, 22.
[312] Spender, D. (1980). *Man made language*. London: Routledge & Kegan Paul. デイル・スペンダー／れいのるず・秋葉かつえ（訳） 1987 ことばは男が支配する：言語と性差 勁草書房
[313] Spitzer, R. L., Williams, J., Kass, F., & Davies, M. (n. d.). *Self-Defeating Personality Disorder and DSM-III-R II: A national field trial of the diagnostic criteria*. Unpublished manuscript.
[314] Spitzer, R. L. (2003). Can some gay men and lesbians change their sexual orientation? *Archive of Sexual Behavior, 32*(5), 403–417.
[315] Spitzer, R. L., Gibson, M., Skodol, A. E., Williams, J. B. W., & First, M. B. (Eds). (1994). *DSM-IV case book*. Washington, DC: American Psychiatric Press. ロバート・L・スピッツァー 他／高橋三郎・染矢俊幸（訳） 1996 DSM-IV ケースブック 創造出版
[316] Stark-Adamec, C., & Pihl, R. (1978). Sex differences in response to marijuana in a social setting. *Psychology of Women Quarterly, 2*(4), 334–353.
[317] Steele, C. M., & Aronson, J. (1995). Stereotype threat and the intellectual test performance of African Americans. *Journal of Personality and Social Psychology, 69*, 797–811.
[318] Steinem, G. (1983). *Outrageous acts and everyday rebellions*. New York: Holt, Rinehart Winston. グロリア・スタイネム／道下匡子（訳） 1985 プレイボーイ・クラブ潜入記：新・生きかた論 三笠書房
[319] Steinem, G. (1992). *Revolution from within: A book of self-esteem*. Boston: Little, Brown. グロリア・スタイネム／道下匡子（訳） 1994 ほんとうの自分を求めて：自尊心と愛の革命 中央公論社
[320] Stewart, D., & Boydell, K. (1993). Psychologic distress during menopause: Associations across the reproductive cycle. *International Journal of Psychiatry in Medicine, 23*, 157–162.
[321] Stiver, I. (1991). Beyond the Oedipus complex. In J. Jordan, A. Kaplan, J. B. Miller, I. Stiver, & J. Surrey (Eds.), *Women's growth in connection* (pp. 97–121). New York: Guilford Press.
[322] Stricker, L. J., Rock, D. A., & Burton, N. W. (1993). Sex differences in prediction of college grades from Scholastic Aptitude Test scores. *Journal of Educational Psychology, 85*, 710–718.

[290] Rush, F. (1980). *The best kept secret: Sexual abuse of children.* Englewood Cliffs, NJ: Prentice Hall.
[291] Rushton, J. P. (1989). *Evolutionary biology and heritable traits (with reference to oriental-white-black differences).* Unpublished manuscript.
[292] Rushton, J. P. (2008). Testing the genetic hypothesis of group mean IQ differences in South Africa: Racial admixture and cross-situational consistency. *Personality and Individual Differences, 44,* 768–776.
[293] Russell, D. E. H. (1982). *Rape in marriage.* New York Macmillan.
[294] Russell, D. E. H. (1984). *Sexual exploitation: Rape, child sexual abuse, and work-place harassment.* Beverly Hills: Sage.
[295] Russell, D. E. H. (1986). *The secret trauma: Incest in the lives of girls and women.* New York: Basic Books. ダイアナ・ラッセル／斎藤　学（監訳）　白根伊登恵・山本美貴子（訳）　2002　シークレット・トラウマ：少女・女性の人生と近親姦　ヘルスワーク協会
[296] Schildkamp-Küngider, E. (Ed.). (1982). *International review on gender and mathematics.* Columbus, OH: ERIC Clearinghouse for Science, Mathematics, and Environmental Education.
[297] Sharps, M. W., Price, J. L., & Williams, J. K. (1994). Spatial cognition and gender: Instructional and stimulus influences on mental image rotation performance. *Psychology of Women Quarterly, 18,* 413–425.
[298] Shaywitz, S. E., Shaywitz, B. A., Fletcher, J. M., & Escobar, M. (1990). Prevalence of reading disability in boys and girls: Results of the Connecticut longitudinal study. *Journal of the American Medical Association, 264*(3), 998–1002.
[299] Sherman, J. A. (1978). *Sex-related cognitive differences: An essay on theory and evidence.* Springfield, IL: Charles C Thomas.
[300] Siegel, R. J. (1988). Women's "dependency" in a male-centered value system: Gender-based values regarding dependency and independence. *Women and Therapy, 7,* 113–123.
[301] Sigal, J. (1976). Effects of paternal exposure to prolonged stress on the mental health of the spouse and children. *Canadian Psychiatric Association Journal, 21,* 169–172.
[302] Silverman, I., Choi, J., & Peters, M. (2007). The hunter-gatherer theory of sex differences in spatial abilities: Data from 40 countries. *Archive of Sexual Behavior, 36*(261), 268.
[303] Silverman, I., & Eals, M. (1992). Sex differences in spatial abilities: Evolutionary theory and data. In J. H. Barkow, L. Cosmides, & J. Tooby (Eds.), *The adapted mind: Evolutionary psychology and the generation of culture* (pp. 531–549). New York: Oxford University Press.
[304] Singh, I. (2002). Doing their jobs. *Social Science and Medicine, 59,* 1193–1205.
[305] Skodol, A., Oldham, J., Gallaher, P., & Bezirganian, S. (1994). Validity of self-defeating personality disorder. *American Journal of Psychiatry, 161,* 560–567.
[306] Slack, W., & Porter, D. (1980). Training, validity, and the issue of aptitude: A reply to Jackson. *Harvard Educational Review, 50*(3), 392–401.

Magazine, 8, 11-12, 14.
[273] Rathus, S. A. (1973). A 30-item schedule for assessing assertive behavior. *Behavior Therapy, 4*, 398-406.
[274] Reich, J. (1987). Prevalence of DSM-III-R Self-Defeating (masochistic) Personality Disorder in normal and outpatient populations. *Journal of Nervous and Mental Disease, 175*, 52-54.
[275] Reimers, S. (2007). The BBC Internet study: General methodology. *Archives of Sexual Behavior, 36*(2), 147-161.
[276] Reiter, R. (Ed.). (1975). *Toward an anthropology of women.* New York: Monthly Review Press.
[277] Report of June 25, 1987, meeting. (1987). *PMS Information and Referral Newsletter.*
[278] Rich, A. (1979). *On lies, secrets, and silence: Selected prose, 1966-1978.* New York: Norton. アドリエンヌ・リッチ／大島かおり（訳） 1989 嘘，秘密，沈黙 晶文社
[279] Richardson, D. R., Hammock, G. S., Smith, S. M., Gardner, W., & Signo, M. (1994). Empathy as a cognitive inhibitor of interpersonal aggression. *Aggressive Behavior, 20*, 275-289.
[280] Robinson, N. M., Abbott, R. D., Berninger, V. W., & Busse, J. (1996). The structure of abilities in math-precocious young children: Gender similarities and differences. *Journal of Educational Psychology, 88*, 341-352.
[281] Romanes, G. J. (1887). Mental differences between men and women. *Nineteenth Century, 21*, 654-672.
[282] Romans, S., Forte, T., Cohen, M., DuMont, J., & Hyman, I. (2007). Who is most at risk for intimate partner violence? *Journal of Interpersonal Violence, 22*, 1495-1514.
[283] Rosenberg, M. (1973). The biologic basis for sex role stereotypes. *Contemporary Psychoanalysis, 9*, 374-391.
[284] Rosenthal, R., Archer, D., DiMatteo, M. R., Koivumaki, J. H., & Rogers, P. L. (1974, September). Body talk and tone of voice: The language without words. *Psychology Today*, 64-68.
[285] Rosenthal, R., Hall, J. A., DiMatteo, M. R., Rogers, P. L., & Archer, D. (1977). *Sensitivity to non-verbal communication: The PONS test.* Cambridge. MA: Harvard University Press.
[286] Rosenthal, R., & Jacobson, L. (1968). *Pygmalion in the classroom: Teacher expectation and pupils' intellectual development.* New York: Holt, Rinehart & Winston.
[287] Rotton, J., Foos, P W., Van Meek, L., & Levitt, M. (1995). Publication practices and the file drawer problem: A survey of published authors. *Journal of Social Behavior and Personality, 10*(1), 1-13.
[288] Rubino, I., Pezzarossa, B., Della Rossa, A., & Siracusano, A. (2004). Self-defeating personality and memories of parents' child-rearing behavior. *Psychological Reports, 94*, 733-735.
[289] Ruddick, S. (1989). *Maternal thinking: Toward a politics of peace.* Boston: Beacon.

[256] Ozel, S., Molinaro, C., & Larue, J. (2001). Influence of sport on gender differences in spatial imagery. *Homeostasis in Health and Disease, 41*(5), 169-175.
[257] Parlee, M. B. (1973). The premenstrual syndrome. *Psychological Bulletin, 80*, 454-465.
[258] Parlee, M. B. (1974). Stereotypic beliefs about menstruation. *Psychosomatic Medicine, 36*, 229-240.
[259] Parlee, M. B., & Rajagopal, J. (1974). Sex differences on the embedded-figures test: A cross-cultural comparison of college students in India and in the United States. *Perceptual Motor Skills, 39*, 1311-1314.
[260] Pepin, M., Beaulieu, R., Matte, R., & Leroux, Y. (1985). Microcomputer games and sex-related differences: Spatial, verbal, and mathematical abilities. *Psychological Reports, 56*, 783-786.
[261] Perry, P., Lund, B., Arndt, S., Holman, T., Bever-Stille, K., Paulsen, J., et al. (2001). Bioavailable testosterone as a correlate of cognition, psychological status, quality of life, and sexual function in aging males. *Annals of Clinical Psychiatry, 13*, 75-80.
[262] Peters, M. (1993). Still no convincing evidence of a relation between brain size and intelligence in humans. *Canadian Journal of Experimental Psychology, 47*, 751-756.
[263] Pinker, S. (2002). *The blank slate*. New York: Viking. スティーブン・ピンカー／山下篤子（訳） 2004 人間の本性を考える：心は「空白の石版」か 日本放送出版協会
[264] Pleck, J. (1997). Paternal involvement: Levels, sources, and consequences. In M. Lamb (Ed.), *The role of the father in child development* (pp.66-103). New York: Wiley. マイケル・E・ラム／久米 稔 他（訳） 1981 父親の役割：乳幼児発達とのかかわり 家政教育社
[265] Plomin, R., &Foch, T. (1981). Sex differences and individual differences. *Child Development, 52*, 383-385.
[266] Price, C., & Friston, K. (2002). Functional imaging studies of neuropsychological patients: Applications and limitations. *Neurocase, 8*, 345-354.
[267] Pronin, E., Steele, C. M., & Ross, L. (2004). Identity bifurcation in response to stereotype threat: Women and mathematics. *Journal of Experimental Social Psychology, 40*(2), 152-168.
[268] Quam, J. K., & Whitford, G. S, (1992). Adaptation and age-related expectations of older gay and lesbian adults. *The Gerontologist, 32*(3), 367-374.
[269] Queen, C., & Schimel, L. (Eds). (1997). *PoMoSexuals: Challenging assumptions about gender and sexuality*. San Francisco: Cleis.
[270] Racine, E., Bar-Ilan, O., &: Illes, J. (2005). fMRI in the public eye. *Nature Reviews Neurosciences, 6*(2), 159-164.
[271] Radlove, S. (1983). Sexual response and gender roles. In E. R. Allgeier & N. B. McCormack (Eds.), *Changing boundaries: Gender roles and sexual behavior* (pp. 87-100). Palo Alto, CA: Mayfield.
[272] Ramey, E. (1972, Spring). Men's cycles (they have them too, you know). *Ms.*

Psychosomatic Medicine, 30, 853-867.
[242] Murphy, M., Steele, C., & Gross, J. (2007). Signaling threat: How situational cues affect women in math, science, and engineering settings. *Psychological Science, 18*, 879-885.
[243] Murray-Close, D., Ostrov, J., & Crick, N. (2007). A short-term longitudinal study of growth of relational aggression during middle childhood: Associations with gender, friendship intimacy, and internalizing problems. *Development and Psychopathology, 19*(1), 187-203.
[244] Naditch, S. F. (1976). *Sex differences in field dependence: The role of social influence.* Unpublished manuscript.
[245] Newman, F., & Caplan, P. J. (1982). Juvenile female prostitution as gender-consistent response to early deprivation. *International Journal of Women's Studies, 5*, 128-137.
[246] NiCarthy, G. (1982). *Getting free: A handbook for women in abusive relationships.* Seattle: Seal Press.
[247] Nicholson, L. (1994). Interpreting gender. *Signs: The Journal of Women in Culture and Society, 20*(1), 79-105. リンダ・ニコルソン／荻野美穂（訳）1995 〈ジェンダー〉を解読する 思想 853号 pp.103-134.
[248] Nielsen, J., Bjarnson, S., Friedrich, U., Froland, A., Hansen, V. H., & Sorensen, A. (1970). Klinefelter's syndrome in children. *Journal of Child Psychology and Psychiatry, 11*, 109-119.
[249] Nuttall, R., Casey, M. B., & Pezaris, E. (2005). Spatial ability as a mediator of gender differences on mathematics tests: A biological-environmental framework. In A. M. Gallagher & J. C. Kaufman (Eds.), *Gender differences in mathematics: An integrative phychological approach* (pp. 121-142). New York: Cambridge University Press.
[250] O'Connor, J., Shelley, E., & Stern, L. (1974). Behavioral rhythms related to the menstrual cycle. In M. Ferin, F. Halberg, R. M. Richart, R. L. V. Wiele (Eds.), *Biorhythms and human reproduction* (pp. 309-324). New York: Wiley.
[251] O'Connor, V., DelMar, C., Sheehan, M., Siskind, V., Fox-Young, S., & Cragg, C. (1995). Do psycho-social factors contribute more to symptom reporting by middle-aged women than hormonal status? *Maturitas, 20*, 63-69.
[252] Okagaki, L., & Frensch, P A. (1994). Effects of video game playing on measures of spatial performance: Gender effects in late adolescence. *Journal of Applied Developmental Psychology, 15*, 33-58.
[253] Osborne, J. W. (2001). Testing stereotype threat: Does anxiety explain race and sex differences in achievement? *Contemporary Educational Psychology, 26*(3), 291-310.
[254] Ostrov, J., & Crick, N. (2007). Forms and functions of aggression during early childhood. *School Psychology Review, 36*(1), 22-43.
[255] Ostrov, J., Crick, N., & Keating, C. (2005). Gender-biased perceptions of preschoolers' behavior: How much is aggression and prosocial behavior in the eye of the beholder? *Sex Roles, 52*(5-6), 393-398.

-hydroxylase deficiency. *Journal of Health Psychology, 1*(4), 479–492.
[225] May, R. (1966). Sex differences in fantasy patterns. *Journal of Projective Techniques, 30*, 252–259.
[226] McBride, C., & Bagby, R. M. (2006). Rumination and interpersonal dependency. *Canadian Psychology/Psychologie Canadienne, 47*, 184–194.
[227] McFarland, C., Ross, M., & DeCourville, N. (1989). Women's theories of menstruation and biases in recall of menstrual symptoms. *Journal of Personality and Social Psychology, 57*, 522–531.
[228] McFarlane, J., & Williams, T. (1994). Placing premenstrual syndrome in perspective. *Psychology of Women Quarterly, 18*, 339–373.
[229] McGuffey, C. S. (2005). Engendering trauma: Race, class, and gender reaffirmation after child sexual abuse. *Gender and Society, 19*(5), 621–643.
[230] McGuinness, D. (1980). Strategies, demands, and lateralized sex differences. *Behavioral and Brain Sciences, 3*, 244.
[231] McKenna, W., & Kessler, S. (2006). Transgendering: Blurring the boundaries of gender. In K. Davis, M. Evans, & J. Lorder (Eds.), *Handbook of gender and women's studies* (pp. 342–354). Thousand Oaks, CA: Sage.
[232] Meece, J. L., Parsons, J. E., Kaczala, C. M., Goff, S. B., & Futterman, R. (1982). Sex differences in math achievement: Toward a model of academic choice. *Psychological Bulletin, 91*(324), 348.
[233] Mehl, M. R., Vazire, S., Ramirez-Esparza, N., Slatcher, R. B., & Pennebaker, J. W. (2007). Are women really more talkative than men? *Science, 317*(5834), 82.
[234] Mehrabian, A., & Diamond, S. G. (1971). Effects of furniture arrangements, props, and personality on social interaction. *Journal of Personality and Social Psychology, 20*, 18–30.
[235] Metcalf, M., & Livesey, J. (1995). Distribution of positive moods in women with the premenstrual syndrome and in normal women. *Psychosomatic Research, 39*, 609–618.
[236] Metcalfe, W., & Caplan, P. J. (2004). Seeking "normal" sexuality on a complex matrix. In P. J. Caplan & L. Cosgrove (Eds.), *Bias in psychiatric diagnosis* (pp. 121–126). Lanham, MD: Rowman & Littlefield.
[237] Miele, J. A. (1958). Sex differences in intelligence: The relationship of sex to intelligence as measured by the Wechsler Adult Intelligence Scale and the Wechsler Intelligence Scale for Children. *Dissertation Abstracts International, 18*, 2213.
[238] Miller, J. B. (1984). *The development of women's sense of self* (Work in Progress No. 12, Stone Center, Wellesley College ed.). Wellesley, MA: Wellesley College.
[239] Mobius, P. K. (1901). The physiological mental weakness of women (A. McCorn, Trans.). *Alienist and Neurologist, 22*, 624–642.
[240] Money, J., & Ehrhardt, A. (1972). *Man and woman, boy and girl, the differentiation and dimorphism of gender identity from conception to maturity.* Baltimore: Johns Hopkins University Press.
[241] Moos, R. (1968). The development of a menstrual distress questionnaire.

[209] Lim, M., & Young, L. (2006). Neuropeptidergic regulation of affiliative behavior and social bonding in animals. *Hormones and Behavior, 50*, 506-517.
[210] Lips, H., Myers, A., & Colwill, N. (1978). Sex differences in ability: Do men and women have different strengths and weaknesses? In H. Lips & N. Colwill (Eds.), *Psychology of sex differences* (pp. 145-73). Englewood Cliffs, NJ: PrenticeHall.
[211] Lips, H. M. (1988). *Sex & gender: An introduction.* Mountain View, CA: Mayfield.
[212] Low, R., & Over, R. (1993). Gender differences in solution of algebraic word problems containing irrelevant information. *Journal of Educational Psychology, 85*, 331-339.
[213] Luders, E., Narr, K. L., Zaidel, E., Thompson, P. M., & Toga, A. W. (2006). Gender effects on callosal thickness in scaled and unscaled space. *Neuroreport, 17*(11), 1103-1106.
[214] Luders, E., Rex, D. E., Narr, K. L., Woods, R. P., Jancke, L., Thompson, P. M., et al. (2003). Relationships between sulcal asymmetries and corpus callosum size: Gender and handedness effects. *Cerebral Cortex, 13*(10), 1084-1093.
[215] Lynn, D. B. (1972). Determinants of intellectual growth in women. *School Review, 80*, 241-260.
[216] Ma, X., & Cartwright, F. (2003). A longitudinal analysis of gender differences in affective outcomes in mathematics during middle and high school. *School Effectiveness and School Improvement, 14*(4), 413-439.
[217] Maccoby, E. E., & Jacklin, C. N. (1974). *The psychology, of sex differences.* Stanford, CA: Stanford University Press.
[218] Mackey, W. C. (1976). Parameters of the smile as a social signal. *Journal of Genetic Psychology, 129*, 125-130.
[219] Maguire, E. A., Gadian, D. G., Johnsrude, I. S., Good, C. D., Ashburner, J., Frackowiak, R. S., et al. (2000). Navigation-related structural change in the hippocampi of taxi drivers. *Proceedings of the National Academy of Sciences of the United States of America, 97*(8), 4398-4403.
[220] Maguire, E. A., Spiers, H. J., Good, C. D., Hartley, T., Frackowiak, R. S., & Burgess, N. (2003). Navigation expertise and the human hippocampus: A structural brain imaging analysis. *Hippocampus, 13*(2), 250-259.
[221] Markel, N. N., Long, J. F., & Saine, I. J. (1976). Sex effects in conversational interactions: Another look at male dominance. *Journal of Personality and Social Psychology, 20*, 18-30.
[222] Masters, W., & Johnson, V. (1966). *Human sexual response.* New York: Little. Brown. ウィリアム・マスターズ，バージニア・ジョンソン／謝　国権，ロバート・Y・竜岡（訳） 1980 人間の性反応　池田書店
[223] Masters, W., & Johnson, V. (1979). *Homosexuality in perspective.* New York: Little, Brown. ウィリアム・マスターズ，バージニア・ジョンソン／謝　国権（訳） 1980 同性愛の実態　池田書店
[224] May, B., Boyle, M., & Grant, D. (1996). A comparative study of sexual experiences: Women with diabetes and women with congenital adrenal hyperplasia due to 21

(pp. 383–432). New York: Russell Sage Foundation.
[193] Kohlberg, L. (1966). A cognitive-developmental analysis of children's sex-role concepts and attitudes. In E. Maccoby (Ed.), *The development of sex differences* (pp. 82–172). Stanford, CA: Stanford University Press. エレノア・E・マッコビィ／青木やよひ 他（訳） 1979 性差：その起源と役割 家政教育社
[194] Kohlberg, L. (1973). Continuities and discontinuities in childhood and adult moral development revisited. *Collected papers on moral development and moral education.* Cambridge, MA: Moral Education Research Foundation, Harvard University.
[195] Kohlberg, L. (1976). Moral stages and moralization: The cognitive-developmental approach. In T. Lickona (Ed.), *Moral development and behavior* (pp. 31–53). New York: Holt, Rinehart & Winston.
[196] Kohlberg, L., & Kramer, R. (1969). Continuities and discontinuities in child and adult moral development. *Human Development, 12*, 93–120.
[197] Kolata, G. B. (1980). Math and sex: Are girls born with less ability? *Science, 210* (4475), 1234–1235.
[198] Kopper, B. A., & Epperson, D. L. (1996). The experience and expression of anger: Relationships with gender, gender role socialization, depression, and mental health functioning. *Journal of Consulting Psychology, 43*, 158–165.
[199] Kramarae, C., & Treichler, P. A. (1985). *A feminist dictionary.* New York: Pandora.
[200] Kuczmierczyk, A., Johnson, C., & Labrum, A. (1994). Coping styles in women with premenstrual syndrome. *Acta Psychiatrica Scandinavica, 89*, 301–305.
[201] Kutsky, R. (1981). *Handbook of vitamins, minerals, and hormones.* New York: Van Nostrand Reinhold.
[202] Lee, C., & Owens, R. G. (2002). *The psychology of men's health.* Buckingham, England: Open University Press.
[203] Lee, S., Kushner, J., & Cho, S. (2007). Effects of parent's gender, child's gender, and parental involvement on the academic achievement of adolescents in single parent families. *Sex Roles, 56*, 149–157.
[204] Leibowitz, L. (1975). Perspectives on the evolution of sex differences. In R. Reiter (Ed.), *Toward an anthropology of women* (pp. 20–35). New York: Monthly Review Press.
[205] Leinhardt, G., Seewald, A., & Engel, M. (1979). Learning what's taught: Sex differences in instruction. *Journal of Educational Psychology, 71* (3), 432–439.
[206] LeVay, S. (1991). A difference in hypothalamic structure between heterosexual and homosexual men. *Science, 253*, 1034–1037.
[207] Levy, J. (1970). Information processing and higher psychological functions in the disconnected hemispheres of human commissurotomy patients (Doctoral dissertation, California Institute of Technology, 1970). *Dissertation Abstracts International, 31*, 1542B.
[208] Levy; J. (1976). Cerebral lateralization and spatial ability. *Behavior Genetics, 6*, 171–188.

[175] Jackson, M. (1987). "Facts of life" or the eroticization of women's oppression? In P. Caplan (Ed.), *The cultural construction of sexuality*, (pp. 52-81). New York: Tavistock.

[176] Johnston-Robledo, I. (2000). From postpartum depression to the empty nest syndrome. In J. Chrisler, C. Golden, & P. Rozee (Eds.), *Lectures on the psychology of women* (pp. 129-147). Boston: McGraw-Hill.

[177] Jordan, J. (Ed.). (1997). *Women's growth in diversity.* New York: Guilford Press.

[178] Jordan, J., Kaplan, A., Miller, J. B., Stiver, I., & Surrey, J. (Eds.). (1991). *Women's growth in connection.* New York: Guilford Press.

[179] Jordan, J., Walker, M., & Hartling, L. (Eds.). (2004). *The complexity of connection.* New York: Guilford Press.

[180] Juliano, M., Werner, R. S., & Cassidy, K. W. (2006). Early correlates of preschool aggressive behavior according to type of aggression and measurement. *Journal of Applied Developmental Psychology, 27*(5), 395-410.

[181] Kalpakjian, C. Z., & Lequerica, A. (2006). Quality of life and menopause in women with physical disabilities. *Journal of Women's Health, 15*, 1014-1027.

[182] Kass, F., MacKinnon, R., & Spitzer, R. (1986). Masochistic personality: An empirical study. *American Journal of Psychiatry, 143*(2), 216-218.

[183] Kass, F., Spitzer, R., Williams, J., & Widiger, T. (n. d.). *Self-Defeating Personality Disorder and DSM-III-R: I: Justification for inclusion and development of the diagnostic criteria.* Unpublished manuscript.

[184] Kimball, M. M. (1981). Women and science: A critique of biological theories. *International Journal of Women's Studies, 4*, 318-338.

[185] Kinsbourne, M., & Caplan, P. J. (1979). *Children's learning and attention problems.* Boston: Little, Brown.

[186] Kinsey, A., Pomeroy, W. B., & Martin, C. E. (1948). *Sexual behaviour in the human male.* Philadelphia: Saunders. アルフレッド・C・キンゼイ，ウォーデル・B・ポメロイ，クライド・E・マーティン／永井　潜・安藤画一（訳） 1950 人間に於ける男性の性行為 コスモポリタン社

[187] Kinsey, A., Pomeroy, W. B., & Martin, C. E. (1953). *Sexual behaviour in the human female.* Philadelphia: Saunders. アルフレッド・C・キンゼイ他／朝山新一（訳） 1954 人間女性における性行動 コスモポリタン社

[188] Kitzinger, C., Wilkinson, S., & Perkins, R. (1992). Theorizing heterosexuality. *Feminism and Psychology, 2*(3), 293-324.

[189] Koeske, R. (1975). *"Premenstrual tension" as an explanation of female hostilty.* Paper presented at the American Psychological Association convention.

[190] Koeske, R. (1987). Premenstrual emotionality: Is biology destiny? In M. R. Walsh (Ed.), *Psychology of women: Ongoing debates* (pp. 137-146). New Haven, CT: Yale University Press.

[191] Koeske, R., & Koeske, G. (1975). An attributional approach to moods and the menstrual cycle. *Journal of Personality and Social Psychology, 3*, 473-478.

[192] Kohlberg, L. (1964). Development of moral character and moral ideology. In M. L. Hoffman & L. W. Hoffman (Eds.), *Review of child development research*

[156] Ho, D. Y. F. (1987). Prediction of foreign language skills: A canonical and part canonical correlation study. *Contemporary Educational Psychology, 12*, 119-130.
[157] Holden, C. (1987). Female math anxiety on the wane: But data from standardized achievement tests in math and science still show male superiority, particularly among the highest scorers. *Science, 236*(4802), 660-661.
[158] Hollander, E., & Samons, D. (2003). Male menopauses: An unexplored area of men's health. *Psychiatric Annals, 33*, 497-500.
[159] Hottes, J. J., & Kahn, A. (1974). Sex differences in a mixed-motive conflict situation. *Journal of Personality, 42*, 260-275.
[160] Hrdy, S. B. (1986a). Empathy, polyandry, and the myth of the coy female. In R. Bleier (Ed.), *Feminist approaches to science* (pp. 119-146). New York: Pergamon.
[161] Hrdy, S. B. (1986b). Raising Darwin's consciousness. *Human Nature, 8*(1), 1-49.
[162] Hrdy, S. B. (1999). *The woman that never evolved*. Cambridge, MA: Harvard University Press. サラ・B・フルディ／加藤泰建・松本亮三（訳） 1989 女性の進化論 思索社
[163] Hrdy, S. B. (2001 May). *Mothers and others*. Natural History.
[164] Hubbard, R. (1990). *The politics of women's biology*. New Brunswick, NJ: Rutgers University Press.
[165] Hubbard, R., Henifin, M. S., & Fried, B. (1982). *Biological woman — The convenient myth: A collection of feminist essays and a comprehensive bibliography*. Cambridge, MA: Schenkman.
[166] Huck, S. W., & Sandler, H. M. (1979). *Rival hypotheses: Alternative interpretations of databased conclusions*. New York: Harper & Row.
[167] Huerta, R., Mena, A., Malacara, J., & deLeon, J. (1995). Symptoms at perimenopausal period: Its association with attitudes toward sexuality, life-style, family function, and FSH levels. *Psychoneuroendocrinology, 20*, 135-148.
[168] Hunter, M. S., & Liao, K. L. (1995). A psychological analysis of menopausal hot flushes. *British Journal of Clinical Psychology, 34*, 589-599.
[169] Huprich, S., & Fine, M. (1996). Self-Defeating Personality Disorder: Diagnostic accuracy and overlap with dependent personality disorder. *Journal of Personality Disorders, 10*, 229-246.
[170] Hutson, M. (2007, December 9). *Neuro-realism*. New York Times.
[171] Hyde, J. S. (1981). How large are cognitive gender differences? A meta-analysis using $\Omega^2$and d. *American Psychologist, 36*, 892-901.
[172] Hyde, J. S. (2005). The gender similarities hypothesis. *American Psychologist, 60*(6), 581-592.
[173] Hyde, J. S., & Oliver, M. B. (2000). Gender differences in sexuality: Results from meta-analysis. In C. Travis & J. White (Eds.), *Sexuality, society, and feminism* (pp. 57-76). Washington, DC: American Psychological Association.
[174] Jacklin, C. N. (1979). Epilogue. In M. A. Wittig & A. C. Petersen (Eds.), *Sex related differences in cognitive functioning* (pp. 357-371). New York: Academic Press.

Education.
[140] Geschwind, N., & Behan, P. (1982). Left-handedness: Association with immune disease, migraine, and developmental learning disorder. *Proceedings of the National Academy of Sciences of the United States of America, 79*(16), 5097-5100.
[141] Gildiner, C. (1979). *Science as a political weapon: A study of the nineteenth century sex differences literature.* Unpublished doctoral dissertation, York University, Downsview, Ontario, Canada.
[142] Gilligan, C. (Ed.). (1982). *In a different voice.* Cambridge, MA: Harvard University Press. キャロル・ギリガン／生田久美子・並木美智子（訳） 1986 もうひとつの声：男女の道徳観のちがいと女性のアイデンティティ 川島書店
[143] Goldberg, S., & Lewis, M. (1969). Play behavior in the year-old infant: Early sex differences. *Child Development, 40*, 21-31.
[144] Golub, S. (1985). *Lifting the curse of menstruation: A female appraisal of the influence of menstruation in women's lives.* New York: Harrington Park Press.
[145] Griffin, S. (1978). *Woman and nature: The roaring inside her.* New York: Harper & Row.
[146] Guilford, J. P. (1947). *Printed classification tests* (Army Air Forces Aviation Psychology Research Program Report No. 5). Washington, DC: U. S. Government Printing Office.
[147] Hall, P., & Wittkowski, A. (2006). An exploration of negative thoughts as a normal phenomenon after childbirth. *Journal of Midwifery and Women's Health, 51*(5), 321-330.
[148] Handwerker, D. A., Ollinger, J. M., & D'Esposito, M. (2004). Variation of BOLD hemodynamic responses across subjects and brain regions and their effects on statistical analyses. *NeuroImage, 21*(4), 1639-1651.
[149] Hanna, G. (1988). Mathematics achievement of boys and girls: An international perspective. In D. Ellis (Ed.), *Math 4 girls* (pp. 14-21). Ontario Educational Research Council.
[150] Harris, L. J. (1978). Sex differences in spatial ability: Possible environmental, genetic, and neurological factors. In M. Kinsbourne (Ed.), *Asymmetrical function of the brain* (pp. 405-522). New York: Cambridge University Press.
[151] Harshman, R. A., Hampson, E., & Berenbaum, S. A. (1983). Individual differences in cognitive abilities and brain organization: Part 1. Sex and handedness differences in ability. *Canadian Journal of Psychology, 37*(1), 144-192.
[152] Henshaw, C. A. (2007). PMS: Diagnosis, aetiology, assessment and management. *Advances in Psychiatric Treatment, 13*, 139-46.
[153] Herman, J. (1988). *Review of "Self-Defeating Personality Disorder." Prepared for DSM-IV Work Group on Personality Disorders.* Unpublished manuscript.
[154] Herrenkohl, R. C., Egolf, B. P., & Herrenkohl, E. C. (1997). Preschool antecedents of adolescent assaultive behavior. *American Journal of Orthopsychiatry, 67*, 422-432.
[155] Heshka, S., & Nelson, Y. (1972). Interpersonal speaking distance as a function of age, sex and relationship. *Sociometry, 35*, 491-498.

Quebec, Canada: Eden Press.
[122] Feingold, A. (1994). Gender differences in variability in intellectual abilities: A cross-cultural perspective. *Sex Roles, 30*, 81-92.
[123] Feiring, C., & Lewis, M. (1979). Sex and age differences in young children's reactions to frustration: A further look at the Goldberg and Lewis subjects. *Child Development, 50*, 848-853.
[124] Feng, J., Spence, I., & Pratt, J. (2007). Playing an action video game reduces gender differences in spatial cognition. *Psychological Science: A Journal of the American Psychological Society, 18*(10), 850-855.
[125] Flouri, E. (2006). Parental interest in children's education, children's self-esteem and locus of control, and later educational attainment. *British Journal of Educational Psychology, 76*, 41-55.
[126] Foley, J. E., & Cohen, A. J. (1984). *Gender differences in cognitive mapping.* Unpublished manuscript.
[127] Fontana, A., & Badawy, S. (1997). Perceptual and coping processes across the menstrual cycle. *Behavioral Medicine, 22*, 152-159.
[128] Fox, L., & Cohn, S. (1980). Sex differences in the development of precocious mathematical talent. In L. Fox, L. A. Brody, & D. Tobin (Eds.), *Women and the mathematical mystique* (pp. 94-112). Baltimore: Johns Hopkins University Press.
[129] French, J. W. (1951). *The description of aptitude and achievement tests in terms of rotated factors.* Chicago: University of Chicago Press.
[130] Frenzel, A. C., Pekrun, R., & Goetz, T. (2007). Girls and mathematics-A "hopeless" issue? A control-value approach to gender differences in emotions towards mathematics. *European Journal of Psychology of Education, 22*(4), 497-514.
[131] Freud, S. (1962). *Three essays of the theory of sexuality.* New York: Avon Books (Original work published 1905).
[132] Friedan, B. (1963). *The feminine mystique.* New York: Dell. ベティ・フリーダン／三浦冨美子（訳） 2004 新しい女性の創造（改訂版） 大和書房
[133] Friedman, L. (1995). The space factor in mathematics: Gender differences. *Review of Educational Research, 65*, 22-50.
[134] Friedman, R. C., Hurt, S. W., Arnoff, M. S., & Clarkin, J. (1980). Behavior and the menstrual cycle. *Signs, 5*, 719-738.
[135] Gadpaille, W. (1975). *The cycles of sex.* New York: Scribner.
[136] Galassi, J. P., DeLeo, J. S., Galassi, M. D., & Bastien, S. (1974). The college self-expression scale: A measure of assertiveness. *Behavior Therapy, 5*, 165-171.
[137] Garai, J. E., & Scheinfeld, A. (1968). Sex differences in mental and behavioral traits. *Genetic Psychology Monographs, 77*, 169-209.
[138] Gerrard, N. (1987). *Guilt is a terminal word: A critical analysis of guilt in relation to mothers and daughters.* Unpublished manuscript. Ontario Institute for Studies in Education.
[139] Gerrard, N. (1988). *Undoing crazymaking: Feminist therapy — A stitch in time saves nine* (Popular Feminism Series Paper No. 7 ed.). Toronto, Ontario, Canada: Centre for Women's Studies in Education, Ontario Institute for Studies in

mathematics performance. *Educational Studies, 40*(2), 279–295.
[105] Donnelly, D., & Fraser, J. (1998). Gender differences in sado-masochistic arousal among college students. *Sex Roles, 39*, 391–407.
[106] Dutton, D., & Painter, S. L. (1981). Traumatic bonding: The development of emotional attachments in battered women and other relationships of intermittent abuse. *Victimology: An International Journal, 6*, 139–155.
[107] Eccles, J. S., & Jacobs, J. E. (1987). Social forces shape math attitudes and performance. In M. R. Walsh (Ed.), *The psychology of women: Ongoing debates* (pp. 341–354). New Haven, CT: Yale University Press.
[108] Edmonds, E. M., Cahoon, D., Steed, J. H., & Gardner, W. R. (1995). Social-sexual opinions as a function of gender. *Psychology: A Journal of Human Behavior, 32*, 22–26.
[109] Eisler, R. T. (1987). *The chalice and the blade: Our history, our future.* New York: Harper San Francisco. リーアン・アイスラー／野島秀勝（訳） 1991 聖杯と剣：われらの歴史，われらの未来 法政大学出版局
[110] Ellis, H. (1913). *Studies in the psychology of sex.* Philadelphia: F. A. Davis. ハヴロック・エリス／佐藤晴夫（訳） 1995–1996 性の心理（全６巻） 未知谷
[111] Ellis, H. (1934). *Man and woman: A study of secondary and tertiary sexual characteristics.* Cambridge, MA: Riverside Press.
[112] Erikson, E. H. (1951). Sex differences in the play configurations of preadolescents. *American Journal of Orthopsychiatry, 21*, 667–692.
[113] Erikson, E. H. (1963). *Childhood and society.* New York: Norton. エリク・H・エリクソン／仁科弥生（訳） 1977–1980 幼児期と社会（全２巻） みすず書房
[114] Erikson, E. H. (1964). *Insight and responsibility.* New York: Norton. エリク・H・エリクソン／鑪 幹八郎（訳） 1971 洞察と責任：精神分析の臨床と倫理 誠信書房
[115] Erikson, E. H. (1968). *Identity, youth, and crisis.* New York: Norton. エリク・H・エリクソン／岩瀬庸理（訳） 1982 アイデンティティ：青年と危機（改訂版） 金沢文庫
[116] Exline, R. V. (1972). Visual interaction: The glances of power and preference. In J. Cole (Ed.), *Nebraska symposium on motivation* (pp. 65–92). Lincoln: Nebraska University Press.
[117] Faludi, S. (1991). *Backlash: The undeclared war against American women.* New York: Doubleday. スーザン・ファルーディ／伊藤由紀子・加藤真樹子（訳） 1994 バックラッシュ：逆襲される女たち 新潮社
[118] Fausto-Sterling, A. (1992). *Myths of gender.* New York: Basic Books. アン・ファウスト＝スターリング／池上千寿子・根岸悦子（訳） 1990 ジェンダーの神話：「性差の科学」の偏見とトリック 工作舎
[119] Fausto-Sterling, A. (2000). *Sexing the body: Gender politics and the construction of sexuality.* New York: Basic Books.
[120] Favreau, O. E. (1997). Sex and gender comparisons: Does null hypothesis testing create a false dichotomy? *Feminism and Psychology, 7*(1), 63–81.
[121] Fedigan, L. M. (1982). *Primate paradigms: Sex roles and social bonds.* Montreal,

[87] Dalton, K. (1987). What is this PMS? In M. R. Walsh (Ed.), *The psychology of women: Ongoing debates* (pp. 131–136). New Haven, CT: Yale University Press.
[88] Darwin, C. (1859). *On the origin of species by means of natural selection, or the preservation of favoured races in the struggle for life.* London: John Murray. チャールズ・ダーウィン／八杉龍一（訳） 1990 種の起原（上・下） 岩波書店
[89] Davidson, K. (1991, January 20). Nature vs. nurture. *San Francisco Examiner Image*, pp. 10–17.
[90] Davis, A., Westhoff, C., O'Connell, K., & Gallagher, N. (2005). Oral contraceptives for dysmenorrhea in adolescent girls. *Obstetrics and Gynecology, 106*, 97–104.
[91] Dawson, J. L. M. (1967a). Cultural and physiological influences upon spatial-perceptual process in West Africa (Part 1) *International Journal of Psychology, 2*, 115–128.
[92] Dawson, J. L. M. (1967b). Cultural and physiological influences upon spatial-perceptual processes in West Africa (Part 2). *International Journal of Psychology, 2*, 171–185.
[93] Decore, A. M. (1984). Vive la différence: A comparison of male-female academic performance. *Canadian Journal of Higher Education, 14*(3), 34–58.
[94] Deeks, A. A., & McCabe, M. P. (2004). Well-being and menopause. *Quality of Life Research: An International Journal of Quality of Life Aspects of Treatment, Care, and Rehabilitation, 13*, 389–398.
[95] Defey, D., Storch, E., Cardozo, S., Diaz, O., & Fernandez, G. (1996). The menopause: Women's psychology and health care. *Social Science and Medicine, 42*, 1447–1456.
[96] De Lacoste-Utamsing, C., & Holloway, R. L. (1982). Sexual dimorphism in the human corpus callosum. *Science, 216*(4553), 1431–1432.
[97] Dennerstein, L., Smith, A. M., & Morse, C. (1994). Psychological well-being, mid-life, and the menopause. *Maturitas, 20*, 1–11.
[98] Deutsch, H. (1944). *The psychology of women* (vol. 1). New York: Grune & Stratton.
[99] Diamond, L. (2003a). Was it a phase? Young women's relinquishment of lesbian/bisexual identities over a 5-year period. *Journal of Personality and Social Psychology, 84*, 352–364.
[100] Diamond, L. (2003b). What does sexual orientation orient? A biobehavioral model distinguishing romantic love and sexual desire. *Psychological Review, 110*, 173–192.
[101] Diamond, L. (2005). A new view of lesbian subtypes. *Psychology of Women Quarterly, 29*, 119–128.
[102] Diamond, L., & Savin-Williams, R. C. (2000). Explaining diversity in the development of same-sex sexuality among young women. *Journal of Social Issues, 56*, 297–313.
[103] Dickinson, K. J. (2007). *The relationship between relational forms of aggression and conformity to gender roles in adults.* Unpublished dissertation, Indiana University: Pennsylvania.
[104] Ding, C. S., Song, K., & Richardson, L. I. (2007). Do mathematical gender differences continue? A longitudinal study of gender difference and excellence in

[70] Chrisler, J. (2000). PMS as a culture-bound syndrome. In J. Chrisler, C. Golden, & P. Rozee (Eds.), *Lectures on the psychology of women* (pp. 96–110). Boston: McGraw-Hill.
[71] Chrisler, J., & Caplan, P. J. (2002). The strange case of Dr. Jekyll and Ms. Hyde: How PMS became a cultural phenomenon and a psychiatric disorder. *Annual Review of Sex Research, 13*, 274–306.
[72] Christakis, N., & Fowler, J. (2007, July 26). The spread of obesity in a large social network over 32 years. *New England Journal of Medicine, 357*, 370–379.
[73] Claman, F., Miller, T., Cromwell, P, &: Yetman, R. (2006). Premenstrual syndrome and premenstrual dysphoric disorder in adolescence. *Journal of Pediatric Health Care, 20*, 329–333.
[74] Cline, S., & Spender, D. (1987). *Reflecting men at twice their natural size.* London: Andre Deutsch.
[75] Cohen, D., & Jacobs, D. H. (2007). Randomized controlled trials of antidepressants: Clinically and scientifically irrelevant. *Debates in Neuroscience, 1*, 44–54.
[76] Colby, A., & Damon, W. (1983). Listening to a different voice. *Merrill-Palmer Quarterly, 29*, 473–481.
[77] Collins, A., & Landgren, B. (1995). Reproductive health, use of estrogen, and experience of symptoms in perimenopausal women. *Maturitas, 20*, 101–111.
[78] Coolidge, F., & Anderson, L. (2002). Personality profiles of women in multiple abusive relationships. *Journal of Family Violence, 17*, 117–131.
[79] Cooper, L. A., & Shepard, R. N. (1973). Chronometric studies of the rotation of mental images. In W. G. Chase (Ed.), *Visual information processing* (pp. 75–76). New York: Academic Press.
[80] Cooper, R., & David, R. (1986). The biological concept of race and its application to public health and epidemiology. *Journal of Health Politics, Policy and Law, 11*, 97–116.
[81] Coventry, W. L., Gillespie, N. A., Heath, A. C., & Martin, N. G. (2004). Perceived social support in a large community sample. *Social Psychiatry and Psychiatric Epidemiology, 39*, 625–636.
[82] Cozby, P. G. (1973). Self-disclosure: A literature review. *Psychological Bulletin, 79*, 73–91.
[83] Crawford, M., & Unger, R. (2004). *Women and gender: A feminist psychology* (4th ed.). New York: McGraw-Hill.
[84] Crick, N., Ostrov, J., Burr, J., Cullerton-Sen, C., Jansen-Yeh, E., & Ralston, P. (2006). A longitudinal study of relational and physical aggression in preschool. *Journal of Applied Developmental Psychology, 27*(3), 254–268.
[85] Crick, N. R., Bigbee, M. A., & Howes, C. (1996). Gender differences in children's normative beliefs about aggression: How do I hurt thee? Let me count the ways. *Child Development, 67*, 1003–1014.
[86] Crombie, G., Sinclair, N., Silverthorn, N., Byrne, B. M., DuBois, D. L., & Trinneer, A. (2005). Predictors of young adolescents' math grades and course enrollment intentions: Gender similarities and differences. *Sex Roles, 52*(5/6), 351–367.

ship. New York: Harper & Row.
[52] Caplan, P. J. (1993). *Lifting a ton of feathers: A woman's guide to surviving in the academic world*. Toronto, Ontario, Canada: University of Toronto Press.
[53] Caplan, P. J. (1994). *You're smarter than they make you feel: How the experts intimidate us and what we can do about it*. New York: Free Press.
[54] Caplan, P. J. (1995). *They say you're crazy: How the world's most powerful psychiatrists decide who's normal*. Reading, MA: Addison-Wesley.
[55] Caplan, P. J. (2000). *(The new) don't blame mother: Mending the mother-daughter relationship*. New York: Routledge.
[56] Caplan, P. J. (2005). *The myth of women's masochism*. Lincoln, NE: iUniverse.
[57] Caplan, P. J., &: Caplan, J. B. (2005). The perseverative search for sex differences in mathematics ability. In A. M. Gallagher & J. C. Kaufman (Eds.), *Gender differences in mathematics: An integrative psychological approach* (pp. 25–47). Cambridge, England: Cambridge University Press.
[58] Caplan, P. J., & Gans, M. (1989). *Analysis of the empirical basis for "Self-Defeating Personality Disorder." Prepared for SDPD subcommittee of DSM-IV task force*. Unpublished paper.
[59] Caplan, P. J., & Gans, M. (1991). Is there empirical justification for the category of "Self-Defeating Personality Disorder"? *Feminism and Psychology, 1*, 263–278.
[60] Caplan, P. J., & Hall-McCorquodale, I. (1985). Mother-blaming in major clinical journals. *American Journal of Orthopsychiatry, 55*, 345–353.
[61] Caplan, P. J., & Kinsbourne, M. (1974). Sex differences in response to school failure. *Journal of Learning Disabilities, 4*, 232–235.
[62] Caplan, P. J., MacPherson, G. M., & Tobin, P. (1985). Do sex-related differences in spatial abilities exist? A multilevel critique with new data. *The American Psychologist, 40*(7), 786–799.
[63] Caplan, P. J., McCurdy-Myers, J., & Gans, M. (1992). Should PMS be called a psychiatric abnormality? *Feminism and Psychology, 2*, 27–44.
[64] Carter, C. S. (2007). Sex differences in oxytocin and vasopressin. *Behavioral Brain Research, 176*, 170–186.
[65] Casey, M. B., Nuttall, R., Pezaris, E., & Benbow, C. P. (1995). The influence of spatial ability on gender differences in mathematics college entrance test scores across diverse samples. *Developmental Psychology, 31*, 697–705.
[66] Cattanach, J. (1985, April 13). Estrogen deficiency after tubal ligation. *Lancet*, 847–849.
[67] Charlton, R. (2004). Aging Male Syndrome, andropause, androgen decline or mid-life crisis? *Journal of Men's Health and Gender, 1*, 55–59.
[68] Cherney, I., & London, K. (2006). Gender-linked differences in the toys, television shows, computer games, and outdoor activities of 5- to 13-year-old children. *Sex Roles, 54*, 717–726.
[69] Chodorow, N. (1978). *The reproduction of mothering*. Berkeley: University of California Press. ナンシー・チョドロウ／大塚光子・大内菅子（訳） 1981 母親業の再生産：性差別の心理・社会的基盤 新曜社

matter differences correlate with spontaneous strategies in a human virtual navigation task. *The Journal of Neuroscience, 27*, 10078-10083.
[35] Boodman, S. (2005, August 16). Vowing to set the world straight. *The Washington Post.*
[36] Bornstein, R. F., Manning, K. A., Krukonis, A. B., Rossner, S. C., & Mastrosimone, C. C. (1993). Sex differences in dependency: A comparison of objective and projective measures. *Journal of Personality Assessment, 61*, 169-181.
[37] Boul, L. (2003). Men's health and middle age. *Sexualities, Evolution, and Gender, 5*, 5-22.
[38] Boulton, M. J. (1996). A comparison of 8- and 11 -year-old girls' and boys' participation in specific types of rough-and-tumble play and aggressive fighting: Implications for functional hypotheses. *Aggressive Behavior, 22*, 271-287.
[39] Brandt, A. (2004) . Racism and research: The case of the Tuskegee Syphilis Study. In M. Stombler, D. Baunach, E. Burgess, D. Donnelly, & W. Simonds (Eds.), *Sex matters: The sexuality reader* (pp. 50-57). Boston: Pearson.
[40] Brizendine, L. (2006). *The female brain.* New York: Morgan Road. ローアン・ブリゼンディーン／吉田利子（訳） 2008 女は人生で三度，生まれ変わる：脳の変化でみる女の一生 草思社
[41] Buffery, A., & Gray, J. (1972). Sex differences in the development of spatial and linguistic skills. In C. Ounsted & D. Taylor (Eds.), *Gender differences, their ontogeny and significance* (pp. 123-158). Edinburgh: Churchill Livingstone.
[42] Buss, D. (1994). *The evolution of desire.* New York: Basic Books. デヴィッド・M・バス／狩野秀之（訳） 2000 女と男のだましあい：ヒトの性行動の進化 草思社
[43] Buss, D. (2000). Desires in human mating. In D. LeCroy & P. Moller (Eds.), *Evolutionary perspectives on human reproductive behavior* (pp. 39-49). New York: New York Academy of Sciences.
[44] Buss, D., & Shackelford, T. K. (2008). Attractive women want it all. *Evolutionary Psychology, 6*, 134-146.
[45] Camarata, S., & Woodcock, R. (2006). Sex differences in processing speed: Developmental effects in males and females. *Intelligence, 34*, 231-252.
[46] Campbell, A. (2006). Sex differences in direct aggression: What are the psychological mediators? *Aggression and Violent Behavior, 11*, 237-264.
[47] Caplan, P. (1973). *Sex differences in determinants of antisocial behavior.* Unpublished doctoral dissertation. Duke University, Durham, North Carolina.
[48] Caplan, P. J. (1977). Sex, age, behavior, and school subject as determinants of report of learning problems. *Journal of Learning Disabilities, 10*, 314-316
[49] Caplan, P. J. (1979). Beyond the box score: A boundary condition for sex differences in aggression and achievement striving. In B. Maher (Ed.), *Progress in experimental personality research* (Vol. 9, pp. 41-87).
[50] Caplan, P. J. (1979). Erikson's concept of inner space: A data-based reevaluation. *American Journal of Orthopsychiatry, 49*, 100-108.
[51] Caplan, P. J. (1989). *Don't blame mother: Mending the mother-daughter relation-*

tions, and development (pp. 70–86). Baltimore: Johns Hopkins University Press.
[17] Attard, M. (1986). *Gender differences on the arithmetic and coding subtests of the Wechsler Intelligence Scale For Children.* Unpublished master's thesis, University of Toronto, Ontario, Canada.
[18] Bagemihl, B. (1999). *Biological exuberance: Animal homosexuality and natural diversity.* New York: St. Martin's Press.
[19] Bagner, D. M., Storch, E. A., & Preston, A. S. (2007). Romantic relational aggression: What about gender? *Journal of Family Violence, 22*(1), 19–24.
[20] Bancroft, J., & Rennie, D. (1995). Perimenstrual depression: Its relationship to pain, bleeding, and previous history of depression. *Psychosomatic Medicine, 57,* 445–452.
[21] Basow, S., Cahill, K., Phelan, J., Longshore, K., & McGillicuddy-DeLisi, A. (2007). Perceptions of relational and physical aggression among college students: Effects of gender of perpetrator, target, and perceiver. *Psychology of Women Quarterly, 31*(1), 85–95.
[22] Baughman, E. E., & Dahlstrom, W. G. (1968). *Negro and white children: A psychological study in the rural south.* New York: Academic Press.
[23] Baxter, C. (1970). Interpersonal spacing in natural settings. *Sociometry, 33,* 444–456.
[24] Bem, S. L. (1987a). Gender schema theory and its implications for child development: Raising gender-aschematic children in a gender-schematic society. In M. R. Walsh (Ed.). *The psychology of women: Ongoing debates* (pp. 226–245). New Haven, CT: Yale University Press.
[25] Bem, S. L. (1987b). Probing the promise of androgyny. In M. R. Walsh (Ed.). *The psychology of women: Ongoing debates* (pp. 206–225). New Haven, CT: Yale University Press.
[26] Benbow, C. P., & Stanley, J. (1980). Sex differences in mathematical ability: Fact or artifact? *Science, 210,* 1262–1264.
[27] Benbow, C. P., & Stanley, J. (1983). Sex differences in mathematical reasoning: More facts. *Science, 222,* 1029–1031.
[28] Benbow, C. P., & Benbow, R. M. (1987). Extreme mathematical talent: A hormonally induced ability? In D. Ottoson (Ed.), *Duality and unity of the brain* (pp. 147–157). London: Macmillan.
[29] Berk, S., & Rhodes, B. (2005). Maladaptive dependency traits in men. *Bulletin of the Menninger Clinic, 69,* 187–205.
[30] Bleier, R. (1986). *Feminist approaches to science.* New York: Pergamon Press.
[31] Bleier, R. (1987). *Sex-differences research in the neurosciences.* Unpublished manuscript.
[32] Bleier, R. (1988). The cultural price of social exclusion: Gender and science. *NWSA Journal, 1,* 7–19.
[33] Blum, L. M. (2007). Mother-blame in the Prozac nation. *Gender and Society, 21,* 202–226.
[34] Bohbot, V. D., Lerch, J., Thorndycraft, B., Iaria, G., & Zijdenbos, A. P. (2007). Gray

引用文献

[1] Abplanalp, J. (1983). Premenstrual syndrome: A selective review. *Women and Health, 8*, 107-123.

[2] Abraham, S., Llewellyn-Jones, D., & Perz, J. (1994). Changes in Australian women's perceptions of the menopause and menopause symptoms before and after the climateric. *Maturitas, 20*, 121-128.

[3] Agnew, N. M., & Pyke, S. W. (2007). *The science game: An introduction to research in the social sciences.* Oxford: Oxford University Press.

[4] Alington, D. E., & Leaf, R. C. (1991). Elimination of SAT-verbal sex differences was due to policy-guided changes in item content. *Psychological Reports, 68*, 541-542.

[5] Allen, C. (1949). Homosexuality and Oscar Wilde: A psychological study. *International Journal of Sexology, 2,* 202-215.

[6] American Psychiatric Association (1987). *Diagnostic and statistical manual of mental disorders-III-R.* Washington, DC.

[7] American Psychiatric Association (1994). *Diagnostic and statistical manual of mental disorders-IV.* Washington, DC.

[8] American Psychiatric Association, Task Force on Nomenclature and Statistics, & American Psychiatric Association, Committee on Nomenclature and Statistics. (1980). *Diagnostic and statistical manual of mental disorders* (III). Washington, DC.

[9] Amnesty International USA. (2005). *Stonewalled: Police abuse and misconduct against lesbian, gay, bisexual and transgender people in the U. S.* New York.

[10] Andrzej, M., & Jedrzejuk, D. (2006). Premenstrual syndrome: From etiology to treatment. *Maturitas, 55*, S47-S54.

[11] Angier, N. (1999, February 21). Men, women, sex, and Darwin. *New York Times Magazine*, 48-53.

[12] Annett, M. (1980). Sex differences in laterality — Meaningfulness versus reliability. *Behavioral and Brain Sciences, 3*, 227-228.

[13] Archer, J., & Coyne, S. M. (2005). An integrated review of indirect, relational, and social aggression. *Personality and Social Psychology Review, 9*(3), 212-230.

[14] Argyle, M., & Cook, M. (1976). *Gaze and mutual gaze.* Cambridge, England: Cambridge University Press.

[15] Argyle, M., Lalljee, M., & Cook, M. (1968). The effects of visibility on interaction in a dyad. *Human Relations, 21*, 3-17.

[16] Astin, H. (1974). Sex differences in mathematical and scientific precocity. In J. Stanley, D. Keating, & L. Fox (Eds.), *Mathematical talent: Discovery, descrip-*

ボウル（Boul, L.） 167
ボウルトン（Boulton, M. J.） 231
ボーボ（Bohbot, V. D.） 139
ホール（Hall, P.） 155
ボーンスタイン（Bornstein, R. F.） 209
ホワイト（White, J.） 222, 223

● マ

マ（Ma, X.） 84
マガフィー（McGuffey, C. S.） 245, 249
マクギネス（McGuinness, D.） 112
マクファーランド（McFarland, C.） 151
マクブライド（McBride, C.） 212
マグワイヤ（Maguire, E. A.） 139, 140
マスターズ（Masters, W.） 172, 173
マッコビィ（Maccoby, E. E.） 105, 116, 122, 123

● ミ

ミール（Miele, J. A.） 92

● ム

ムース（Moos, R.） 162

● メ

メイ（May, R.） 193-195, 197-199, 200

● ユ

ユジェル（Yücil, B.） 152

● ラ

ライト（Wright, C. R.） 90
ラシーン（Racine, E.） 135
ラシュトン（Rushton, P.） 42, 43
ラドラブ（Radlove, S.） 173

● リ

リー（Lee, C.） 176
リヴェイ（Levay, S.） 36
リッチ（Rich, A.） 182, 186
リップス（Lips, H.） 105, 124
リーボウィッツ（Leibowitz, L.） 225
リューダーズ（Luders, E.） 142

● レ

レイマーズ（Reimers, S.） 114
レイミー（Ramey, E.） 144
レインハート（Leinhardt, G.） 89

● ロ

ローゼンバーグ（Rosenberg, M.） 226
ローマンズ（Romans, S.） 233
ロットン（Rotton, J.） 80
ロビンソン（Robinson, N. M.） 94, 100, 101
ロマーニズ（Romanes, G.） 33, 34, 38
ロンブローゾ（Lombroso, C.） 38, 117

● ワ

ワイルド（Wilde, O.） 180

● ス
スタンレイ（Stanley, J.）　82, 87, 89, 92, 95, 102
スチュアート（Stewart, D.）　157
スティール（Steele, C. M.）　64, 91, 114
ステイネム（Steinem, G.）　128
ストリッカー（Stricker, L. J.）　88
スピッツァー（Spitzer, R. L.）　182-184, 202
スペンダー（Spender, D.）　128
スミー（Smye, M. D.）　217
スラック（Slack, W.）　88

● タ
ダーウィン（Darwin, C.）　41, 45, 49
ダイアモンド（Diamond, L.）　179, 185
タイファー（Tiefer, L.）　172
タヴリス（Tavris, C.）　35, 149
ダルトン（Dalton, K.）　160

● チ
チェーニー（Cherney, I.）　vii

● テ
ディキンソン（Dickinson, K. J.）　235
デコア（Decore, A. M.）　83
デ・ラコステ＝ウタムシン（De Lacoste-Utamsing, C.）　35, 36, 142

● ト
ドイチュ（Deutsch, H.）　190
ドネリー（Donnelly, D.）　174
トンプソン（Thompson, M.）　6

● ナ
ナトール（Nuttall, R.）　101

● ニ
ニコルソン（Nicholson, L.）　16

● ハ
ハーディ（Hrdy, S. B.）　49, 175, 177
パーリー（Parlee, M. B.）　109, 164
ハイデ（Hyde, J. S.）　8, 9, 79, 102, 109, 124, 173, 174
バウグマン（Baughman, E. E.）　109
バス（Buss, D.）　45-48, 175, 176
ハプリヒ（Huprich, S.）　203
ハリス（Harris, L. J.）　104, 105
ハンター（Hunter, M. S.）　158
ハンナ（Hanna, G.）　84, 93

● ヒ
ピンカー（Pinker, S.）　177

● フ
ファウスト＝スターリング（Fausto-Sterling, A.）　16, 146, 156, 159, 168, 178, 181
ファヴロー（Favreau, O. E.）　77
フェイリング（Feiring, C.）　219
フェディガン（Fedigan, L.）　227, 228
フェレーロ（Ferrero, G.）　38, 117
フェング（Feng, J.）　110
フォックス（Fox, L.）　88
プライス（Price, C.）　132
ブライヤー（Bleier, R.）　35, 36, 142, 179
ブラム（Blum, L. M.）　247
ブリゼンディーン（Brizendine, L.）　116, 122
フリードマン（Friedman, L.）　101
フレンゼル（Frenzel, A. C.）　84
フロイト（Freud, S.）　47, 190

● ヘ
ベイソウ（Basow, S.）　235
ベム（Bem, S.）　18, 19
ヘレンコール（Herrenkohl, R. C.）　247
ヘンショー（Henshaw, C. A.）　152
ベンボウ（Benbow, C. P.）　82, 85, 87-90, 92, 94-99, 101, 102
ベンボウ（Benbow, R. M.）　96

● ホ
ボアイエ（Voyer, D.）　111

人名索引

● ア

アブラハム（Abraham, S.）　157
アリントン（Alington, D. E.）　127
アンジェ（Angier, N.）　177, 178

● ウ

ヴァスタ（Vasta, R.）　110
ヴィヴィアノ（Viviano, T.）　203
ウィティッグ（Wittig, M. A.）　109
ヴィメル（Viemerö, V.）　231
ウイン（Wine, J. D.）　117, 206, 208
ウェルナー（Werner, N.）　247
ウタル（Uttal, W.）　130, 137

● エ

エクレス（Eccles, J. S.）　84, 92
エリクソン（Erikson, E. H.）　112, 113

● オ

オカガキ（Okagaki, L.）　110
オストロフ（Ostrov, J.）　235

● カ

カス（Kass, F.）　202
カプラン（Caplan, P. J.）　113, 118, 160, 161, 196, 243, 246, 253
ガライ（Garai, J. E.）　77

● キ

キッジンガー（Kitzinger, C.）　184
キャサーリィ（Casserly, P.）　90
キャゼイ（Casey, M. B.）　94, 101
キャンベル（Campbell, A.）　228
ギリガン（Gilligan, C.）　214-216
ギルディナー（Gildiner, C.）　117
キンゼイ（Kinsey, A.）　181
キンバル（Kimball, M. M.）　118

● ク

クラマラエ（Kramarae, C.）　45
クリック（Crick, N. R.）　233

● ケ

ゲシュビント（Geschwind, N.）　96, 97
ケスケ（Koeske, R.）　151

● コ

コーエン（Cohen, D.）　155
ゴールドバーグ（Goldberg, S.）　218-220
コールバーグ（Kohlberg, L.）　213-216
コッパー（Kopper, B. A.）　233

● サ

サマーズ（Summers, L.）　vi
サレイ（Surrey, J.）　210-212

● シ

シーゲル（Siegel, R. J.）　209, 212, 215
シェイウィッツ（Shaywitz, S. E.）　119
ジェラード（Gerrard, N.）　204, 210, 211
シャープス（Sharps, M. W.）　110
ジャクソン（Jackson, M.）　172
ジャクリン（Jacklin, C. N.）　105, 116
ジュリアーノ（Juliano, M.）　235
ジョーダン（Jordan, J.）　210
ジョンストン＝ロブレド（Johnston-Robledo, I.）　154
ジョンソン（Johnson, V.）　172
シルトカンプ＝クンギダー（Schildkamp-Küngider, E.）　93
シルバーマン（Silverman, I.）　113, 114

事項索引

[訳者略歴]

森永康子（もりなが・やすこ）
現職：広島大学大学院教育学研究科教授　博士（教育心理学）
専門：社会心理学，ジェンダー心理学
主要著訳書
『科学と社会的不平等』（訳書）北大路書房　2009年
『そのひとことが言えたら…――働く女性のための統合的交渉術』（訳書）
　北大路書房　2005年
『ジェンダーの心理学　改訂版』（共著）ミネルヴァ書房　2004年
『女性とジェンダーの心理学ハンドブック』（共監訳）北大路書房　2004年
ウェブサイト：https://home.hiroshima-u.ac.jp/morinagay/site/

認知や行動に性差はあるのか
科学的研究を批判的に読み解く

2010年11月20日　初版第１刷発行
2019年５月20日　初版第２刷発行

定価はカバーに表示
してあります。

著　者　P. J. カプラン
　　　　J. B. カプラン
訳　者　森　永　康　子
発行所　㈱北大路書房

〒603-8303　京都市北区紫野十二坊町12-8
電　話　(075) 431-0361(代)
ＦＡＸ　(075) 431-9393
振　替　01050-4-2083

©2010　印刷・製本／創栄図書印刷㈱
検印省略　落丁・乱丁本はお取り替えいたします。
ISBN978-4-7628-2732-7　Printed in Japan